«Technische Entscheidungen sind politische Entscheidungen, technische Zukunftsentwürfe sind politische Zukunftsentwürfe. Wird technischer Fortschritt zum politischen Rückschritt?»

D1619246

Inhalt

Technologie und Politik

Das Magazin zur Wachstumskrise

Inhalt der Hefte 1 bis 11 auf Seite 267

Editorial
Freimut Duve – Die Zukunft der Ökonomie

Die Ökonomie* hat sich zum Daseinsgrund der modernen Gesellschaft etabliert. Die Ökonomie als theoretisches Modell für ideales Verhalten des Menschen und statistisches Verhalten der Gesellschaft. Wer einen Ökonomen belächelt, muß sich gefallen lassen, aus dem Kreis der Zurechnungsfähigen ausgeschlossen zu werden. Die Verwalter dieses ökonomischen Systems, also die Sachverständigen, die Beamten in den Wirtschaftsbehörden, die Redenschreiber in den volkswirtschaftlichen Abteilungen der Großfirmen, der Großgewerkschaften und der Arbeitgeberverbände, sind sich in einem einig: Mögen sie sich auch noch so sehr in den Haaren liegen, an ihrem Streit kann und darf sich nur beteiligen, wer zu ihnen gehört.

Ist dies eine präzise Polemik gegen die Vorherrschaft ökonomischen Denkens im Westen? Wohl nicht mehr ganz. Die Selbstsicherheit der Ökonomen, für alle Lebensvorgänge, für alle Daseinsregungen die passende ökonomische Formel bereit zu haben – und damit auch die passende politische Lösung anbieten zu können (wenn die Menschen nur so vernünftig wären wie die Ökonomen), diese Selbstsicherheit ist im Schwinden begriffen:

«Ohne Zweifel, die heutige Wirtschaftswissenschaft befindet sich in der Krise – zumindest dann, wenn Krise definiert wird als die Unfähigkeit, mit den Herausforderungen unserer Zeit fertig zu werden.» – so der schweizer Ökonom Kurt Dopfer in seiner Einleitung zu dem Buch ‹Economics in the Future›, und er konstatiert:

«Die gegenwärtigen Hauptströmungen der Ökonomie gründen ihre Annahmen auf hypothetisches Verhalten, und nicht auf tatsächliches (empirisch beobachtetes) Verhalten. Darüber hinaus wird dieses hy-

* In diesem Band wird «Ökonomie» so doppeldeutig benutzt wie im anglo-amerikanischen Sprachgebrauch *economics*, was im allgemeinen die Lehre von Wirtschaft, hin und wieder aber auch die wirtschaftliche Wirklichkeit meint. Aus der Anlage dieses Bandes ergibt sich die Notwendigkeit, die Begriffe «Wirtschaftswissenschaften», «Volkswirtschaft» und «Volkswirtschaftslehre» nicht zu nutzen.

pothetische Verhalten auch noch reduziert auf die Annahme eines «idealtypischen Verhaltens», daß zum Beispiel die Logik der Optimierung schon als Mittel herhalten könne, tatsächliches Verhalten zu beschreiben.»

Er schließt seinen Essay mit der Hoffnung, daß es der Ökonomie gelingen möge, den notwendigen «Wandel der Paradigmen» (*paradigm shift*) zu bewerkstelligen. Falls dies nicht gelingt, würden die durch dieses Versagen verursachten Schäden sich exponentiell vervielfältigen: «Irgendwie werden wir an das Fährschiff erinnert, auf dem der Fährmann seinen Passagieren gerade erklärt, daß er jeden Felsen, jede Untiefe genauestens kenne; als die Fähre gegen einen Felsen rammt, ruft er aus: ‹Zum Beispiel diesen hier.›»

Den Vorschlag (und die Beobachtung) eines generellen Wechsels in den Grundparadigmen hat vor einiger Zeit Ralf Dahrendorf gemacht, als er einen fundamentalen Themenwechsel diagnostizierte, auf den sich die westlichen Industriegesellschaften würden einstellen müssen (R. Dahrendorf, ‹*Die neue Freiheit*›, München 1975). Auch in seiner Darstellung ging es um einen Themenwechsel, weg von einer ausschließlichen Betonung des homo oeconomicus zu anderen umfassenderen Themen.

K. William Kapp, André Gorz, Gunnar Myrdal, Jan Tinbergen, Shigeto Tsuru und andere haben – unter Betonung sozialwissenschaftlicher Fragestellung grundsätzlich neue Ansätze in die Ökonomie eingeführt. Einfluß auf die Wirtschaftspolitik haben sie bislang jedoch kaum. Im Gegenteil, die Wirtschaftspolitik der Industriegesellschaft, erneut unter Wachstumsdruck geraten, ignoriert weitgehend diese Veränderungen in der Wirtschaftstheorie. Dennoch darf die selbstkritische Position, wie sie von diesen und anderen Ökonomen seit einiger Zeit eingenommen wird, nicht verbergen, daß sich inzwischen Denkschulen entwickeln, die ein grundsätzliches «Ende der Ökonomie» konstatieren und dafür gute Belege liefern. So trägt die bisher wichtigste Veröffentlichung der amerikanischen Ökologistin Hazel Henderson (‹*Creating Alternative Futures*›) den Untertitel ‹*The End of Economics*›. – Die Autorin beschreibt darin die «endgültige Erschöpfung der ökonomischen Logik»: «Die Ökonomie ist eine Pseudowissenschaft, deren unangemessene Konzepte, deren nicht verwendbare Sprache und Methoden heute unter zunehmender öffentlicher Diskussion darüber stehen, *was* denn unter wandelnden Bedingungen einen Wert hat.»

Die Ökonomie (marxistischer wie bürgerlicher Schule) als erfolgreiche Leitwissenschaft hat sich an drei Fronten der sozialen und politischen Wirklichkeit der letzten dreißig Jahre als besonders unzureichend zuweilen als katastrophal und schädlich erwiesen:

1. Das Entwicklungsdrama

Die Ökonomie hat mit den Verlockungen ihrer Wachstums- und Entwicklungsexperten eine ganze Epoche wirtschaftlicher Entwicklung in den Ländern der Dritten Welt in die tödliche Irre geführt. Weder haben die mit biblischer Wucht vorgetragenen Wachstums- und Entwicklungstheorien von Walt Rostow, Hirschman und anderen «Take-off-Theoretikern» irgendwo einen den Menschen zugute kommenden Erfolg gezeitigt. Wachstumszentren wie São Paulo, Mexico City, deren grauenvolle Wucherung von eben solchen Entwicklungsprogrammierern gefordert wurde, vermögen es nicht, die wirtschaftlichen Impulse in ihre Länder zu vermitteln, sondern schaffen inzwischen weit mehr Elend, als sie verhindern sollten. Die Lehre, daß man den «take-off-Punkt» des 19. Jahrhunderts in Europa sozusagen im Reagenzglas Dritte Welt unter künstlich optimierten Bedingungen selbst herstellen könnte, hat nur insoweit gestimmt, als daß eine vorausgesagte «Take-off»-Situation in den Zentren simuliert werden konnte, ähnlich der Pilotensimulation für den Flugschein. Man hat *das Gefühl* zu fliegen. Diese Wachstumssimulation hat aber weit mehr die Zerstörung der Selbstheilungskräfte der betroffenen Länder zur Folge, als die Bekämpfung des Elends durch die Befriedigung der Grundbedürfnisse.

Man lese doch noch einmal die Eröffnungspassage Walt Rostows des einflußreichsten Entwicklungstheoretikers, zuerst veröffentlicht 1960: «Dieses Buch stellt die Methode eines Wirtschaftshistorikers dar, allgemeine Schlüsse aus dem Laufe der modernen Geschichte zu ziehen. Die Form dieser allgemeinen Schlußfolgerungen ist eine Reihe von Wachstumsstadien. Ich bin allmählich zu der Ansicht gelangt, daß es möglich und für begrenzte Zwecke auch nützlich ist, die Geschichte jeder Volkswirtschaft und manchmal die von Wirtschaftsregionen in dieses Wachstum zu zergliedern. Diese Stadien führen letzten Endes sowohl zu einer Theorie des wirtschaftlichen Wachstums als auch zu einer allgemeineren, wenn auch noch bruchstückartigen Theorie der modernen Geschichte insgesamt» (Walt Rostow, ‹*Stadien wirtschaftlichen Wachstums*›, Göttingen 1960).

Legionen von Ökonomen des Westens und der Dritten Welt haben sich hoffnungsvoll auf solche Theorie der wirtschaftlichen Wachstumsstadien geworfen. Da hatte man ja das Rezept in der Hand und auch noch eine genaue Beschreibung des Garprozesses. Die Verelendung hat zu-, nicht abgenommen. *Die Ökonomie bewegt nur immer jenen Ausschnitt von Wirklichkeit, den sie zuvor künstlich aus der Fülle der Erscheinungen herausgeschnitten hat.* Dann mißt sie diesen und stellt etwa fest, daß in Pakistan ein wirtschaftliches Wachstum von über 6 Prozent stattgefunden hatte. Kurze Zeit nach dieser Feststellung durch den Pearson-Report (1969) brach das so gelobte Pakistan auseinander und hinterließ zwei Elendsstaaten.

Oder man lese einen nicht so populären, dafür aber nicht minder selbstsicheren DDR-Ökonomen, der ebenfalls eine allgemeine Theorie der Entwicklungspolitik anbietet, nach der sich die Staaten der Dritten Welt nur richten sollten, um alles gut werden zu lassen: «Die Haupttriebkräfte der sozialistischen Industrialisierung entstehen aus den materiellen Interessen der Arbeiterklasse und der anderen werktätigen Klassen und Schichten der Bevölkerung, die mit den gesellschaftlichen Gesamtinteressen übereinstimmen. Deshalb bestimmt vor allem das ökonomische Grundgesetz des Sozialismus diesen Prozeß. Auf den konkreten Verlauf dieser Industrialisierung wirken spezifische ökonomische Gesetze des Sozialismus, ferner das Gesetz der planmäßigen Entwicklung der Volkswirtschaft, das Gesetz der sozialistischen Akkumulation, das Gesetz der ständigen Steigerung der Arbeitsproduktivität, das sozialistische Aneignungsgesetz und andere ein» (Martin Breetzemann, ‹*Die Industrialisierung der Entwicklungsländer*›, Frankfurt/Main 1970, S. 26).

Mit so vielen Gesetzen hätten sich die Staaten der Dritten Welt eigentlich ganz hervorragend entwickeln können. An ökonomischer Determinierung stehen sich jedenfalls beide Denkschulen in nichts nach und am Ausmaß des Versagens bei der praktischen Anwendung ihrer Theorie auch nicht. Wo immer heute Entwicklungsexperten um eine neue, nicht mehr vom kapitalintensiven, hochtechnischen Modell des Westens bestimmte Politik ringen, müssen sie sich gegen die Apologeten ungehemmter frühkapitalistischer Investitionsformen zur Wehr setzen, die sich trotz aller menschenverachtender Mißerfolge nach wie vor auf westliche Theoretiker wie Rostow und Hirschman berufen. Alternative Projekte haben es schwer.

2. Die Grenzen des Wachstums

Die zweite Versagensfront der modernen Ökonomie betrifft alle Erkenntnisse, die mit dem Stichwort «Ökologie» nur unzutreffend gekennzeichnet sind. Die endgültige Verschmutzung von Wasser, die endgültige Erwärmung, die endgültige Zerstörung von bestimmten Pflanzen und Tieren ist schon lange keine Frage des Preises mehr, der zur Entschädigung gezahlt wird. Es gibt unbezahlbare, weil irreversible Schäden. Daraus entsteht für die Ökonomie ein theoretisches und praktisches Problem. William Kapp hat hier bahnbrechende Arbeit geleistet. Wobei gewiß die fragwürdige Einengung seiner Leistung auf die «Erfindung des Verursacherprinzips» problematisch ist, wie Klaus Michael Meyer-Abich in seinem interessanten Beitrag nachweist (K. M. Meyer Abich, ‹Wie wirtschaftlich ist unsere Wirtschaft?›. In: Sozialwissenschaften wozu? Magazin Brennpunkte 8, Frankfurt a. M. 1977). Aber das Problem der *endgültigen* Schädigung ist bislang noch wenig erörtert worden. Endgültigkeit hier verstanden als tödliche Irreversibilität, die bisher weder von der funktionalistischen Anthropologie noch von der Ökonomie akzeptiert worden ist.

Wenn inzwischen die Vergiftung der Muttermilch durch Pestizide in der Bundesrepublik Deutschland so weit fortgeschritten ist, daß ihr Genuß verboten werden müßte – dann wird der unkritische Ökonom sagen: Erstens ist dies Ausdruck einer erfolgreichen Schädlingsbekämpfung bei pflanzlichen Nahrungsmitteln. Die Pestizidanreicherungen in der Muttermilch sind der Preis dafür, daß wir in der Landwirtschaft einen so hohen Produktivitätsgrad erreicht haben. Und zweitens wird er die Unbrauchbarkeit der Muttermilch begrüßen, weil ihm ohnehin dieser dem Markt bislang entzogene Vorgang des Stillens in seinem Ehrgeiz gekränkt haben mag, daß alle, aber auch alle Lebensvorgänge ökonomisierbar seien. Die Bemühungen großer Nahrungsmittel-Multis, den afrikanischen Frauen die Muttermilch zu verleiden und ihnen das Importprodukt pulverisierte Flaschenmilch anzudrehen, zeigen diese Entwicklung deutlich (siehe ‹Exportinteressen gegen Muttermilch›, Dokumentation der Arbeitsgruppe Dritte Welt Bern, rororo aktuell 4065, Reinbek 1976).

Erzeugt aber die endgültige Zerstörung der menschlichen Fähigkeit, das eigene Baby mit körperproduzierter Milch (außerhalb der Marktbeziehungen) zu versorgen, nicht irreparable Schäden an der Spezies Mensch, die diesen künftig auch als «totalen Konsumenten» unbrauchbar machen? Dieser Frage könnte gewiß eine ganze Gruppe gesellschaftswissenschaftlicher Disziplinen nachgehen – ganz bestimmt aber nicht die Ökonomie – solange sie die Kategorie der «irreparablen Schäden» in ihr Modell nicht aufgenommen haben.

3. Die anthropologische Komponente

Vor allem aber haben die Ökonomen bislang nie zu erklären vermocht, wie sie sich die Zukunft des von ihnen postulierten ewigen Wachstums dann vorstellen, wenn (auch ohne drohende physische Begrenzungstatbestände) der Mensch für eine weitere Fütterung mit Waren und Dienstleistungen einfach nicht mehr aufnahmefähig ist. Diese Grenzen des Wachstums, die sich in der Struktur menschlicher *Bedürfnisse sowohl nach* Waren und Dienstleistungen wie auch nach *Unabhängigkeit von* Waren und Dienstleistungen ausdrückt, wurden schon lange vor dem Club of Rome diskutiert. An dieser anthropologischen Dimension wurde die durch Selbstgerechtigkeit kaschierte Hilflosigkeit der Ökonomen schon frühzeitig deutlich. Daß die Freiheit von Waren und Dienstleistungen ein menschliches Grundbedürfnis für die eigene Entfaltung sein könnte, ja, daß eine Zerstörung dieses Bedürfnisses die Lebensqualität beeinträchtigen könnte, weil sie den Menschen die autonome Erkennung seiner Bedürfnisse verwehrte, ist frühzeitig von Karl Polanyi erkannt und beschrieben worden, und ist heute eine der zentralen Thesen Ivan Illichs und anderer.

Dabei geht es nicht nur um die Frage, ob die Darstellung des Menschen als totaler homo oeconomicus ethisch vertretbar sei, sondern um die viel dramatischere Frage, ob nicht faktisch eine Transformation des Menschen als soziales Wesen stattfindet, die langfristig auch seine ökonomischen Fähigkeiten zerstören könnte. Wer den Menschen in den Weltsupermarkt der Waren und Dienstleistungen einsperrt und ihm jede Chance nimmt, außer diesen auch sich selbst wahrzunehmen, erzeugt möglicherweise kurzfristig den totalen Konsumenten, zerstört aber langfristig die Grundlagen, auf denen auch der totale Konsument existieren muß.

Das vorliegende erste Heft einer Reihe von drei geplanten Heften zur «Zukunft der Ökonomie» versucht einige Aspekte der hier angedeuteten Fragestellungen zu vertiefen. Es ist ein erster Versuch, Auskunft zu geben über eine Reihe von wissenschaftlichen Bemühungen in Frankreich und in den USA, die hierzulande weithin unbekannt geblieben sind.

Dieser Band ist keine Gebrauchsanweisung für «ökologische» Wirtschaftspolitik. Er will Anstöße liefern, mit deren Hilfe über eine solche ökologisch bestimmte Wirtschaftspolitik nachgedacht werden könnte. In einem der nächsten Bände wollen wir an Hand konkreter regionalpolitischer Optionen versuchen, auch dazu etwas vorzulegen.

Häufig stehen sich sogenannte Ökonomen und Ökologen unversöhnbar und ohne Verständigungsmöglichkeit gegenüber. Was kann das Mitglied des bundesdeutschen Sachverständigenrats (vom Stabilitätsgesetz zur konjunkturpolitischen Sicht der wirtschaftlichen Vorgänge verpflichtet) mit der Forderung nach Stopp des Straßenbaus oder einem Umsteigen vom Auto auf das Fahrrad anfangen? Wie kann die klassische und die keynesesche Ökonomie – deren Bausteine das Messen und Zählen von Preisen ist – mit dem interessanten Begriff von der «buddhistischen Ökonomie» anfangen, den Schumacher in ‹Small is Beautiful› eingeführt hat? Welche Bedeutung soll ein dem Weltwirtschaftsgipfel vorsitzender und dort wegen seiner ökonomischen Kenntnisse vielgerühmter Bundeskanzler mit Forderungen nach angestrebter Wachstumsbegrenzung anfangen? Ja, gibt es überhaupt eine Möglichkeit, Politik – also auch Wirtschaftspolitik – unter den Bedingungen der «Grenzen des Wachstums» zu betreiben, ohne die Parameter der ökonomischen Grundannahmen seit Adam Smith, Ricardo und Karl Marx neu zu überdenken? Nur das Gezählte zählt. Nur die Umrechnung der Lebensvorgänge in Geldsummen macht Wirtschaftstheorie möglich und nur Wirtschaftstheorie bietet die Grundlage für Wirtschaftspolitik. Wie wollen künftige Vertreter «grüner Parteien» in den Parlamenten in der Diskussion mit dem Ressortminister bestehen, wenn bislang davon ausgegangen wird, ökonomische Theoriebildung finde ausschließlich im Widerstreit zwischen «bürgerlicher» und marxistischer Auffassung von wirtschaftlichen Vorgängen statt?

Wir sind bei Vorgesprächen zu diesen Auswahlbänden, die wir in der Redaktion und vor allem mit Jean Pierre Dupuy, André Gorz, Jean Robert und Ivan Illich in den letzten Jahren geführt haben, von einer Reihe praktischer Fragen ausgegangen:

1. Wie kann künftig Wirtschaftspolitik unter der Anerkennung von Wachstumsgrenzen stattfinden (welche Grenzen dies auch immer sein mögen, physische (Club of Rome) soziale (Fred Hirsch/Ivan

Illich) psychische (William Leiss) und andere).

2. Auf welcher theoretischen Basis ist überhaupt ein Dialog zwischen Wachstumsskeptikern und Wachstumsförderern möglich?

3. Konzentrieren sich die über Keynes hinausgehenden Fragestellungen nicht in erster Linie auf das Problem der Gebrauchswerte – gegenüber den ausschließlich meßbaren Tauschwerten – gibt es bereits eine gebrauchswertorientierte Wirtschaftstheorie, von der in Deutschland wenig bekannt ist?

4. Wie lassen sich Strategien entwickeln, die helfen, daß die gefährliche Dialogunfähigkeit zwischen Ökonomen und Ökologen überwunden wird? Wie läßt sich die Wachstumsdebatte als Debatte um eine neue Wirtschaftstheorie «hoffähig» machen bei der Zunft?

Es war schwer, für diese Sammlung von Aufsätzen und Buchkapiteln einen passenden Titel zu finden. Ging es um die Formulierung einer *Gebrauchswertökonomie,* in der die errechenbaren Parameter der Waren- und Tauschwertgesellschaft der Gebrauchswertbestimmung durch den Bürger weichen müßte? Ging es um eine neue Diskussion des von Ökonomen anthropologisch vielleicht ganz falsch beschriebenen Gegensatzes von *Subsistenz und Geldwirtschaft?* Gewiß ging es um die Neubewertung des als undynamisch dargestellten Zustandes relativer Stabilität bestimmter Wirtschaftsgesellschaften. Jahrzehntelang wurde das Fehlen von Innovationsdynamik, das Ausbleiben also von Wachstum (und Entwicklung) als ein wesentlicher Mangel, als Ursache für das Elend der armen Gesellschaften angesehen. Kann das alles eine *kritische Ökonomie* leisten, oder ist es mit dem Stichwort des Franzosen J. Attali von der *Anti-Ökonomie* getan? Was sich allerdings herauskristallisierte seit jenem als Zäsur empfundenen Jahr 1973, ist die Frage nach der *Zukunft der Ökonomie* unter Begrenzungszwang.

Die Beiträge dieses Bandes sind zumeist größeren Arbeiten entnommen, die zum Teil schon vor Jahren erschienen sind. Sie stellen einen Hinweis, keine umfassende Vorstellung des betreffenden Autors dar. Diese Anmerkung erscheint besonders angebracht für den wichtigen Beitrag von *Marshall Sahlins,* dessen Buch ‹*Stone Age Economics*› in Deutschland weithin unbekannt blieb. In der Wissenschaftsgeschichte des zwanzigsten Jahrhunderts stellt Sahlins zweifellos einen beachtenswerten Markstein dar. Die in Deutschland kaum je gelehrte Sozial-Anthrologie hat sich bei ihrer Untersuchung der sogenannten «primitiven» Gesellschaften stufenweise stets auf die Suche nach

dem jeweils zentralen Komplex gemacht, der sowohl wissenschafts-
theoretisch als auch publizistisch die vorherrschende Frage an die
eigene Gesellschaft war. Wenn 1940 eine Gruppe britischer Sozial-
anthropologen einen Sammelband ‹African Political Systems› vor-
legte, so zeigte sie, wie stark unter dem Eindruck des Faschismus und
des Stalinismus das eigene politische «System» gefährdet schien.
Wenn Levy Strauss – aus einer ganz anderen, nicht funktionalistischen Denkrichtung kommend – in ‹Traurige Tropen› auf seelisch-
soziale Grundstrukturen der tribalen Gesellschaft stieß, so spiegelte
er damit die Unsicherheit der westlichen Industriegesellschaft gegenüber ihren eigenen Werten. Und wenn zwanzig Jahre später Marshall
Sahlins eine Untersuchung über die «Ökonomie der Steinzeit» vor-
legt, so tut er dies mit der polemischen Absicht, die Mythen des
ökonomischen Fortschritts, die sich vor allem auf der These vom
absoluten Elend der Steinzeitmenschen stützen, zu einem Zeitpunkt
anzugreifen, als die wirtschaftliche Realität der Industriegesellschaft
ohnehin das Ende des Lateins ihrer Propagandisten deutlich macht.
Sahlins rückt in seinem Beitrag über die Subsistenzwirtschaft der
Jäger und Sammler das schiefe Bild zurecht, das die Anthropologie in
der Wissenschaft und im allgemeinen Bewußtsein von diesen Kulturen und ihren ökonomischen Verhältnissen erzeugt hat. Keineswegs
bestimmen Not, Mangel und härtester Kampf um die nackte Existenz
das Leben dieser Stämme, vielmehr erfreuen sie sich eines Wohlstan-
des, den sie mit einem Minimum an täglicher Arbeitszeit erwirtschaften. Ihre Ökonomie kennt keine Knappheit, weil sie die Unbegrenztheit der Bedürfnisse nicht kennt. Für Sahlins fällt der Vergleich der
Belastung der Steinzeit – mit dem Industriemenschen keineswegs a
priori zugunsten des letzteren aus.
Der Beitrag von *Jean Pierre Dupuy* und *Jean Robert*, ‹Die zerstörerische Logik ökonomischer Vernunft› behandelt die Frage der endgültig verursachten irreparablen Schäden. Die beiden Autoren, ein
Wirtschaftstheoretiker aus Frankreich und ein Verkehrs- und Bau-
spezialist aus Mexiko, arbeiten seit einigen Jahren gemeinsam an
Nachweisen spezifischer wirtschaftlicher und technischer Kontra-
Produktivität (vgl. *Technologie und Politik* Bd. 1 und 2). 1977 legten
sie mit dem Band ‹La trahison de l'opulence› im renommierten Ver-
lag-Presses Universitaires de France die bislang wohl «fundierteste
Kritik» (so der *Nouvel Observateur*) gängiger nationalökonomischer
Theoreme vor. Jean-Pierre Dupuy gehört heute – neben André Gorz
– zu den interessantesten Kritikern sowohl der bürgerlichen als auch

der orthodoxen marxistischen Ökonomie, die beide auf der numerischen Akkumulation von Kapital und nicht auf einer qualitativen Bewertung von Lebensvoraussetzungen und Lebensvorgängen beruhen. Wir veröffentlichen hier das Einleitungskapitel: ‹*Le monde peut-il être sauvé par la valeur?*›.

Der britische Ökonom *E. J. Mishan* hat lange vor dem Club of Rome mit seinem Buch ‹*The Costs of Economic Growth*› auf die Irrationalität des Wachstumsprozesses aufmerksam gemacht. Sein Aufsatz stellt die durch die ökologischen und sozialen Grenzen des Wachstums auf die Tagesordnung gesetzte entscheidende Frage: bringen uns die hochgerechneten Zukunftsszenarien – unabhängig von der problematischen Frage, ob sie überhaupt realisierbar sind (was Mishan bezweifelt) – dem näher, was die traditionelle Philosophie unter der Vorstellung des «guten Lebens» verstand? Werden nicht viel mehr Befriedigung, Wohlergehen, Glück, der Reichtum sozialer Beziehungen den abstrakten Imperativen der technologischen und kommerziellen Sachzwänge untergeordnet und drohen, deren Dynamik zum Opfer zu fallen?

Nicholas Georgescu-Roegen ist der Verfasser des Manifests für eine bedürfnisorientierte Ökonomie, das inzwischen von über zweihundert amerikanischen Ökonomen unterschrieben wurde.

Der wichtige Aufsatz des Wirtschaftshistorikers *Karl Polanyi*, der 1947 in der renommierten amerikanischen Zeitschrift *Commentary* erschien, bestreitet zwei der grundlegenden Prämissen der klassischen Ökonomie:

von John Locke über Adam Smith bis hin zu Karl Marx wird der Mensch als homo oeconomicus gezeichnet; ein Wesen, dessen alltägliche Handlungweise primär von «materiellen» Motiven bestimmt wird;

2. werden die Institutionen der Gesellschaft als vom ökonomischen System «determiniert» angesehen.

Was sich in dieser Theorie als universal gültiges Muster «des» Menschen und «der» Gesellschaft ausgibt, sind für Polanyi Behauptungen, die bestensfalls auf die historisch noch relativ junge und keineswegs überall gültige Periode der «Marktgesellschaft» zutreffen. Die Marktwirtschaft reduzierte den Menschen auf eine marktbare Arbeitskraft und die Natur auf Grund und Boden, die den Gesetzen von Angebot und Nachfrage, Ausbeutung und Gewinnmaximierung unterworfen wurden. Wenn die klassische Theorie diese historische Zäsur als geschichtlichen Fortschritt feiert, so plädiert Polanyi für eine Revision dieses Geschichtsbildes: historische Utopie hätte sich eher schon daran zu bemessen, wie es ihr gelingt die Vorherrschaft des ökonomischen Denkens zu brechen.

William Leiss untersucht die Rolle, die der Konsum für die Interpretation des persönlichen Wohlbefindens spielt. Er weist nach, daß in der entwickeltesten Phase der Marktökonomie, die er Konsumgesellschaft nennt, subjektive Zufriedenheit als kontinuierliche Zunahme des Konsums von Marktgütern interpretiert wird – im Unterschied zu älteren gesellschaftlichen Strukturen. Verloren geht jedoch in der unübersehbaren Güterfülle das subjektive Bewußtsein bestimmter, überdauernder Bedürfnisse, das erst eine Sinnorientierung des Selbst im Verhältnis zu den Dingen der Welt leisten kann. Als alternatives Paradigma der Bedürfnisbefriedigung und der Interpretation von Wohlbefinden stellt Leiss die *conserver society* vor.

Dem verstorbenen Sozialwissenschaftler Richard Titmuss geht es um die Frage ob es neben den Tauschbeziehungen auch beobachtbare und damit analysierbare Geschenkbeziehungen gibt, denen die Festsetzung eines Tauschwertes fehlt. Titmuss kam dabei auf die Praxis der Blutspende, die in verschiedenen Staaten verschieden gehandhabt wird – die aber durchaus ein so massenhaftes Phänomen ist, daß sich daraus Rückschlüsse auf das soziale Verhalten von Menschen in «Geschenkbeziehungen» (Blutspende) und das in Tauschbeziehungen (Verkauf des eigenen Blutes) ableiten lassen. Titmuss hat die nationalen Gesundheitsstatistiken der USA und Großbritanniens zugrunde gelegt. In den USA gibt es ausschließlich einen Blutmarkt, in Großbritannien ausschließlich die Blutspende.

Christian Leipert behandelt in seinem Aufsatz über alternative Wege künftiger Wirtschaftspolitik zwei grundsätzlich verschiedene Deutungsformen der aktuellen ökonomischen Krise: zum einen streiten sich Keynesianer und Neoklassiker über die erfolgversprechenden *Techniken* der Wiederankurbelung einer nur aktuell gestörten Wirtschaft, die sie dem nächsten Aufschwung, einem hohen Wachstum, ja sogar der Vollbeschäftigung wieder zusteuern möchten; aus anderer Sicht jedoch erscheint die heutige Krise als Krise der grundlegenden Prinzipien der Marktökonomie, die nur durch ein neues Produktions-, Konsum-, umfassender durch ein neues Lebensmuster zu überwinden sei.

Valentina Borremanns weist uns darauf hin, daß wir in Nr. 11 von *Technologie und Politik* die Trennung zwischen ihrer generellen Einleitung zur Bibliographie und der von uns redaktionell vorgenommenen Anordnung der Titel nicht deutlich gemacht hätten. Wir fahren in diesem Heft mit der Bibliographie fort, die ohne die jahrelangen Vorarbeiten von Valentina Borremanns gar nicht hätte zusammengestellt werden können.

Kontroversen ausgelöst hat unsere Entscheidung, auf sogenanntem «umweltfreundlichem» Papier zu drucken. Keinem Hersteller anderen Papiers sollte nahegetreten werden. Wir setzen die Praxis fort.

Freimut Duve

Ökonomie ohne Wachstum?

Christian Leipert
Alternative Wege künftiger Wirtschaftspolitik

1. Zwei Richtungen innerhalb der aktuellen Strategiedebatte

Versucht man, die gegenwärtige wirtschafts- und gesellschaftspolitische Debatte über alternative Wege der Zukunftsgestaltung zu struk-
turieren, so lassen sich in grober Annäherung zwei Richtungen unterscheiden. Die eine vor allem von Fachvertretern der Nationalökonomie und dem wirtschaftspolitischen Establishment getragene Richtung interpretiert die aktuelle Krise als Ergebnis der über einen
längeren Zeitraum anhaltenden Fehlentwicklung bestimmter ökonomischer Größen und Relationen. Eine Entzerrung dieser Relationen
eröffne Aussichten auf einen dauerhaften Aufschwung, auf hohes
Wachstum sowie auf eine Wiedererreichung der Vollbeschäftigung.
Streitig ist, welche Strategie zur Erreichung dieser Ziele am erfolg-
versprechendsten ist. Den Keynesianern, die ein akutes und massives
Nachfragedefizit diagnostizieren und für eine Aktivierung der Staats-
nachfrage eintreten[1], stehen die Neoklassiker gegenüber, die das
Zentralproblem auf der Kosten- und Angebotsseite sehen.[2] Überlegungen über Art, Struktur und Verteilung eines zukünftig erwünschten Wachstums stehen in dieser Auseinandersetzung nicht im Vordergrund.
Die zweite Richtung interpretiert die aktuelle Krisenlage nicht in
erster Linie als Resultat der Fehlentwicklung bestimmter ökonomischer Größen (zum Beispiel der Lohnkosten pro Produkteinheit, der
Nettoinvestitionen, der Gewinne, der mangelnden Kapazitätsauslastung). Die Wachstums- und Beschäftigungsschwäche wird eher als
Symptom einer allgemeineren Entwicklungskrise der hochindustrialisierten Länder begriffen. Diese Einschätzung veranlaßt die Träger
dieser Richtung, grundsätzlichere Überlegungen über Wege der Zukunftsgestaltung anzustellen, die bei gegebenen und noch zu erwartenden Restriktionen und Möglichkeiten ein Höchstmaß an Lebensqualität erlauben. Erörtert werden Probleme der Sättigung im Konsumbereich, der Entwicklung der individuellen Präferenzen, der
Umweltzerstörung, der Energie- und Rohstofferschöpfung, der tech-

nologischen Entwicklung, der wachsenden Freizeit, der Einkommensverteilung im nationalen und internationalen Maßstab. Die Problemanalysen münden häufig in die Identifizierung von Aspekten eines neuen Konsum-, Produktions- oder (weiter gefaßt) Lebensmusters, das nach Auffassung der einzelnen Autoren den schon absehbaren zukünftigen Problemlagen besser als das bisher vorherrschende angepaßt ist.[3]

2. Strategien einer aktiven Wachstumspolitik

2.1. Unterschiedliche Ansatzpunkte zur Erreichung einer vollbeschäftigungskonformen Wachstumsrate

Die Vertreter einer aktiven Wachstumspolitik setzen auf eine Wachstumsbeschleunigung als wichtigstes Instrument zur Lösung des Beschäftigungsproblems. Da nicht davon ausgegangen werden könne, daß der Produktivitätsfortschritt in Zukunft nennenswert nachlasse, dies auch unter den Standortbedingungen der Bundesrepublik gar nicht erwünscht sei, müsse die Wachstumsrate der Produktion über einen längeren Zeitabschnitt über die Höhe des Produktivitätszuwachses getrieben werden.

Unterschiedliche Positionen vertreten die Anhänger dieser Strategie im Hinblick auf die Diagnose und die Ansatzpunkte zur Behebung der Beschäftigungs- und Wachstumsschwäche. Der Sachverständigenrat[4], große Teile der veröffentlichten Meinung, Arbeitgeberverbände, einflußreiche Kräfte innerhalb der politischen Parteien und der SPD/FDP-Koalition legen das Hauptaugenmerk auf die Kosten-, speziell die Lohnentwicklung. Hingewiesen wird darauf, daß die Steigerung der Lohnkosten pro Produkteinheit zwischen 1969 und 1974 angesichts seit 1973 zunehmend beschnittener Überwälzungsspielräume zu einer merklichen Schrumpfung der Unternehmergewinne geführt habe. Die Verschlechterung der Gewinnmargen und damit – uno actiu – der Gewinnerwartungen sei der Hauptgrund für den rapiden Rückgang der Investitionen, vor allem der arbeitsplatzschaffenden Erweiterungsinvestitionen, und für den relativen Zuwachs der arbeitskräftesparenden Rationalisierungsinvestitionen. Es bestehe mithin über die Bestimmungsgründe der Investitionsstagnation ein direkter Zusammenhang zwischen der hohen Arbeitslosigkeit und den – bei gegebenen Überwälzungsspielräumen – überhöhten Löhnen. Eine dauerhafte Entlastung auf der Kostenseite, die mit einer Veränderung der Einkommensverteilung zugunsten der Gewinn- und Vermögenseinkommen einhergehen müsse, sei eine unerläßliche Voraussetzung zur Schaffung besserer Gewinnerwartungen und damit einer längerfristigen Stabilisierung der Investitionsneigung, die wiederum zur Wiederherstellung der Vollbeschäftigung notwendig sei.

Die Gegenposition, die stark von der Gewerkschaftsseite[5] favorisiert wird, aber auch innerhalb des politischen Parteienspektrums und als Minderheitsmeinung auch in der wirtschaftswissenschaftlichen Diskussion vertreten wird[6], diagnostiziert als wesentlichen Grund für die anhaltende Investitions- und Beschäftigungsschwäche die Unterauslastung der vorhandenen Produktionskapazitäten. Das, gemessen am gegebenen Angebotsspielraum, vorhandene Nachfragedefizit ermutige die Unternehmer nicht, Erweiterungsinvestitionen durchzuführen, da sie jede kurzfristig denkbare Nachfragesteigerung innerhalb der gegebenen Kapazitätsgrenzen erfüllen können. Diese keynesianisch inspirierte Diagnose betont, daß der Staat sich in den letzten beiden Jahren eher pro- als antizyklisch verhalten hat und der antizyklische Effekt im Rezessionsjahr 1975 auf Grund der endogenen kumulativen Kontraktionstendenzen viel geringer als beabsichtigt ausgefallen sei.[7] Wirtschaftspolitisch sollte deshalb der Schwerpunkt auf eine nachfrageschaffende Ankurbelungspolitik des Staates gelenkt werden, die preispolitisch durch eine selektive Lenkung der Nachfrageströme abgesichert werden könnte.[8] Von einer besseren Auslastung der Kapazitäten und von einer damit gleichzeitig verbundenen Verbesserung der produktionsbezogenen Infrastruktur werden positive Effekte auf die Beschäftigung (nämlich auf die Besetzung vorhandener unterauslastungsbedingt nicht besetzter Arbeitsplätze) sowie auf die preiswirtschaftliche Investitionsneigung und damit mittelfristig auf Wachstum und Beschäftigung durch Schaffung neuer Arbeitsplätze erwartet.

2.2 Keine Problematisierung der Nachfragedynamik

Während sich beide Versionen einer aktiven Wachstumspolitik in der Diagnose der Wachstumsschwäche und in der Identifizierung wirtschaftspolitischer Ansatzpunkte unterscheiden, vertrauen sie offenbar beide – sobald die aktuellen wachstumshemmenden Fehlentwicklungen beseitigt sind – längerfristig auf eine ungebrochene Dynamik der privatwirtschaftlichen Wachstumskräfte. Diese wird in ihren Konzeptionen weder durch Probleme auf der Angebotsseite noch durch strukturelle Veränderungen auf der Nachfrageseite beeinträchtigt. Ob die endogene Entwicklung der Nachfrage längerfristig die Wachstumsdynamik negativ beeinflußt, bleibt offen, weil eine systematische Erörterung der Frage nach der Entwicklung der individuellen Präferenzen, der Verlagerung der Bedürfnisschwerpunkte von materiellen Gütern zu immateriellen Leistungen und sozialen Beziehungen, von etwaigen Sättigungserscheinungen etc. unterbleibt.

Die Bedürfnisproblematik wird in der Regel ausgeblendet oder als nicht existent abgetan. Es wird entweder behauptet, daß noch genügend Bedürfnisse unbefriedigt sind oder daß mit der Entwicklung verbesserter und neuer Produkte ständig neue Bedürfnisse geschaffen werden.[9] Die erstere Behauptung wird abgestützt durch den Hinweis auf die auch in der Wohlfahrtsgesellschaft noch existierenden unterversorgten Schichten[10] und/oder auf die Unzulänglichkeiten der Infrastrukturausstattung unter regionalen und sozialstrukturellen Gesichtspunkten[11] und/oder auf die großen gesellschaftspolitischen Aufgaben der Zukunft wie zum Beispiel

– die Humanisierung der Arbeitswelt
– die Sanierung der Umwelt
– die Entwicklung umweltfreundlicher bzw. energie- und rohstoffsparender Technologien und Produkte
– die Sanierung der Stadtkerne
– der Abbau des Nord-Süd-Konflikts durch die Mobilisierung großzügiger Hilfsprogramme.

Die Nennung der Bedürfnisfelder erfolgt jedoch häufig nur apodiktisch, ohne daß untersucht würde, ob das grob umrissene zusätzliche Nachfragepotential unter den gegebenen politischen Bedingungen auch mobilisierbar ist.

Das Vorliegen unbefriedigter Bedürfnisse bei benachteiligten Schichten ist bekanntlich durch das geringe verfügbare Einkommen bedingt. Es müßte mithin die Frage beantwortet werden, wie diese Schichten mit der entsprechenden Kaufkraft ausgestattet werden können, die es ihnen ermöglicht, in einem (auch) gesamtwirtschaftlich relevanten Sinne die potentielle Nachfrage geltend zu machen. Ungeklärt bleibt auch, wie die Nachfragewirksamkeit der großen gesellschaftlichen Aufgaben erreicht werden soll. Die Lösung der oben (unvollständig) genannten Problemkomplexe erfordert eine Verbreiterung der in staatlicher Verfügung befindlichen Ressourcenbasis. Diese wird häufig als nicht durchsetzbar bezeichnet, weil weitere Belastungen der Privaten negative Auswirkungen auf ihre Leistungsfähigkeit und ihren Leistungswillen hätten.

Die Ambivalenz der Rolle der großen gesellschaftlichen Aufgaben im Argumentationszusammenhang der Befürworter einer aktiven Wachstumspolitik wird (exemplarisch) bei der Behandlung des Aufgabenbereichs «Entwicklungshilfe/Entwicklungspolitik» deutlich. Einerseits ist sie wesentliches Legitimationsinstrument in der Hand der Befürworter einer aktiven Wachstumspolitik[12]; andererseits korrespondiert dieser Priorisierung in der Regel kein entsprechendes politisches Bemühen um eine relative Aufstockung der Entwicklungshilfe. Hier klafft eine Lücke zwischen der argumentativ nützlichen Rolle der Entwicklungshilfe und dem tatsächlichen Verhalten der entscheidenden Akteure im Hinblick auf die Dimensionierung des Entwicklungshaushalts.[13, 14]

Die Diskussion des Problems der gesamtwirtschaftlichen Nachfrageschwäche bei klar identifizierbaren Versorgungslücken zeigt, daß die Einkommensverteilung innerhalb des privaten Sektors ebenso wie zwischen privatem und staatlichem Sektor zu einem Hemmnis der Entfaltung potentieller Nachfrage werden kann. Der Grund hierfür liegt in einer mangelnden Übereinstimmung der Kaufkraft- bzw. Ressourcenverteilung mit der aktuellen und schon absehbaren Bedarfslage. Beruht eine wachstumsdämpfende Nachfrageschwäche auf einer derartigen Inkonsistenz, haben Umweltverteilungsmaßnahmen innerhalb des privaten Sektors und vom privaten zum Staatssektor[15] sehr wahrscheinlich nachfrageanregende Wirkungen.

2.3 Qualifizierung des Wachstumsziels im Rahmen der Strategien einer aktiven Wachstumspolitik

In keynesianischen Ansätzen der staatlich gesteuerten Nachfragestimulation kommt die politische Intention einer qualitativen Ausgestaltung des zukünftigen Wachstumsprozesses in der Auswahl bestimmter Nachfragebereiche, wie zum Beispiel der oben erwähnten großen gesellschaftlichen Aufgaben, zum Ausdruck. Der Übergang zu den Ansätzen einer strikt lebensqualitätsmehrenden Politik, die Elemente eines alternativen Konsum- und Produktionsstils herauszuarbeiten suchen[16], ist fließend. Ein keynesianischer Ansatz, der davon ausgeht, daß es lediglich einer relativ unspezifischen Nachfragestimulation zwecks Erreichung einer durchgehend höheren Kapazitätsauslastung bedarf, um wieder auf einen befriedigenden Wachstumspfad zu gelangen, ist sicher der in diesem Abschnitt behandelten Gruppe mehr traditioneller wachstumspolitischer Ansätze zuzurechnen. Dagegen lösen sich keynesianische Strategieentwürfe, die einerseits mit qualitativen Kriterien zur Bestimmung zukünftig besonders wohlfahrtsrelevanter Nachfragefelder arbeiten, andererseits als zweite Säule der Beschäftigungssicherung auch dauerhafte Arbeitszeitverkürzungen ins Kalkül ziehen, aus dem herkömmlichen wachstumspolitischen Bezugssystem.[17]

Auffallend ist die Zurückhaltung der stärker neoklassisch ausgerichteten Konzeptionen (wie zum Beispiel der des Sachverständigenrates) bei der näheren Bestimmung von Elementen der zukünftigen Wachstumsstruktur. Hauptgrund dafür ist das Vertrauen in die Funktionstüchtigkeit des Marktmechanismus. Die analytische Position hinsichtlich der zukünftigen Wachstumsstruktur läßt sich etwa dahin zusammenfassen: Sind erst die Ursachen für die Fehlentwicklung einer Reihe ökonomischer Größen, die zur gegenwärtigen Krise geführt haben, erkannt und die Weichen (vor allem auf der Lohnseite und auf dem Gebiet der Stabilisierung der Erwartungen) für eine Wiederbelebung der marktwirtschaftlichen Kräfte gestellt, so wird der Marktmechanismus für die den Präferenzen entsprechende Wachstumshöhe und -struktur sorgen. Strebt der Staat gewisse gesellschaftspolitische Ziele an, die vom Markt nicht autonom realisiert werden, so kann er mittels der Setzung entsprechender Rahmenbedingungen die Einhaltung gewisser Mindestnormen (zum Beispiel in den Bereichen der Umwelt und/oder der Arbeitsbedingungen) erzwingen.

3. Skepsis im Hinblick auf die Erfolgsbedingungen einer aktiven Wachstumspolitik

Im folgenden sollen nicht die verschiedenen Versionen einer aktiven Wachstumspolitik aus der Sicht der Wachstumsskeptiker untersucht werden. Uns interessiert vielmehr die Problematik einiger grundlegender Annahmen hinsichtlich des langfristig verfügbaren Angebots-

und Nachfragespielraums, die den aktiven Wachstumsstrategien im- oder explizit zugrunde liegen.

Wir gehen gesondert auf mögliche Hemmfaktoren auf der Angebots- und Nachfrageseite ein, auch wenn konzediert werden muß, daß sich die Erörterung der angebots- und nachfrageseitigen Probleme analytisch nur schwer trennen läßt, da sie tatsächlich eng miteinander verknüpft sind. Von besonderer Relevanz erscheinen uns auf der Angebotsseite zwei Problemkomplexe: einmal die Diskussion um Umwelt-, Energie- und Ressourcengrenzen im Gefolge der Studie des Club of Rome über die Grenzen des Wachstums und zum anderen die wieder aktuell gewordene Debatte über Risiken und Chancen des technischen Fortschritts für die Beschäftigung.

3.1 Angebotsseitige Probleme

Technischer Fortschritt und Beschäftigung

Die Beziehungen zwischen technischem Fortschritt und Beschäftigung sind in allen kapitalistischen Gesellschaften seit Beginn der industriellen Revolution – wenn auch phasenweise in unterschiedlicher Intensität – Gegenstand einer kontroversen Diskussion. In der jüngeren Vergangenheit konzentrierte sich diese Debatte in der Bundesrepublik in den sechziger Jahren auf die Rationalisierungsfolgen der Automation. In den siebziger Jahren verlängerte sie sich unter dem Eindruck sich abschwächender Wachstumsraten und hoher Arbeitslosigkeit auf die Beschäftigungsfolgen einer sich öffnenden Schere zwischen Arbeitsproduktivitätsfortschritten und Wachstumsraten der Produktion sowie auf mögliche Abhilfemaßnahmen zur Wiederherstellung der Vollbeschäftigung bei – gegenüber der Vergangenheit – geringeren durchschnittlichen Wachstumsraten des Bruttosozialprodukts.

Die Befürchtungen, die hinter der aktuellen Auseinandersetzung um die «Wegrationalisierung» von Arbeitsplätzen und um die gleichzeitige Einführung neuer arbeitsparender technischer Systeme in einer Reihe von Branchen stehen, gehen dahin, daß gegenwärtig auf der Angebotsseite – im Sektor der Produktionsbedingungen – ein grundlegender technologischer Wandel in Richtung auf eine relative Zunahme von Rationalisierungsinvestitionen zu Lasten des Anteils von Erweiterungsinvestitionen im Gange ist. Eine derartige Umstrukturierung innerhalb des getätigten Investitionsvolumens hätte tendenziell eine Lockerung des Zusammenhangs von Investitionen und Beschäftigung zur Folge. Bekanntlich werden durch Rationalisierungsinvestitionen Arbeitskräfte ersetzt (bzw. vorhandene Arbeitsplätze vernichtet), während durch Erweiterungsinvestitionen zusätzliche Arbeitsplätze geschaffen werden. Jede länger andauernde Veränderung des Verhältnisses beider Investitionstypen hat notwendigerweise Konsequenzen für die Nettobeschäftigungswirkung aller Investitionen. So ist es nicht ausgeschlossen, daß eine Politik der Wachstumsbeschleunigung, die sich auf eine rasche Expansion von Rationalisierungsinvestitionen stützt, netto mit negativen Beschäftigungswirkungen einhergeht.[18]

Nun ist immer wieder behauptet worden, daß die relative Verteuerung des Faktors Arbeit, wie sie etwa in den erheblichen Zuwachsraten der Lohnkosten pro Produkteinheit seit 1969 zum Ausdruck kommt, für das raschere Tempo der Substitution von Arbeit durch Kapital verantwortlich sei. Die Unternehmer würden in Verfolg einer Strategie der Kostenminimierung den nunmehr relativ billiger gewordenen Faktor reichlicher einsetzen. Den wirtschaftspolitischen Instanzen und den Gewerkschaften wird konsequenterweise eine lohnpolitische Zurückhaltung empfohlen. Eine relative Senkung des Faktorpreises für Arbeitsleistungen würde das Tempo der Rationalisierungsinvestitionen verlangsamen.

Eine derartige Diagnose und Therapie der aktuellen Beschäftigungsschwäche ist ein eklatanter Fall einer auf monokausalen Erklärungsmustern beruhenden und damit systematisch fehllaufenden Analyse (inklusive politischer Empfehlung). Nach einer Studie des Ifo-Instituts ist der Umfang der Rationalisierungsinvestitionen in den letzten Jahren praktisch nicht gestiegen.[19] Dagegen sind die Erweiterungsinvestitionen in absoluten Werten drastisch zurückgegangen. Die veränderte Beziehung zwischen Investitionen und Beschäftigung geht also – folgt man den Ergebnissen dieser Untersuchung – nicht primär auf eine absolute Zunahme der Rationalisierungsinvestitionen, sondern auf die erheblich geschrumpften Erweiterungsinvestitionen zurück. Das vorrangige wirtschaftspolitische Problem ist mithin auch nicht die relative Zunahme der Rationalisierungsinvestitionen (bei insgesamt rückläufigen Bruttoinvestitionen), sondern der rapide absolute Rückgang der Erweiterungsinvestitionen.

Primär müßten also die Ursachen für die absolut rückläufigen Erweiterungsinvestitionen aufgedeckt werden mit dem Ziel, die Hemmnisse zu identifizieren, die einem kräftigen Wachstum der Erweiterungsinvestitionen im Wege stehen. Diese liegen wohl wesentlich darin, daß die Unternehmer in einer Situation mangelnder Auslastung der vorhandenen Kapazitäten in der Regel nicht zur Vornahme von Investitionen zur Erhöhung der Kapazitäten neigen, wenn ihre längerfristigen Nachfrageerwartungen eher ungünstig eingefärbt sind. Eine derart pessimistische Einschätzung der zukünftigen Nachfrageentwicklung scheint nun – folgt man den Ergebnissen einer repräsentativen Befragung des Ifo-Instituts aus dem Jahre 1975 – gerade bei den bundesdeutschen Unternehmern vorzuliegen.[20]

Eine bloße Verbesserung der Erträge durch entsprechende wirtschaftspolitische Maßnahmen ist in einer solchen Situation kein wirksames Mittel zur dauerhaften arbeitsplatzschaffenden Investitionsbelebung. Dies würde voraussetzen, daß die aktuelle Gewinnsituation ein zuverlässiger Indikator der zukünftigen Gewinn- und Nachfrageerwartungen wäre. Erst eine Fundierung von wirtschaftspolitisch verbesserten Gewinnaussichten durch gefestigte Nachfrageerwartungen schafft (aller Voraussicht nach) die hinreichende Voraussetzung für einen dauerhaften Investitionsaufschwung.

Die Behauptung eines strikten Zusammenhangs zwischen einer relativen Verteuerung des Faktors Arbeitsleistung und einer Beschleunigung des Tempos von Rationalisierungsinvestitionen ist auch deshalb zu kurz gegriffen, weil sie impliziert, daß eine relativ kurzfristig wirksame Lohnbeschleunigung auch relativ kurzfristig den Charakter des technischen Fortschritts beeinflussen kann. Diese Erwartung überschätzt offensichtlich die Flexibilität der Entwicklung technischer Verfahren. Eine Veränderung der Faktorpreisverhältnisse wird erst mit erheblichen zeitlichen Verzögerungen auf den Charakter des technischen Fortschritts durchschlagen. Ein charakteristisches Merkmal des technischen Fortschritts seit Beginn der Industrialisierung ist die arbeitssparende Wirkung. Sollten sich nunmehr die Faktorpreisrelationen auch mittel- und längerfristig zugunsten des Faktors Arbeit verschieben – was durchaus nicht sicher ist –, wäre mittel- und längerfristig lediglich eine Verstärkung einer Tendenz des technischen Fortschritts zu erwarten, die ohnehin schon im Kernprozeß der technologischen Entwicklung angelegt ist.

Die gegenwärtig zum Einsatz kommenden arbeitssparenden Technologien sind durchweg Weiterentwicklungen schon seit längerer Zeit bekannter technologischer Linien, deren Anwendungsbreite sich allerdings im Zuge derartiger Entwicklungsprozesse erheblich erweitern kann (Bsp. Mikroprozessoren). Sind diese Verfahren bzw. Produkte bis zur Anwendungsreife fortentwickelt, so entscheiden nicht kurzfristig wirksam werdende zusätzliche Lohnbelastungen, sondern primär Konkurrenzgesichtspunkte im nationalen und internationalen Maßstab über den Einsatz.

Resümierend kann festgehalten werden, daß der Problemkern hinsichtlich der aktuellen Befürchtungen einer verschärften technologischen Arbeitslosigkeit vermutlich nicht in einem veränderten Charakter des technischen Fortschritts, also einer Beschleunigung des Tempos von Rationalisierungsinvestitionen, sondern in der Erwartung einer längerfristig geringeren Zuwachsrate von Produktion und gesamtwirtschaftlicher Nachfrage liegt. In der Phase des ausgeprägten Wachstums nach dem Zweiten Weltkrieg sind die arbeitsplätzevernichtenden Wirkungen des technischen Fortschritts nahezu[21] durch arbeitsplätzeschaffende Erweiterungsinvestitionen kompensiert worden. Sinkt die zukünftige Zuwachsrate von Produktion und Gesamtnachfrage in längerfristiger Betrachtung deutlich unter den zu erwartenden Produktivitätsfortschritt, droht das bisher realisierte Gleichgewicht zwischen Freisetzungen und Neuschaffung von Arbeitsplätzen im Wachstumsprozeß nachhaltig gestört zu werden.

Umwelt-, Energie- und Rohstoffgrenzen als limitierende
Faktoren einer langfristigen Wachstumspolitik

Noch in den sechziger Jahren ging man in der wirtschafts- und gesellschaftspolitischen Diskussion von der meist unausgesprochenen Annahme aus, daß der Wachstumsprozeß ad infinitum anhalten werde. Vielleicht kann das damals vorherrschende Meinungsklima sogar treffender charakterisiert werden, wenn man darauf abhebt, daß in der Frage der Dauerhaftigkeit des Wachstumsprozesses gar kein Problembewußtsein vorhanden war. Übereinstimmung herrschte in den sozialistischen und kapitalistischen Staaten zumindest darin, daß man sich eine dauerhafte Verbesserung der Lebensbedingungen, eine Steigerung der individuellen Wohlfahrt aller Bürger ohne anhaltendes kräftiges Wirtschaftswachstum nicht vorstellen konnte. Die neoklassische Wachstumstheorie diskutierte Golden-Age-Modelle, in denen auf dem optimalen Wachstumspfad befindliche Volkswirtschaften mit dem Goldenen Zeitalter gleichgesetzt wurden. Die marxistische Entwicklungstheorie macht den Übergang vom Sozialismus zum Kommunismus von der Erreichung einer Stufe des gesellschaftlichen Reichtums abhängig, in der materielle Güter praktisch im Überfluß vorhanden sind.

In den siebziger Jahren wurde man sich – nicht zuletzt durch die Veröffentlichungen des Club of Rome – des grundlegenden, eigentlich banalen Sachverhalts wieder bewußt, daß ein unbegrenztes Wachstum der materiellen Produktion in einer endlichen Welt nicht möglich ist. Langfristig unüberschreitbare Grenzen des Produktionswachstums werden durch die Umwelt als Aufnahmemedium für Schadstoffe und als Energie- und Rohstofflieferant gesetzt. Das Phänomen von grundsätzlich existierenden natürlichen Grenzen des Wachstums wird auch von keiner Seite in der aktuellen wirtschafts- und gesellschaftspolitischen Debatte bestritten. Strittig ist dagegen die aktuelle Relevanz dieses Phänomens für die Ausgestaltung einer wirtschafts- und gesellschaftspolitischen Strategie mit dem Zeithorizont 2000.

Viele Befürworter einer aktiven Wachstumsstrategie sind zugleich technologische Optimisten. Einerseits behaupten sie, daß die zum Beispiel vom Club of Rome vorgelegten Schätzungen über Bestände von erschöpfbaren Ressourcen im Lichte neuerer Untersuchungen nicht mehr zu halten sind und als Ausdruck eines pessimistisch angelegten Szenarios angesehen werden müssen.[22] Andererseits gehen sie davon aus, daß der technische Fortschritt in Zukunft etwa aufkommende Probleme im Umwelt- und Rohstoffbereich lösen wird. Der technische Fortschritt wird sich eben in Zukunft zunehmend auf die Entwicklung umweltfreundlicher Produktionsverfahren und Produkte erstrecken müssen. Weiterhin würden durch knappheitsbedingte Preissteigerungen im Energie- und Rohstoffbereich Anstrengungen lohnend, die auf die Entwicklung von Recycling-Technologien, auf die Auffindung von Substitutionsgütern, auf einen zunehmend geringeren spezifischen Rohstoffverbrauch, auf die Entwicklung neuer Explorationsverfahren und auf die Entdeckung neuer Rohstofflager abzielen.

Die wachstumskritische Position betont dagegen, daß die Volkswirtschaften in der industrialisierten Welt sich in einer singulären, nicht dauerhaft perpetuierbaren Phase der menschlichen Entwicklung befinden. Nachdem die menschliche Entwicklung über Jahrtausende eher durch stationäre oder quasi-stationäre Zustände gekennzeichnet gewesen sei, sei sie mit Beginn der industriellen Revolution in eine Phase des exponentiellen Wachstums der materiellen Produktion eingetreten. In säkularen Dimensionen gemessen ist es unverkennbar, daß ein derartiges Wachstumsmuster nur noch eine gewisse Zeit andauern kann. Der Tatbestand der lediglich begrenzten Verfügbarkeit von Umwelt-, Energie- und Rohstoffressourcen auf der Erde ist somit der ausschlaggebende Grund dafür, daß die gegenwärtige Phase des exponentiellen Wachstums der materiellen Produktion nur eine Episode innerhalb des ökonomischen Entwicklungsweges der Menschheit sein kann. Die Einzigartigkeit der gegenwärtigen Entwicklungsepoche wird schlaglichtartig deutlich, wenn man sich klarmacht, daß im Verlauf der Industrialisierung der nördlichen Hemisphäre ein großer Teil der nicht- oder nur schwer reproduzierbaren Energie- und Rohstoffbestände endgültig verbraucht worden ist, die in Jahrmillionen der naturgeschichtlichen Entwicklung der Erde entstanden sind.

Als Quintessenz dieser Problemdefinition ergibt sich,

1. daß langfristig der Wachstumsprozeß angesichts nicht überschreitbarer natürlicher Umwelt- und Ressourcengrenzen nicht durchgehalten werden kann und

2. daß die davon betroffenen Gesellschaften sich schon heute auf die absehbaren Begrenzungen des langfristigen Angebotsspielraums einstellen sollten.

Im Vordergrund einer derartigen gesellschaftsweiten Diskussion müßte die Frage danach stehen, wie die bisher auf kräftiges Wirtschaftswachstum und ständig steigenden Privatkonsum programmierten Gesellschaften auf die Bedürfnisse einer Gesellschaft im ökologischen Gleichgewicht angepaßt werden können. Diese Debatte ist im politischen Raum praktisch noch gar nicht in Gang gekommen. Die Widerstände sind dort besonders groß, weil die langfristig notwendigen Anpassungen an ökologische Erfordernisse mit kurzfristigen Zielen der Wirtschafts- und Gesellschaftspolitik kollidieren. Erwähnt seien hier nur die Widerstände gegen Strategieentwürfe, die zu einer Drosselung des quantitativen Wirtschaftswachstums führen können. Ein kräftiges Wirtschaftswachstum erscheint einem großen Teil des politischen Establishments unverzichtbar deshalb, weil es unter den vorherrschenden strukturellen und motivationalen Bedingungen das wichtigste Mittel zur Bestandssicherung des gesamten Systems ist.[23]

Die gegenwärtige Krise ist mithin für viele Politiker nicht Anlaß, bisher verfolgte Strategien auf ihre Erfolgsbedingungen zu überprüfen und neue Ziel-Mittel-Konzeptionen zu entwickeln, die den spezifischen Randbedingungen der aktuellen Situation und der absehbaren Entwicklung besser angepaßt sind. Ein derartiges Beharren auf

überkommenen, in der Vergangenheit relativ erfolgreich angewand-
ten Strategien konnte etwa im Kontext der Kernenergiedebatte der
Jahre 1976/77 beobachtet werden. Die Herausforderung der Dauer-
beschäftigungskrise wie auch der wirtschafts- und gesellschaftspolitischen Vorstellungen der Bürgerinitiativen wurde beispielsweise von
dem damaligen Wirtschaftsminister Friderichs mit dem forcierten
Eintreten für die traditionelle Wachstumskonzeption beantwortet.
Ein kräftiges Wirtschaftswachstum sei zur Lösung aller anstehenden
wirtschafts- und gesellschaftspolitischen Probleme unverzichtbar.
Diese Position wurde vertreten, obwohl erstens absehbar war, daß
eine Politik der Wachstumsförderung allein die Beschäftigungspro-
bleme nicht würde lösen können und zweitens offensichtlich war, daß
aus ökologischer Sicht nicht mehr unbeschränkt auf eine Wachstumsbeschleunigung als wesentlichem Problem- und Konfliktlösungsme-
chanismus gesetzt werden kann.

Die Position von Bundesminister Friderichs, die hier nur paradigma-
tisch für ein in der Politik vorherrschendes Meinungsbild steht, offenbart ein Dilemma der parlamentarischen Demokratien. Kurzfristige
Ziele, deren Realisierung unter den aktuell vorherrschenden sozio-
ökonomischen und politischen Bedingungen zur Sicherung des Sy-
stembestands und über derartige Stabilisierungserfolge (im weiteren
Sinne) damit zur Verbesserung der Wiederwahlchancen der handelnden Politiker beiträgt, haben in derartigen Systemen durchweg die
besseren Durchsetzungschancen vor langfristigen Zielen, Erfordernissen und Notwendigkeiten. Der Versuch, bei der Ausgestaltung der
konkreten Politik die Langfristziele in einem nicht nur kosmetischen
Sinne zu berücksichtigen, könnte in einem ersten Schritt negative
Auswirkungen auf die im öffentlichen Bewußtsein vorrangigen Kurzfristziele haben. Die Furcht vor einer Verschlechterung der Wiederwahlchancen ist es schließlich, die zur vorrangigen Orientierung an
den kurzfristigen Stabilitäts-(i. w. S.)-zielen führt. Zugespitzt könnte
das Verhalten mancher Politiker so charakterisiert werden, daß sie
bei immer längerem Anhalten der Beschäftigungskrise zur Anwendung immer problematischerer Mittel greifen, nur deshalb, weil sie
mit positiven Beschäftigungswirkungen verknüpft sind. Die rapide
Auszehrung inhaltlicher Positionen wird deutlich, wenn etwa Waf-
fenexportgeschäfte plötzlich (aus Beschäftigungsgründen) toleriert
oder gar durch die Gewährung von Ausfallbürgschaften unterstützt
werden, wenn für den Ausbau der Kernenergie in der Hoffnung auf
positive Beschäftigungswirkungen trotz der nicht ausgeräumten

Zweifel hinsichtlich der Umwelt-, Gesundheits- und Sicherheitsrisiken votiert wird, wenn für eine Lockerung der Umweltschutzgesetze in der Erwartung positiver Produktions-, Investitions- und Beschäftigungseffekte eingetreten wird etc.

Die Entscheidungssituation, in der Politiker heute stehen, wird von ihnen selbst häufig als schizophren beschrieben. Einerseits wird vielen zunehmend bewußt, daß Langfristprobleme wie die beschränkte Assimilationskapazität der Umwelt oder die Erschöpflichkeit von Ressourcen einschneidende Zielrevisionen und Verhaltensänderungen heute notwendig machen. Andererseits spielt sich ihr konkretes Handeln weiterhin (überwiegend) im Kontext der gewohnten, bewährten, im politischen Raum vorläufig noch einzig akzeptierten Kurzfristziele und -strategien ab. Hier werden Systemzwänge erkennbar, die durch das Ineinandergreifen von privatwirtschaftlichen Interessen, politischen Eigeninteressen und vorhandenen individuellen Motivations- und Zielstrukturen gekennzeichnet sind. Lediglich Außenseiter gehen das Risiko eines politischen «Selbstmordes» ein und artikulieren im politischen Willensbildungsprozeß die von Langfristüberlegungen ausgehenden wachstumskritischen Positionen.

Die Rolle der individuellen Motivations- und Zielstrukturen bei der Verfestigung von Systemzwängen weist die Richtung auf, in die zur Stabilisierung der Minderheitsposition und in mittelfristiger Perspektive zur Ausbreitung dieser Position im politischen Prozeß gegangen werden muß. Einerseits müssen sich diejenigen gesellschaftlichen Gruppen, die für einen umweltgerechten Lebens- und Konsumstil und eine Drosselung der Wachstumsraten des materiellen Konsums eintreten, an der Debatte über alternative Wege der Zukunftsgestaltung beteiligen, um auf diese Weise die politische Position der «Außenseiter» zu legitimieren und zu stützen. Andererseits müssen alle Bestrebungen gefördert werden, die zu einer Veränderung der individuellen Motivations- und Zielstrukturen in Richtung auf eine Relativierung der rein einkommens- und konsumbezogenen Orientierungen und auf eine Stärkung der nichtmateriellen Dimensionen der Lebensqualität hinführen.

3.2 Nachfrageseitige Wachstumsgrenzen

Nachfrageseitige Hemmfaktoren eines exponentiellen Wachstums sind natürlich nicht unabhängig von Entwicklungen auf oder Erwartungen hinsichtlich der Angebotsseite. So sind unter Umständen beschäftigungspolitisch motivierte Arbeitszeitverkürzungen in einer Phase der sozio-ökonomischen Entwicklung leichter durchsetzbar, in der die Präferenz für zusätzliche Freizeit infolge eines sättigungsbedingten Wandels der Bedürfnis- und Nachfragestruktur systematisch zunimmt. Wechselbeziehungen zwischen angebots- und nachfrageseitigen Bedingungen zukünftigen Wirtschaftswachstums sind besonders klar im Umweltbereich erkennbar. So ist die Aufmerksamkeit, die der Umweltsituation seit einigen Jahren in zunehmendem Maße geschenkt wird, nicht unwesentlich eine Folge objektiv eingetretener Verschlechterungen der natürlichen Umweltverhältnisse und von lokalen Umweltkatastrophen, die schlaglichtartig die gesundheitsschädigenden Nebenwirkungen ungesteuerten Produktions- und Konsumwachstums verdeutlicht haben. Möglich sind nun wiederum Rückkoppelungswirkungen der Sensibilisierung von Teilen der Bevölkerung für Umweltbelange auf die Entwicklung des Angebotsspielraums. Lokale Wachstumsgrenzen werden schneller erreicht, wenn im Gefolge einer umweltpolitischen Debatte die Grenzwerte zulässiger Umweltbelastung verschärft werden. Eine wachstumsbezogene Analyse der Nachfragebedingungen muß sich mit grundlegenden Faktoren befassen, von denen angenommen wird, daß sie gerade in langfristiger Perspektive Einfluß auf die Nachfrageentwicklung haben. Hier geht es im Grunde um die alte Frage danach, ob es autonome individuelle und gesellschaftliche Nachfragegrenzen gibt oder ob die Idee eines unbegrenzten Nachfragewachstums die langfristige Nachfragedynamik besser widerspiegelt.

Die These einer Unbegrenztheit der materiellen Konsumbedürfnisse
Die These einer Unbegrenztheit der materiellen Konsumbedürfnisse stützt sich vor allem auf die Erfahrungen der Vergangenheit, in der das Grundmuster einer ständigen Expansion des materiellen Konsums – besonders ausgeprägt in der Phase nach dem Zweiten Weltkrieg – vorherrschte. Sättigungserscheinungen können – wenn überhaupt – nur bei einzelnen Gütern, wie zum Beispiel bei Kühlschränken, Waschmaschinen, Fernsehapparaten und Herden – auftreten. Die Entwicklung des materiellen Konsums insgesamt wird davon nicht berührt, weil die Qualität der vorhandenen Güterkategorien ständig verbessert wird und neue Güter entwickelt werden. Ein dauerhafter Ausfall von bzw. eine grundlegende Änderung der Entwicklungsrichtung der Konsumnachfrage ist dann nicht zu befürchten.

So habe sich die Konsumqualität von Radios, Fernsehgeräten, Schallplattengeräten, von Waschmaschinen, von Kraftfahrzeugen etc. ständig verbessert. Die Entwicklung neuer Produkte manifestiere sich beispielsweise in Kühltruhen, Grillgeräten, Wäschetrocknern und Geschirrspülmaschinen. Der Ausstattungsgrad der Haushalte mit diesen Neu-Gütern sei noch relativ gering.

Es seien keine Indizien dafür erkennbar, daß dieses grundlegende Muster von Produktverbesserungen und -innovationen mit den entsprechenden Kaufanreizen in Zukunft nicht weiter gültig sei. Ferner muß die hohe Bestandsdichte mit langlebigen Gütern wie PKW, Fernseh- und Radiogeräten nicht zwangsläufig einen dämpfenden Einfluß auf die Expansionsrate des materiellen Konsums haben. Sie kann im Gegenteil auch eine Welle der Zweitausstattung der Haushalte mit bestimmten Basisgütern begünstigen, wie sie in den USA seit längerem etwa für Autos und Fernsehgeräte beobachtet werden kann.

Der Rückgang der Arbeitszeit und die Verlängerung des Urlaubs hat schließlich dem Freizeitkonsum eine gegenüber früher völlig neue Dimension erschlossen. Langlebige Konsumgüter, die in der Vergangenheit einem vernachlässigbar geringen Teil der Bevölkerung vorbehalten waren, sind nunmehr und vor allem in Zukunft für weite Bevölkerungskreise nicht zuletzt wegen des gestiegenen Einkommens attraktiv geworden. Der Freizeitkonsum wird damit zu einer zunehmend wichtigeren Stütze der zukünftigen Expansion des materiellen Konsums.

Die Gegenposition

Die Gegenposition interpretiert die Phase des stürmischen Konsumwachstums nach dem Zweiten Weltkrieg bis zur Mitte der siebziger Jahre als Ausnahmeerscheinung, die nunmehr wieder dem langfristigen Entwicklungsmuster geringerer Wachstumsraten des privaten Konsums Platz mache. Eine Reihe von Sonderfaktoren könnten die außerordentlich hohen Zuwachsraten des materiellen Konsums in dieser Periode erklären.[24] Mittlerweile sei der materielle Konsumstandard, vor allem die Ausstattung der Haushalte mit langlebigen Gütern, so weit fortgeschritten, daß nicht mehr erwartet werden könne, daß das zukünftige Wirtschaftswachstum von einer ausgeprägten Dynamik des materiellen Konsums getragen werde. Angesichts der hohen Konsumgüterdichte in den Haushalten sei die Erwartung wohl eher gerechtfertigt, daß die zukünftige Konsumgüterproduktion in zunehmendem Maße vom Ersatzbedarf als von Erstkäufen gespeist werde.

Eine allgemein befriedigende Klärung der Frage nach der Gültigkeit der Sättigungsthese im Bereich der Ausstattung der Haushalte mit materiellen Konsumgütern wird wohl nicht herbeigeführt werden können. Diejenigen, die tiefgreifende Wandlungen des Konsumverhaltens und der Konsumstruktur im Gefolge von Sättigungserscheinungen mit langlebigen Gütern erwarten, richten ihr Augenmerk bei der Interpretation der hohen Bestandsdichte mit langlebigen Gütern auf die Erfahrung, daß sich mit zunehmender Ausstattung der Individuen bzw. Haushalte mit dem als üblich angesehenen Konsumgüterbündel eine Verschiebung der Präferenzstruktur in Richtung auf immaterielle Güter vollzieht.

Empirische Belege für dieses Entwicklungsmuster individueller Bedürfnisstrukturen liefert die Beobachtung des Konsumverhaltens unterschiedlicher Einkommens- und Sozialgruppen. Bei einem Haushalt mit hohem Einkommen kann davon ausgegangen werden, daß die als nötig und üblich empfundene Konsumgüterausstattung weitgehend vorhanden ist. Die Präferenzen richten sich zunehmend auf immaterielle Werte und Güter wie angenehme Umweltbedingungen, höhere Bildung, kulturelle Leistungen, Freizeitbeschäftigungen, in denen persönliche Vorlieben gepflegt werden können und die der Eigenentwicklung dienen, Urlaub, Partizipation im lokalen Umfeld und am Arbeitsplatz etc. Haushalte mit geringerem Einkommen, in denen noch Ausstattungsdefizite mit langlebigen Konsumgütern vorliegen, zeichnen sich dagegen oft noch durch eine ausgeprägte materielle Konsumorientierung aus. Es fehlt häufig eine Wohnung, die für alle Haushaltsmitglieder befriedigende Wohnbedingungen schafft. Darüber hinaus trifft das Ausstattungsdefizit die Haushalte in dieser heterogenen Gruppe sehr unterschiedlich. Eine Abschwächung der materiellen Konsumorientierung hat zumindest eine Angleichung dieser Haushaltsgruppen an die üblichen, in der oberen Einkommensschicht geltenden Konsumgüterstandards zur Voraussetzung.

Nun wäre es sicher zu kurz gegriffen, würde man von der Erreichung eines höheren Versorgungsniveaus mit materiellen Konsumgütern unmittelbar und zwangsläufig eine Verschiebung der Bedürfnisstrukturen hin zu immateriellen Dimensionen erwarten. Es besteht kein Zweifel, daß auch schichtenspezifische Wertstandards die konkrete Gestalt von individuellen Bedürfnisstrukturen und ihre Änderungen im Zeitablauf beeinflussen. So konzentriert sich heute das Phänomen des Wertwandels und der damit verknüpften stärker immateriellen Bedürfnisorientierung auf Teile des «saturierten» bürgerlichen Mittelstandes, während die materielle Konsumorientierung stärker in Arbeiter- und Angestelltenschichten mit mittlerem Einkommen verwurzelt ist. Es ist freilich absehbar, daß höhere Ausbildung und längere Ausbildungsdauer, interessantere berufliche Positionen, Arbeitsbedingungen, die Raum für Eigengestaltung und -initiative lassen sowie der Ausgleich der noch vorhandenen materiellen Konsumdefizite im Gefolge wachsender Einkommen in Zukunft auch in diesen Bevölkerungsgruppen einen Wert- und Präferenzenwandel hin zu nichtmateriellen Dimensionen der Lebensqualität auslösen werden.

4. Charakteristika eines alternativen Konsum-, Lebens- und Produktionsstils

Geschlossene Konzepte eines alternativen Konsum- und Lebensstils, die von einer Kritik am gegenwärtig vorherrschenden Entwicklungsmuster in den kapitalistischen wie sozialistischen Industriestaaten ausgehen, liegen noch nicht vor. Die Diskussion über alternative Möglichkeiten der Zukunftsgestaltung ist aber bereits so weit gefächert, daß es lohnt, einige Aspekte, die unübersehbar im Vordergrund stehen, näher zu betrachten. Im folgenden gehen wir zunächst auf die Rolle wachsender Freizeit (Nicht-Erwerbszeit) als zentraler Voraussetzung für die Durchsetzung des neuen, stärker auf immaterielle Werte ausgerichteten Konsummusters ein.

4.1 Die Rolle wachsender Freizeit

Wachsende nicht durch Erwerbsarbeit gebundene Zeit ist aus mehreren Gründen ein wesentlicher Faktor des sich herausbildenden neuen Konsum- und Lebensstils. Sie

– entlastet den Arbeitsmarkt und damit die Beschäftigungspolitik vom Zwang einer forcierten Wachstumspolitik, die mit dem künftig erwünschten Konsummuster nicht vereinbar wäre, die Umweltqualitätsziele verletzen und vermutlich die erwünschten Produktions- und Beschäftigungswirkungen gar nicht zeitigen würde;

– ermöglicht eine Erhöhung der Konsumzeit, das heißt der Zeit, die zur Nutzung der im Besitz der Haushalte befindlichen Konsumgüter zur Verfügung steht und damit tendenziell des Konsumnutzens pro Periode;

– erleichtert den Wandel der Produktions- und Beschäftigtenstruktur hin zu einem steigenden Anteil des Dienstleistungssektors an den Beschäftigten und an der (privaten und staatlichen) Produktion über die Freisetzungseffekte eines nur schwach steigenden materiellen Konsums bei relativ hohen Produktivitätsfortschritten im sekundären Sektor und über die freizeit- und wohlstandsinduzierte Verlagerung der Nachfrage auf private und staatliche Dienstleistungen;

– ermöglicht die Befriedigung von Bedürfnissen, die sich nicht auf den Kauf von Konsumgütern richten, sondern vor allem anderweitig nicht gebundene Zeit zur Voraussetzung haben, wie zum Beispiel Lesen, informelles Lernen, formelle Weiterbildung, Besuch kultureller Veranstaltungen und Einrichtungen, Mitarbeit in politischen, gewerkschaftlichen, kirchlichen Bürgergruppen, Wandern, aktiver und passiver Sport, Gespräche, Spielen mit Kindern, Gartenarbeiten – Bedürfnisse, die der Bedürfnistheorie von Maslow zufolge, die weithin als ein zutreffender Ansatz zur Beschreibung der hierarchischen Struktur der grundlegenden menschlichen Bedürfnisse angesehen wird, mit zunehmender Befriedigung der physiologischen und Sicherheitsbedürfnisse immer wichtiger werden.

Reduktion der Erwerbsarbeitszeit und Zunahme der Konsumzeit

Die Verlagerung der Konsumentenwünsche im Gefolge von materiellen Sättigungsprozessen korrespondiert mit den notwendigen Anpassungen auf der Produktionsseite. Ein geringeres Wachstum des materiellen Konsums erlaubt bzw. erfordert bei rascher wachsender Arbeitsproduktivität eine kontinuierliche Senkung der Erwerbsarbeitszeit (bei unverändertem Beschäftigungsstand). Diese sich in der Bedürfnisdynamik abzeichnende Veränderung in der Struktur der individuellen Zeitallokation geht vermutlich schon deshalb mit einer Mehrung der individuellen Wohlfahrt einher, weil nunmehr die Konsumzeit – das heißt die Zeit, in der mit den verschiedenen langlebigen Konsumgütern tatsächlich umgegangen werden kann – wächst. Vielfach wird übersehen, daß der Konsum im Sinne der Nutzung der im Besitz der Haushalte befindlichen Güter Zeit erfordert. Neben der Verfügbarkeit über Güter bedarf es eben des komplementären Gutes «freie Zeit», um Konsumgüterkäufe in laufende Bedürfnisbefriedigungen umzusetzen.[25] Geht man davon aus, daß nicht schon der Kauf von und die Verfügbarkeit über Konsumgüter, sondern erst ihre Nutzung Bedürfnisbefriedigung verschafft, dann können im Verlaufe des gesamtwirtschaftlichen Wachstumsprozesses oder im Verlaufe eines individuellen Lebenszyklus bei ständigen Steigerungen des verfügbaren Einkommens paradoxe Ergebnisse auftreten. So ist es nicht ausgeschlossen, daß permanentes reales Konsumwachstum mit einer Minderung der konsumbezogenen Wohlfahrt Hand in Hand geht. Angenommen, die Erwerbsarbeitszeit wird angehoben, um höhere Einkommenszuwächse zu erzielen; damit steigen auch die finanziellen Möglichkeiten, um Konsumgüterkäufe zu tätigen. Werden diese wahrgenommen, steigt der Bestand an Konsumgütern im Besitz der betreffenden Person. Die Kehrseite der Medaille freilich ist, daß das raschere Einkommenswachstum durch eine Einschränkung der Konsumzeit erkauft worden ist. Einer Anhäufung von Konsumgütern steht mithin eine geringere individuelle Nutzungsmöglichkeit gegenüber. Zur Herausarbeitung derartiger konterintuitiver Wirkungen von Einkommens- und Konsumsteigerungen ist es nicht einmal notwendig, von einer steigenden Arbeitszeit (und damit uno actu von einer schrumpfenden Konsumzeit) auszugehen. Selbst bei gegebener Arbeitszeit, bei gegebenen Einkommenszuwächsen im Gefolge von Arbeitsproduktivitätsfortschritten und bei gegebenem Konsumverhalten verändert sich die Relation von Konsumgüterbestand und Konsumzeit zuungunsten der letzteren.[26] Bei unveränderter Konsumzeit stünden ständig mehr Güter zur Verfügung. Dies bedeutet entweder

– weniger Nutzungszeit pro Gut oder
– unveränderte Nutzungszeit der in den Konsumprozeß einbezogenen Güter, während andere überhaupt nicht be-/genutzt werden oder
– zunehmenden Übergang auf die gleichzeitige Nutzung mehrerer Güter, wobei über den Befriedigungseffekt einer konsumgutintensiveren Nutzung einer Konsumzeiteinheit keine generellen Aussagen gemacht, sinkende Ertragszuwächse aber auch in diesem Fall vermutet werden können.

Sukzessive Verlagerung der Nachfrage auf beschäftigungsintensive Dienstleistungen
Abnehmende materielle Konsumwachstumsraten bei weiter raschen Arbeitsproduktivitätsfortschritten in der Konsum- und Investitionsgüterindustrie korrespondieren auch mit dem zweiten oben schon

erwähnten Entwicklungsmuster der Nachfragedynamik, nämlich der sukzessiven Verlagerung der monetären und nichtmonetären (staatlich befriedigten) Nachfrage auf Dienstleistungen. Geringere Rationalisierungsmöglichkeiten im Bereich der direkt individuenbezogenen Dienstleistungen erfordern bei raschem Nachfragewachstum einen erheblichen Zuwachs im Personalbestand in den davon betroffenen privatwirtschaftlichen und staatlichen Leistungsbereichen. Angesichts der hohen Freisetzungseffekte des technischen Fortschritts im landwirtschaftlichen und industriellen Sektor sowie in den der Rationalisierung zugänglichen Dienstleistungsbereichen hat die in der Bedürfnisdynamik angelegte Tendenz zu einem absoluten und relativen Wachstum der Inanspruchnahme von personenbezogenen Dienstleistungen am gesamten Güter- und Dienstleistungskonsum unter Beschäftigungs- und Systemstabilisierungsgesichtspunkten genau die erwünschte Wirkung. Insofern erscheint es irrational und wenig zielführend, wenn beschäftigungspolitische Bestrebungen zum Ausbau staatlicher Dienstleistungskapazitäten, die zur Durchsetzung des langfristig sich ohnehin einstellenden Nachfragemusters beitragen, aus kurzfristigen Überlegungen behindert werden.

Freie Zeit als Voraussetzung für bedürfnisbefriedigende Nicht-Konsumaktivitäten

Schon im Zusammenhang mit der im Gefolge zunehmender Freizeit gleichzeitig wachsenden Konsumzeit wurde auf den Ressourcencharakter von Freizeit hingewiesen. Freie Zeit wurde dort als notwendige Voraussetzung für die Entfaltung von Konsumnutzen erkannt. Hier interessiert die Verfügbarkeit freier Zeit als Voraussetzung für die Durchführung von bedürfnisbefriedigenden Aktivitäten, die nicht oder nur am Rande mit der Nutzung materieller Konsumgüter verbunden sind.

Sie können auf die Herstellung, Erhaltung und Intensivierung primärer und sekundärer sozialer Beziehungen gerichtet sein (zum Beispiel mehr Zeit für die Beschäftigung mit den eigenen Kindern, mehr Zeit für Aktivitäten mit dem eigenen Partner, Teilnahme an Aktivitäten politischer, gewerkschaftlicher, sozialer, religiöser, künstlerischer Gruppen oder von Sportvereinen und Bürgerinitiativen, mehr Zeit für die Pflege von Freundschaften). Sie können auf eine Erweiterung der eigenen Erfahrungshorizonte respektive auf den Erwerb neuer Kenntnisse und Fertigkeiten gerichtet sein (zum Beispiel informelle Weiterbildung mittels Büchern, Fernsehen, Volkshochschule etc., formelle Weiterbildung an der Universität, bei den Industrie- und Handelskammern, bei den Gewerkschaften, mittels Fernsehkursen etc., Lesen von Zeitungen, Zeitschriften, Romanen und Sachbüchern, selektives Fernsehen und Radiohören, Kino, Theater und Oper, Vorträge, Musik hören, Besichtigung von Städten und Museen, kurze und längere Reisen ins In- und Ausland, Hobbytätigkeiten im Garten sowie im und außerhalb des Hauses). Sie können auch mehr Muße mit sich bringen, die direkt als Lebensgenuß ebenso wie als Entlastung von erzwungenen Anspannungen erlebt wird (zum Beispiel: längere Urlaubszeiten ermöglichen auch reine Erholungsphasen, die nicht durch [immer] anstrengende Bildungs- und Besichtigungsaktivitäten unterbrochen werden, passiver Sport-, Musik- und Fernsehkonsum, faulenzen, in den Tag hinein leben).

Die hier beispielhaft stichwortartig aufgezählten Aktivitäten können – folgt man der Typologie der Grundbedürfnisse von Maslow[27] – den Bedürfnissen nach Anerkennung, Selbstachtung, Geborgenheit, Zugehörigkeit und Selbstverwirklichung zugeordnet werden. Maslow vertrat die These, daß diese – in seiner Hierarchie höherrangigen – Bedürfnisse erst mit der weitgehenden Befriedigung der grundlegenden Versorgungs- und Sicherheitsbedürfnisse virulent werden würden. Diese These einer strengen Hierarchisierung menschlicher Grundbedürfnisse ist nicht unwidersprochen geblieben. Allardt etwa setzt ihr die Annahme entgegen, daß alle Grundbedürfnisse – wenn man von schweren materiellen Mangelsituationen absieht, die eine beherrschende Stellung der physiologischen Bedürfnisse begründen – gleichzeitig vorhanden sind.[28] Auszugehen ist freilich davon, daß einige Bedürfnisse – je nach der konkreten Lage – eine höhere Bewertung erfahren und deshalb in bestimmten Phasen stärker im Vordergrund stehen.

Von Bedeutung bei der Interpretation des Maslow-Schemas ist wohl auch die Tatsache, daß die Auffassungen über den adäquaten Weg zur Befriedigung der Bedürfnisse nach Selbstachtung, Anerkennung, Geborgenheit, Zugehörigkeit und Selbstverwirklichung nicht zeitlich und örtlich invariant sind, sondern in Abhängigkeit von unterschiedlichen Wertstandards und von gesellschaftlichem Wertwandel Veränderungen unterliegen. Gesellschaftliche Anerkennung, persönliche Selbstachtung und individuelle Selbstverwirklichung sind Wertgrößen, deren konkreter Inhalt in hohem Maße gesellschaftlich vermittelt ist.

Es ist durchaus möglich – wie die Verhältnisse in einer Konsumgesellschaft zeigen –, daß in einigen Bevölkerungsschichten das Bedürfnis nach Anerkennung, Selbstachtung und Selbstverwirklichung gleichsam mit der Erfüllung bestimmter Konsum- und Einkommensbedürfnisse mitbefriedigt wird. Schwächt sich in einer derartigen Konsumgesellschaft mit wachsendem Wohlstand die Konsumorientierung generell ab, so kann vermutet werden, daß die Verfügbarkeit über den bisher gesellschaftlich hoch bewerteten Konsumgüterbestand und die jeweilige möglichst hohe Einkommensposition eine immer geringere Rolle für die soziale Anerkennung, die persönliche Selbstachtung und die individuelle Selbstverwirklichung spielen werden. Dagegen werden Aktivitäten außerhalb des Erwerbslebens und außerhalb der «Konsum»-Welt, die oben beispielhaft angedeutet worden sind, für die Erfüllung jener Grundbedürfnisse eine immer größere Bedeutung erlangen.

Auch wenn die Verlagerung der Bedürfnisorientierung vom materiellen Konsum und von ständiger monetärer Einkommensexpansion zu Beschäftigungen im nichterwerbswirtschaftlich gesteuerten Lebensbereich die Bedürfnisentwicklung in langfristiger Perspektive charakterisieren wird, muß im Auge behalten werden, daß zu jedem Zeitpunkt die konkrete Form der Befriedigung der Geborgenheits-, Selbstachtungs-, Anerkennungs- und Selbstverwirklichungsbedürfnisse sehr unterschiedlich ausfallen kann. Es muß auf jeden Fall vermieden werden, daß die konkrete Gestalt der Bedürfnisstruktur etwa der Intellektuellen oder bestimmter Segmente des bürgerlichen Mittelstands in der Weise verabsolutiert werden, daß die Art und Weise, wie diese Schichten das Anerkennungs-, Selbstachtungs-, Zugehörigkeits- und Selbstverwirklichungsbedürfnis typischerweise befriedigen, unausgesprochen zur Norm für die Gesamtbevölkerung erhoben wird.

4.2 Das Ziel einer schonenden Behandlung der Umwelt sowie einer energie- und rohstoffsparenden Lebensweise

Ein geradezu konstituierendes Merkmal vieler – wenn nicht aller – Vorschläge, Entwürfe, Memoranden, Denkschriften und Programme für einen zukünftigen Anforderungen und Bedürfnissen entsprechenden Konsum-, Produktions- und Lebensstil ist die Bedeutung, die dem Problemkomplex «Umwelt–Energie–Rohstoffe» eingeräumt wird. Die ökologischen Analysen und Programme stehen einerseits historisch am Anfang der Kritik am ungesteuerten, auf möglichst hohe Wachstumsraten des Bruttosozialprodukts programmierten Expansionsprozeß (und an der ihn legitimierenden Konsumideologie), andererseits sind in ihrem Sinnzusammenhang die tiefgreifendsten und umwälzendsten Alternativen zum bisherigen Modell der Wachstums- und Konsumgesellschaft entwickelt worden. Hierfür stehen Namen wie Illich, Goldsmith, Daly, Heilbroner, Mishan, Gruhl, Stumpf, Eppler und Améry.[29]

Ihre Analysen beherrscht die Frage, wie das hochentwickelte Produktions- und Konsumsystem der Industrieländer, das in den vergangenen 170 Jahren erwerbswirtschaftlicher industrieller Entwicklung die heute virulenten Umweltschäden und Ressourcenprobleme hervorgerufen hat, in das umgreifende ökologische System eingepaßt werden kann, ohne weiter Gefährdungen für das ökologische Gleichgewicht, die menschliche Gesundheit und das erhaltungswürdige historische Erbe auszulösen. Ihre Argumentationsmuster weichen damit charakteristisch von der im politischen Bereich bzw. im enger fachwissenschaftlichen Rahmen der Wirtschaftswissenschaften geführten umweltpolitischen Diskussion ab. Dies wird unter anderem deutlich bei der Abwägung von ökologischen und Rentabilitätsgesichtspunkten im Kontext von einzel- oder gesamtwirtschaftlich relevanten Entscheidungen, bei der Bestimmung von Charakteristika von Technologien, die einen umweltfreundlichen und ressourcensparenden Produktions- und Konsumstil fördern sowie bei der Frage des Vorrangs des Prinzips von Zentralisierung oder Dezentralisierung im Zusammenhang mit der regionalen Verteilung von Produktions- und Konsumaktivitäten.

Die Frage der Gewichtung ökologischer Kriterien und ökonomischer Rentabilitätsüberlegungen

Die Kritiker der Industriegesellschaft gehen aus von der absoluten Notwendigkeit der Wiedererlangung bzw. Erhaltung des ökologischen Gleichgewichts und des sparsamen Verbrauchs begrenzter Ressourcen- und Energievorräte. Kosten-Nutzen-Analysen, wie sie im ökonomischen Kontext allgemein üblich sind, werden so lange als ungeeignet angesehen, als in ihrem Rahmen (unter Umständen als langfristig wirksame Nebenwirkung heutiger ökonomischer Entscheidungen) zentrale ökologische Überlebensziele zur Debatte gestellt werden könnten. Ökonomische Effizienzüberlegungen können aus ökologischer Sicht erst dann sinnvoll angestellt werden, wenn zunächst einmal eine Grundsatzentscheidung für eine Entwicklung innerhalb der gegebenen und absehbaren Umwelt- und Ressourcengrenzen gefallen ist und diese als unantastbar angesehen werden.

Der rein ökonomischen Betrachtungsweise ist ein derartiger Absolutheitsanspruch, wie er von der ökologischen Kritik formuliert wird, fremd. Ökonomen sind es gewohnt, Kosten und Nutzen bestimmter Projekte miteinander zu vergleichen mit dem Ziel, das Projekt mit dem höchsten Nutzenüberschuß herauszufinden und zur Verwirklichung zu empfehlen. Da ökologische Gefährdungen im Gefolge ökonomischer Entscheidungen vielfach gar nicht monetarisierbar sind, bleiben derartige Risiken oft außer Betracht oder werden nicht mit dem entsprechenden Gewicht bei der Entscheidungsfindung berücksichtigt. Der Einsatz des ökonomischen Kosten- und Nutzenkalküls wird nun freilich um so fragwürdiger, je weniger es gelingt, die umwelt- und ressourcenbezogenen Nutzen und Kosten (Schäden) eines ins Auge gefaßten Projektes noch einigermaßen vollständig und intersubjektiv nachvollziehbar zu erfassen, aufzubereiten und in Geldgrößen zu bewerten. Erschwert wird eine Aufbereitung von derartigen Kosten- und Nutzenbestandteilen speziell durch die häufig wissenschaftlich noch gar nicht ausreichend ermittelte Wirkungstiefe, -breite und -verstärkung vieler Schadstoffe sowie durch den Langfristcharakter der Schadstoffeinwirkungen auf die belebte und unbelebte Umwelt. Die Sensibilisierung der Gesellschaft für die Bedeutung der ökologischen Randbedingungen menschlicher Produktions- und Konsumaktivitäten markiert mithin eine Anwendungsgrenze für den ökonomischen Kosten-Nutzen-Kalkül. Dieser kann zwar weiterhin bei der Beurteilung von Projekten mit überschaubaren Wirkungen, bei denen eine Gefährdung strategischer menschlicher Werte von vornherein ausgeschlossen werden kann, ein breites Anwendungsfeld haben, wird aber bei Entscheidungen mit tiefgreifenden, multidimensionalen und langfristigen Auswirkungen auf Gesellschaft und Umwelt nur noch eines unter mehreren Entscheidungskriterien sein.

Die Grenzen der Anwendung des rein ökonomischen Kalküls lassen sich beispielhaft an Hand der Entscheidungsfindung über den Einsatz der Kernenergie sichtbar machen. Wie sollen die strittigen Fragen

- der potentiellen Schäden bei Normalbetrieb eines Kernkraftwerkes,
- der Energievergeudung infolge des geringen Nutzungsgrades des Primärenergieeinsatzes und der damit verbundenen Abwärmeprobleme,

- der ökologischen und gesundheitlichen Risiken bei leichten und schweren Unfällen,
- der gesellschaftspolitischen Implikationen einer erheblich gesteigerten Nutzung der Kernenergie zum Beispiel im Hinblick auf die strikte Überwachungsnotwendigkeit des gesamten Plutoniumkreislaufes,
- der leichteren militärischen Verwundbarkeit des jeweiligen Landes bei Existenz vieler Kernkraftwerke,
- der leichteren Erpreßbarkeit der Gesellschaft durch den Terrorismus,
- der Endlagerung der radioaktiven Abfälle bei einer Halbwertszeit für Plutonium von ca. 24 000 Jahren – einer Zeitspanne, die um mehr als das Doppelte länger ist als die durch Quellen überlieferte Geschichte der Menschheit ist,

als Kostenfaktoren erfaßt, quantifiziert und ihrer Schadenswirkung entsprechend in Geldgrößen monetär bewertet werden? Das Ergebnis einer derartigen ökonomischen Rechnung kann nur willkürlich sein. Es hängt logischerweise davon ab, welche Schadensfaktoren mit welchem Gewicht in die Kostenkalkulation eingehen. Da die – im Vergleich zu alternativen Stromerzeugungsarten – potentiell viel schwereren und in verschiedenen Bereichen auftretenden Schäden nur sehr unzuverlässig geschätzt werden können, ist zu vermuten, daß diese auch nur – wenn überhaupt – mit einem rein willkürlich bestimmten Merkposten berücksichtigt werden. Unter Beachtung dieser Zusammenhänge offenbart die fachwissenschaftlich abgesegnete Auffassung, Atomstrom sei billiger als Kohlestrom, die gesellschaftspolitische Problematik eines rein ökonomischen (und damit verkürzten) Entscheidungsprozesses. Vorgetäuscht wird dadurch nämlich ein Ergebnis, das einen objektiven Vergleich mit alternativen Stromerzeugungsverfahren und eine darauf gestützte Entscheidung über das ökonomisch günstigste Verfahren erlaubt. Ausgeblendet wird dagegen der grundlegende Sachverhalt, daß hier versteckt hinter der ökonomischen Kalkulation tatsächlich eine – bedingt durch Auswahl und Bewertung der Schadensfaktoren – politische Entscheidung gefällt wurde. Diese würde zweifellos die gesellschaftlichen Wertstandards besser reflektieren, wenn die Entscheidungsalternativen mit allen kurz- und langfristig (mit unterschiedlicher Wahrscheinlichkeit) absehbaren Konsequenzen in einem offenen Willensbildungsprozeß zur Diskussion gestellt werden würden. Viele Schadensfaktoren betreffen gesellschaftliche Werte, die explizit in den komplexen

Prozeß der Evaluation einbezogen werden müssen, soll die Entscheidungssituation nicht unzulässigerweise zu einer rein ökonomischen verkürzt werden.

Ein derartiger multidimensionaler Evaluationsprozeß kann dann zum Ergebnis haben, daß bestimmte ökonomische Projekte, die bei Geltung rein ökonomischer Kriterien positiv bewertet worden wären, nicht bzw. nicht in der ursprünglich geplanten Form oder Region zur Durchführung gelangen. Eine Produktionssteuerung unter Umweltgesichtspunkten wird in Ansätzen schon im Rahmen der Umweltpolitik, Raumordnungspolitik sowie Forschungs- und Technologiepolitik praktiziert. Beispiele für Eingriffe bei der Wahl von Produktionsaktivitäten und Technologien liefert die Immissionsschutzgesetzgebung. Eine größere Rolle spielen ökologische Kriterien bereits im Rahmen der Raumordnungspolitik, die die Wahlmöglichkeiten der Unternehmen im Hinblick auf regionale Standortentscheidungen schon spürbar beeinflußt.

Die Durchsetzungschancen staatlicher produktionssteuernder Maßnahmen zur Vermeidung von ökologischen Zusammenbrüchen und schweren Gesundheitsschäden werden entscheidend durch die Existenz regionaler Bürgerinitiativen gefördert. Diese spielen häufig eine aktive Rolle in der gesellschaftlichen Debatte über eine umweltfreundliche Gestaltung der sozio-ökonomischen Entwicklung, signalisieren den staatlichen Instanzen, daß bei geplanten Projekten Umweltbelange bedroht sind und fordern die zuständigen Verwaltungsstellen zu gezielten umweltpolitischen Eingriffen auf. Die Aktivierung von Bürgergruppen in den vergangenen knapp zehn Jahren hat zur Folge, daß bestimmte Industrieansiedlungspläne oder die Veränderung von Stadtlandschaften unter rein ökonomischen Gesichtspunkten nicht mehr realisierbar sind. Während derartige Vorhaben in den sechziger Jahren noch weitgehend problemlos durchgeführt werden konnten – sie standen im Einklang mit den vorherrschenden Wachstums- und Lebensstandardzielen –, werden heute auf Grund des eingetretenen Wertwandels bei aktiven und artikulationsfähigen Bürgergruppen immer häufiger durchaus vergleichbare ökonomische Planungen blockiert. Die umweltpolitisch sensibilisierten Bevölkerungsgruppen sind nicht mehr bereit, die mit bestimmten zusätzlichen Produktionsaktivitäten verbundenen Belastungen (wie Geruchsbelästigungen, Gesundheitsschäden, Lärm, Landschafts- und Stadtbildverschandelung, Gefährdung ökologischer Kreisläufe, Verlust an Sicherheit, Ängste auf Grund steigender Risiken) als Preis für die zunehmend geringer bewerteten ökonomischen Vorteile zu tragen.[30]

Ähnliche Neubewertungen sind seit einigen Jahren auch im Forschungs- und Technologiebereich zu beobachten. Mit der Höhergewichtung von Umweltpräferenzen wurden die potentiell bzw. tatsächlich negativen Nebenfolgen von technologischen Verfahren und Produkten plötzlich sichtbar und artikuliert. Die Erkenntnis, daß bestimmte Technologien zwar einen naturwissenschaftlichen Fortschritt oder gar Durchbruch verkörpern und aus betriebswirtschaftlicher Sicht bzw. aus Gründen der Sicherung internationaler Wettbewerbsvorteile erwünscht sind, aber dennoch nicht zum Einsatz gelangen sollen, weil mit ihnen eine unakzeptable Verletzung anderer menschlicher Werte verbunden ist, kann als Zäsur in der Geschichte der Technologieentwicklung gewertet werden. Nach dem Konzept der Technologiefolgenabschätzung (*technological assessment*) müssen, bevor ein spezielles Verfahren oder ein Produkt entwickelt und eingesetzt werden, die mit dem Einsatz und Gebrauch verbundenen, heute schon absehbaren Konsequenzen im Hinblick auf ökonomische und nichtökonomische Zielbereiche des Menschen ermittelt, gewichtet und gegenseitig abgewogen werden. Die traditionelle Beurteilung nach rein ökonomischen Kategorien wird mithin ergänzt um Fragen nach den Auswirkungen

– auf den Energieverbrauch,
– auf den Rohstoffverbrauch,
– auf die natürliche Umwelt und die Gesundheit der von potentiellen Emissionen Betroffenen,
– auf die betriebliche Umwelt (Lärmentwicklung, Arbeitsbedingungen etc.),
– auf den Arbeitsmarkt (vor allem Arbeitsplatzeffekte, Dequalifizierungseffekte),
– auf die städtischen Lebensbedingungen,
– auf die innere und äußere Sicherheit
– etc.

Dieser Wandel in der Bewertung von Technologien und Produkten wird auch in der Neuausrichtung der staatlichen Forschungs- und Entwicklungspolitik in den siebziger Jahren sichtbar. Während in den fünfziger und sechziger Jahren das Produktivitätsziel als Förderungskriterium ganz im Vordergrund stand, indiziert das Anfang der siebziger Jahre vom damaligen Forschungsminister Ehmke geprägte Schlagwort vom «gesellschaftlichen Bedarf», nach dem die Forschungs- und Technologiepolitik ausgerichtet werden sollte, den programmatischen Auftrag, die Förderkriterien gesellschaftsbezogen zu erweitern und zu differenzieren. Vor dem Hintergrund der ausgeprägten und kaum problematisierten Wachstumsorientierung der fünfziger und sechziger Jahre wurden vor allem technologische Linien gefördert, in denen die Wirtschaft der Bundesrepublik einen Rückstand gegenüber technologisch überlegenen Nationen aufzuholen hatte oder die langfristig hohe Produktivitätsfortschritte und gute Absatzchancen auf dem Weltmarkt versprachen, ohne staatliche Hilfen aber auf rein privatwirtschaftlicher Basis wegen des hohen Kapitalbedarfs nicht entwickelt worden wären. Die Förderung umweltfreundlicher Technologien, von Recycling-Techniken, von Technologien zur Energieeinsparung und zur Nutzung regenerativer Energiequellen, von kommunalen und Gesundheitstechnologien, von Technologien zur Humanisierung der Arbeitswelt, von Produktentwicklungen zur Verlängerung der Nutzungsdauer etc. in den siebziger Jahren ist – unabhängig von dem zur Zeit noch relativ geringen finanziellen Gewicht im Vergleich zu den an herkömmlichen Zielen orientierten Projekten – eine politische Antwort auf den Wertwandel, der sich zumindest in relevanten Teilen der Bevölkerung vollzogen hat.

Zentralisierte und kapitalintensive Technologien vs. (unter anderem an Umwelt- und Ressourcengrenzen) angepaßte Technologien
Die Entwicklung der Technologie wird speziell von den Alternativendenkern als ein Schlüsselproblem im Zusammenhang mit einer menschenwürdigen Gestaltung der Zukunft gesehen. Besonders wird hervorgehoben, daß durch die Wahl bestimmter Technologien Entscheidungen in anderen Bereichen, die dann insgesamt das jeweils herrschende Produktions- und Konsummuster prägen, vorprogrammiert werden. Alternative Konsum- und Produktionsstile haben, wenn bestimmte Basisentscheidungen über die Charakteristika der wesentlichen Technologien gefallen sind, kaum Durchsetzungschancen bzw. können sich (bestenfalls) nur am Rand der Gesellschaft als Außenseiterlebensweise entfalten. Ganz allgemein trifft wohl zu, daß Großtechnologien ihren adäquaten Platz in einer Gesellschaft haben, in der rasche Produktivitätsfortschritte, hohe Produktionswachstumsraten und ständig steigender Konsum von Waren und Dienstleistungen die beherrschenden wirtschafts- und gesellschaftspolitischen Ziele sind und in der die mit dem Umgang mit derartigen Technolo-

gien verbundenen Belastungen und Zwänge (wie zum Beispiel Unfall- und Gesundheitsrisiken, Monotonie, Entfremdungsgefühle, mangelnde Entfaltungsmöglichkeiten, Zwang zur regionalen und größenordnungsmäßigen Konzentration der Produktion, des Arbeitskräftepotentials, der Wohnsiedlungen, der Verwaltung, des Konsums etc.) als nicht so gewichtige Begleiterscheinungen angesehen werden. Hochproduktive Groß- (oder zentralisierte) Technologien haben vor allem einen Preis, nämlich den der Unangepaßtheit an andere Bedürfnisse oder Ziele jenseits des Ziels der maximalen privatwirtschaftlichen Produktivität. Das Fließband war unbestreitbar ein effizientes Instrument zur massiven Produktivitätssteigerung und damit auch ein Mittel zur Realeinkommens- und Lebensstandardsteigerung der von der Fließbandarbeit betroffenen Beschäftigten und indirekt auch aller Käufer der damit hergestellten Güter. Diese war freilich ebenso unbezweifelbar nur möglich durch die Mindererfüllung nichteinkommensbezogener Ziele und Bedürfnisse im Arbeitsprozeß selbst (Bedürfnis nach Flexibilität und Abwechslung, nach Eigeninitiative und Bereicherung der Arbeit, nach Möglichkeiten, den Arbeitsprozeß selbst zu beeinflussen, nach Abbau gesundheitsgefährdender Arbeitsintensitäten).

Dagegen finden «angepaßte» Technologien ihren adäquaten Platz in einer Gesellschaft, die versucht, eine Vielfalt von Zielen in einer für sie optimalen Kombination und Gewichtung gleichzeitig zu erreichen. Den dort herrschenden Bedingungen einer Relativierung des bisher verabsolutierten Produktivitätsziels entsprechend sind hierunter Technologien zu verstehen, die an die aktuellen und zukünftig zu erwartenden Bedürfnisse und Problemlagen angepaßt sind:

– Technologien, die zu einer Humanisierung der Arbeitsbedingungen in ihren vielfältigen Dimensionen führen;
– Technologien, die zu Energieersparnis ohne Einbuße an Komfort führen;
– Technologien, die zu einer Rohstofferparnis und einer Reduktion der Umwelteinwirkungen führen;
– Technologien, die das Leben in der Stadt erleichtern (zum Beispiel kommunale Technologien);
– Technologien, die die Entwicklung von Langzeitgütern zum Ziel haben;
– Technologien, die dem Sicherheitsbedürfnis ein höheres Gewicht einräumen (zum Beispiel stärkere Berücksichtigung von Sicherheitserfordernissen beim Autobau, Ausbau von Technologien, die

ungefährliche Energiequellen verwenden).

Beispielhaft läßt sich das Phänomen der Vorprogrammierung einer bestimmten Produktions- und Konsumweise durch einen spezifischen Technologietyp an Hand der Kernkraftwerkstechnologie verdeutlichen. Die Entscheidung für den Ausbau der Kernenergie impliziert einmal die Installierung von großen Einheiten, zum anderen die Ausdehnung der Stromerzeugungskapazitäten im Grundlastbereich.[31] Die Entscheidung für die Ausdehnung der Kapazitäten im Grundlastbereich mittels großer Kernkraftwerksblöcke hat zur Folge, daß kontinuierlich reichliche Stromerzeugungskapazitäten vorgehalten werden, in die die Nachfrage hineinwachsen soll bzw. zur Sicherung einer befriedigenden Rendite hineinwachsen muß. Das Signal wird bei einer derartigen Politik mithin in Richtung auf ständigen Energieverbrauchszuwachs gestellt, der zudem noch durch die Vorhaltung reichlicher Kapazitätsreserven tendenziell angeregt wird. Da nur Grundlastkapazitäten bereitgestellt werden, ist die Entscheidung für die Kernenergie nicht mit einem – an sich erwünschten – Flexibilitätsgewinn für die Stromversorgung verbunden. Im Gegenteil, die Anpassungsmöglichkeiten an plötzliche Nachfrageschwankungen verschlechtern sich gegenüber einer alternativen Versorgungssituation auf der Basis vieler kleiner Stromerzeugungseinheiten.

Die Grundsatzentscheidung für einen raschen Energieverbrauchszuwachs und damit gleichzeitig für die energiemäßige Alimentierung einer energieintensiven Produktions- und Konsumweise wird auch an weiteren Charakteristika der Stromerzeugung mittels Kernenergie sichtbar. Angesichts der Risiken der Kernenergie und der Widerstände innerhalb der Bevölkerung gegen einen Zubau besonders in der Nähe von stark besiedelten Räumen können große Einheiten nur an verbraucherfernen, dünnbesiedelten Orten installiert werden. Dies hat zur Folge, daß die Abwärmeverluste, die bei der Erzeugung von Atomstrom besonders hoch sind, praktisch nicht mittels Kraft-Wärme-Koppelung für Fernheizungszwecke nutzbar gemacht werden können. Eine derartige, unter Energieausnutzungsgesichtspunkten grundsätzlich erwünschte integrative Lösung wäre angesichts der hohen Kosten für das Leistungssystem und der Übertragungsverluste vom verbraucherfernen Standort in die Verbraucherzentren nicht realisierbar. Damit wird unter den gegenwärtig herrschenden Bedingungen in der Bevölkerung mit der Entscheidung für Kernenergie implizit oder explizit für die Fortsetzung der Vergeudung der Abwärme mit den damit verbundenen ökologischen Nachteilen bzw. die kostenintensive Neutralisierung der Abwärme über Kühltürme entschieden. Der Nutzungsgrad des gesamtwirtschaftlichen Primärenergieeinsatzes verschlechtert sich weiter.

Eine Technologiewahl nach dem Kriterium einer energiesparenden Produktions- und Konsumweise, die mit den objektiven Erfordernissen angesichts weltweit begrenzter und rasch abnehmender Energievorräte in Übereinstimmung wäre, würde mit Sicherheit nicht zur Kernenergie führen. Leitendes Entscheidungskriterium wäre die Frage danach, welcher Energieträger die jeweils erwünschte Energienutzung mit dem günstigsten «Primärenergieeinsatz-Sekundärenergie-Nutzenenergie-Verhältnis» erbringt. Damit rückt das Ziel einer weitgehenden Vermeidung von Abwärmeverlusten bzw. Mobilisierung der bisher nicht sinnvoll genutzten Abwärmeverluste in das Zentrum einer Politik der Energieeinsparung. Sie wird am besten von kleinen und/oder mittleren Technologien erfüllt, die dezentral und verbrauchernah eingesetzt werden können. Werden beispielsweise kleinere nicht auf der Nutzung von Kernenergie basierende Kraftwerke verbrauchernah placiert, so wird die Nutzung der Abwärme über Fernwärmesysteme auch unter Kostengesichtspunkten möglich. Wesentliche auf dem Prinzip der Dezentralisierung und Verbrauchernähe beruhende Einsparungseffekte können darüber hinaus auch durch wärmedämmende Maßnahmen, Einsatz von Wärmepumpen und Wärmetauschern, Nutzung der Sonnenenergie zur Warmwasserzubereitung etc. erreicht werden.

Dezentralisierung von Konsum und Produktion

Ein übergreifendes Moment vieler Vorschläge für einen alternativen Konsum- und Lebensstil ist die Forderung nach einer Dezentralisierung von Produktion und Konsum als Mittel zur Humanisierung des Lebens in der Gesellschaft. Dezentralisierung ist das Zauberwort vieler Perspektiven, die aus dem Dilemma der Umweltverschmutzung, der Rohstofferschöpfung, der Energieverschwendung, der unzureichenden Arbeitsbedingungen, des Kommunikationsdefizits, hochproduktiver, aber inflexibler Produktionstechnologien etc. herausführen sollen. Die Faszination der Forderung nach Dezentralisierungsprozessen liegt für viele gerade darin, daß von ihr gleichzeitig positive Auswirkungen auf eine ganze Reihe von Aspekten der Lebensqualität erwartet werden.

Ausschöpfung der Problemlösungskapazitäten im Arbeits-,
gemeindlichen, Wohn- und familiären Bereich

Die zunehmende Zentralisierung vieler Problemlösungen im Unternehmensbereich und beim Staat im Verlaufe der Entwicklung der Industriegesellschaften hatte eine Uniformierung der Lösungsmuster zur Folge. Speziellen Bedingungen des lokalen Umfeldes und besonderen Bedürfnissen der betroffenen Bevölkerung konnte dabei nur ungenügend oder gar nicht Rechnung getragen werden. Die Entwicklung staatlicher Planungsprozesse im Bereich der Stadtentwicklungsplanung, der Krankenhausplanung etc. bietet für die Entfremdung des technokratischen Sachverstandes von den konkreten Bedürfnissen der Bürger, auf die die Planungen bezogen sind, umfangreiches Illustrationsmaterial. Dezentralisierung kehrt diesen Trend um und schafft die Voraussetzungen dafür, daß die lokalen Bedingungen sowie die spezifischen Bedürfnisse und Problemlösungsfähigkeiten der betroffenen Bürger in den Willensbildungs- und Entscheidungsprozeß mit einfließen.

Im kommunalen Bereich, im Stadtviertel oder Wohnquartier «schaut» der einzelne in der Regel besser «durch» als bei Angelegenheiten, die gesamtwirtschaftlichen oder gesamtgesellschaftlichen Charakter haben. Der bessere Durchblick ist eine wichtige Vorbedingung zur Aufgabe der Lethargie und Ohne-mich-Haltung breiter Schichten. Er kann sie motivieren, sich gezielter zu informieren und im gemeindlichen Willensbildungsprozeß an den verschiedensten Stellen mitzuwirken und Kontrolle auszuüben. Die demokratische Qualität derartiger Entscheidungsprozesse steigt schon deshalb, weil sich ein größerer Teil der betroffenen Bevölkerungsgruppe daran beteiligt.

Verbesserung der Qualität der Kommunikation

Dezentralisierung ermöglicht im Verein mit wachsender Freizeit und abnehmendem Arbeitsdruck eine vermehrte Hinwendung zu primären und sekundären Sozialbeziehungen. Der Ausbau der Kommunikationsbeziehungen wird unterstützt durch einen Abbau des sozialen Gewichts und gesellschaftlichen Prestiges der Berufstätigkeit und damit einhergehend von beruflichem Stress, Hetze und Zeitnot als üblichen Begleiterscheinungen des täglichen Lebens.

Optimale Nutzung des Primärenergieeinsatzes

Dezentralisierung der Energieversorgung geht direkt mit eindrucksvollen Energieeinsparungseffekten einher (siehe oben). Energieeinsparung ist weiter eine Folge der Dezentralisierung von Produktion und Konsumtion. Das erzwungene Verkehrsaufkommen in einer stärker dezentral organisierten Gesellschaft ist ungleich geringer als in der gegenwärtig stark zentralisierten Gesellschaft.

Umweltverträgliches Verhalten des Menschen

Der Ausbruch aus der hochgezüchteten Künstlichkeit der naturfeindlichen Städte sensibilisiert die Menschen wieder für die wechselseitigen Beziehungen zwischen Mensch und Natur und für die Abhängigkeit des Menschen von einer intakten Natur. Die wiedergewonnene Nähe zur Natur veranlaßt die nunmehr ökologisch wieder bewußt gewordenen Menschen, sich gegenüber der Natur nicht mehr ausbeuterisch zu verhalten, sondern zu versuchen, sich in die ökologischen Kreisläufe einzufügen.

Höhere Arbeitszufriedenheit

Der Abbau der Entwicklung zu zunehmender Aufspaltung von Arbeitsverrichtungen und die Reintegration von Einzelverrichtungen zu als sinnvoll erlebten und eigenständig kontrollierbaren Arbeitsprozessen erhöht die Arbeitszufriedenheit.

Erhöhung der Flexibilität der individuellen Lebensverläufe

Eine in Zukunft geringere Gewichtung des Produktivitätskriteriums erleichtert die Umgestaltung des starren, nahezu ausschließlich auf Ganztagsarbeitsplätzen beruhenden Beschäftigungssystems auf ein flexibleres System mit ganz verschiedenartigen Arbeitsplatztypen von zum Beispiel 30 bis 100 Prozent der normalen täglichen Arbeitszeit und mit erleichterten Möglichkeiten des Überwechselns von einem Arbeitsplatztyp auf den anderen respektive aus dem Privatleben in das erwerbswirtschaftliche Beschäftigungssystem und umgekehrt.

Geringere Verwundbarkeit der Gesellschaft

Ein Abbau der Tendenz zu zunehmend größeren Produktionsstätten und immer kapitalintensiveren Technologien vermindert die Anfälligkeit der Gesellschaft gegen unerwartete Unterbrechungen normaler Versorgungskanäle, gegen Erpressungsversuche hochspezialisierter und funktionswichtiger Berufsgruppen, die gering besetzt sind, gegen Gewaltdrohungen und/oder -akte terroristischer Gruppen sowie gegen schwer kontrollierbare Unfälle.

Die Favorisierung der Dezentralisierung als Mittel zur Humanisierung des Zusammenlebens und zur Umwelt- und Ressourcenentlastung von Konsum und Produktion steckt in scharfem Kontrast zu der Behandlung des Zentralisierungs-Dezentralisierungsproblems in der Ökonomie. Die Zentralisierung von Produktions- und Konsumaktivitäten inklusive der staatlichen Leistungserstellung wird positiv bewertet, weil externe Vorteile – sogenannte Fühlungs- oder Agglomerationsvorteile – im Prinzip von allen Produzenten und Konsumenten in Anspruch genommen werden können. Im Gegensatz zu den externen Vorteilen privatwirtschaftlicher Produktion sind die von einer bestimmten Agglomerationsgröße überproportional rasch absteigenden externen Nachteile in Form von Umwelt- und Gesundheitsschäden, von Verkehrszusammenbrüchen und damit verbundenen Zeitverlusten, von steigenden Verkehrsunfällen, der steigenden Kriminalität, der Überlastung städtischer Infrastruktureinrichtungen, der Unüberschaubarkeit derartiger Stadtlandschaften, der steigenden psychischen Belastung durch Stress und Isolation in der Masse, von aufwendigen Sanierungsaktivitäten zur Reparatur der ärgsten Schäden kaum beachtet worden. Diese Phänomene lassen sich zum größten Teil nur schwer und gekünstelt in ökonomische Kategorien fassen. Sie sind traditionell Gegenstand soziologischer oder psychologischer Forschungsinteressen.

Man kann daher davon ausgehen, daß die Agglomerationsgröße, in der *alle* Faktoren der individuellen Lebensqualität bestmöglich verwirklicht werden können, kleiner sein wird als diejenige, die aus der Sicht des rein ökonomischen Kosten-Nutzen-Kalküls optimal ist. Dies wird schon deswegen der Fall sein, weil die sozialen Kosten steigender Agglomerationsgrößen auf Grund der mangelnden Monetarisierbarkeit vieler (auch psychischer) Belastungsfaktoren und auf Grund der unzureichenden Artikulationsfähigkeit betroffener Bevölkerungsgruppen systematisch unterschätzt werden.

5. Resümee

Versucht man, sich ein zusammenhängendes Bild von dem zukünftigen Bedingungen und Bedürfnissen angepaßten Produktions-, Konsum- und Lebensstil, der hier an Hand von Einzelerscheinungen konkretisiert wurde, zu machen, so ist besonders der innere Zusammenhang, in den sich die Einzelaspekte einfügen, bemerkenswert. Die steigende Präferenz für Freizeit und für die Befriedigung von Bedürfnissen, die nur am Rande oder gar nicht an die Nutzung materieller Konsumgüter gebunden sind, entlastet Wirtschaft und Staat von dem Zwang ständiger (und beschleunigter) Expansion umweltbelastender und ressourcenverbrauchender Produktion materieller Güter.

Die langfristig steigende Bedeutung von Dienstleistungen für Produktion und Beschäftigung steht einmal im Einklang mit der notwendigen Beachtung von Umweltrestriktionen, zum anderen hat sie positive Auswirkungen auf den Arbeitsmarkt, weil im Dienstleistungssektor mit Ausnahme weniger Teilbereiche das Rationalisierungspotential viel geringer ist als im industriellen Bereich. Die Entlastung des Arbeitsmarktes durch einen expandierenden Dienstleistungssektor hat allerdings eine Umstrukturierung des Einkommensgefüges und langsamer wachsende Einkommenszuwachsraten zur Voraussetzung. Beides wird wiederum erleichtert erstens durch die sich zunehmend durchsetzende Erkenntnis, daß Arbeit in Zukunft wieder ein relativ reichlicher Produktionsfaktor sein wird – ganz im Gegensatz zu den sechziger Jahren, als Arbeit zum knappen Faktor wurde – und zweitens durch die langfristig sinkende Einkommens- und steigende Freizeitpräferenz.

Steigender Wohlstand, objektiv sich verschlechternde Umweltverhältnisse, permanent steigende Rohstoffpreise und temporäre oder langfristige Verknappungen von Energieträgern und Rohstoffen bilden günstige Randbedingungen für einen dauerhaften Aufschwung ökologischer Bedürfnisse (im weitesten Sinne). Die zunehmende Ausrichtung individuellen und gesellschaftlichen Lebens an ökologischen Kriterien wird erleichtert durch den Wohlstandsstatus, den die Bevölkerung im Durchschnitt schon erreicht hat, und durch die Aktivierung von Bedürfnissen, die jenseits der materiellen Wohlstandsanhäufung liegen. Erstrebt werden nunmehr Technologien, die mit den Umwelt- und Rohstoffrestriktionen im Einklang stehen, stärker dezentral eingesetzt werden können, arbeitsintensiver sind und die Gesellschaft gegen Angriffe von innen und außen und gegen nicht völlig ausschließbare Unfälle mit unabsehbaren Folgen weniger anfällig machen. Produktivitätsverluste, die bei alleiniger Orientierung an der möglichen privatwirtschaftlich rentablen Produktionsleistung vermieden werden könnten, werden bewußt zugunsten positiver Wirkungen auf Arbeitsbedingungen, Umwelt-, Energie- und Rohstoffverbrauch etc. in Kauf genommen.

Das Kriterium der Dezentralisierung wiederum steht im Einklang mit der steigenden Bedeutung nichtmaterieller Bedürfnisse nach befriedigenderen primären und sekundären Sozialbeziehungen, Partizipation, Geborgenheit und Selbstverwirklichung ebenso wie mit den Umweltbedürfnissen, die in einer stärker dezentral strukturierten Gesellschaft besser, leichter und mit weniger Aufwand befriedigt werden können.

Anmerkungen

1 Vgl. beispielhaft: Deutsches Institut für Wirtschaftsforschung, Eine mittelfristige Strategie zur Wiedergewinnung der Vollbeschäftigung, in: Wochenbericht Nr. 15 vom 13. 4. 1978.

2 Vgl. den Hauptvertreter dieser Variante: Sachverständigenrat zur Begutachtung der gesamtwirtschaftlichen Entwicklung, Jahresgutachten 1977/78, Drucksache 8/1221, Bonn 1977.

3 Vgl. zum Beispiel Simonis, U. E., Kriterien qualitativen Wachstums, in: Vorgänge 16. Jg. (1977), H. 6, S. 44ff; Scherhorn, G., Arbeitszeitverkürzung, Vollbeschäftigung und angemessenes Wachstum, in: Wirtschaftsdienst (1978), S. 181–186; Pirages, D. C., The Sustainable Society. Implications for Limited Growth, New York–London 1977; Jungk, R. et al. (Hg.), Enzyklopädie der Zukunft, Bd. 1, Tübingen 1978.

4 Vgl. Jahresgutachten 1977/78, Drucksache 8/1221, a. a. O., S. 133ff.

5 Vgl. zum Beispiel die Vorschläge des DGB zur Wiederherstellung der Vollbeschäftigung vom Juli 1977, u. a. abgedruckt in: K. G. Zinn (Hg.), Strategien gegen die Arbeitslosigkeit, Frankfurt/M.–Köln 1977, S. 211–239.

6 Vgl. etwa Zinn, K. G., Wieder zehn Jahre Massenarbeitslosigkeit? Der langfristige Charakter der Krise und die Chancen einer humanen Wirtschaftspolitik, in: Vorgänge 16. Jg. (1977), H. 4, S. 45ff; Memorandum von 75 Wissenschaftlern «Vorschläge zur Beendigung der Massenarbeitslosigkeit», u. a. abgedruckt in: K. G. Zinn (Hg.), Strategien gegen die Arbeitslosigkeit, a. a. O., S. 240–257.

7 Vgl. Vesper, D., Der Rückfall in die Neoklassik und die Folgen, in: Wirtschaftsdienst, 58. Jg. (1978), S. 141f.

8 Vgl. hierzu den Vorschlag von Thoss zur sektoralen und berufsspezifischen Steuerung einer staatlichen Investitionspolitik in seinem Beitrag für das WSI-Forum im Dezember 1977 in Düsseldorf.

9 Auf dieses Argument wird im Zusammenhang mit der Frage nach einer Abschwächung der Dynamik der materiellen Bedürfnisse im Abschnitt 3. eingegangen.

10 Vgl. zum Problem der Abgrenzung «armer» Haushalte und zur Messung von absoluter und relativer Armut: Kortmann, K., Krupp, H.-J., und Schmaus, G., Strukturen der Einkommensverteilung 1969. Erste Ergebnisse und Erfahrungen mit einem integrierten Mikrodatenfile für die Bundesrepublik Deutschland 1969, in: WSI-Mitteilungen, 27. Jg. (1975), S. 539 ff, und Klanberg, F., Materielle Armut in Perspektive, in: H.-J. Krupp und W. Glatzer (Hg.), Umverteilung im Sozialstaat, Frankfurt/M.–New York 1978, S. 113 ff.

11 Vgl. zu den methodischen Problemen und zur Quantifizierung von Versorgungsdefiziten mit staatlichen Infrastrukturleistungen: Heckhausen, S., Nachholbedarf an haushaltsorientierter Infrastruktur in den Regionen der Bundesrepublik Deutschland, Schriften der Kommission für wirtschaftlichen und sozialen Wandel, Bd. 114, Göttingen 1976 und Bundesregierung, Raumordnungsprogramm für die großräumige Entwicklung des Bundesgebietes, Bundestagsdrucksache 7/3548 vom 30. 4. 1975.

12 Vgl. die vielen öffentlichen Verlautbarungen, in denen ein hohes Wirtschaftswachstum auch deshalb gefordert wird, weil nur bei hohem Wachstum der Anteil der Entwicklungshilfe am Bruttosozialprodukt relativ friktionsfrei gesteigert werden könne.

13 Als erster Politiker hat m. W. E. Eppler auf die Glaubwürdigkeitslücke derjenigen aufmerksam gemacht, die die Entwicklungshilfe in einem Moment als Anliegen entdecken, der durch einen erhöhten Legitimationsbedarf einer aktiven Wachstumspolitik gekennzeichnet ist.

14 Ein (notwendiges, aber politisch nicht durchsetzbares) stärkeres finanzielles Engagement des Staates bei der Lösung der großen gesellschaftlichen Aufgaben könnte partiell durch institutionelle Reformen substituiert werden. Diese würden eine striktere Setzung von produktions- und konsumbezogenen Rahmenbedingungen zur Lösung jener Aufgaben zum Ziel haben. Ob eine Politik der Rahmensteuerung, die überwiegend den Privaten direkt die Lasten der Zielerreichung auf den verschiedenen Problemfeldern aufbürden würde, leichter durchsetzbar ist, muß freilich bezweifelt werden.

15 Beide Fälle hatte Keynes im Auge. Im ersten Fall sollten Einkommensteile von Schichten mit geringer marginaler Konsumneigung zu Schichten mit hoher marginaler Konsumneigung transferiert werden. Im zweiten Fall werden Einkommensteile vom privaten Sektor mit einer Ausgabenneigung unter 1 in den Staatssektor mit der Ausgabenneigung 1 umgeschichtet.

16 Diese sind Gegenstand von Teil 4.

17 Ein bemerkenswertes Beispiel einer Konzeption der aktiven Wachs-

tumspolitik, in der qualitativen Momenten der Gestaltung von Produktion und Konsum explizit Beachtung geschenkt wird, ist die von der Kommission für wirtschaftlichen und sozialen Wandel entwickelte Strategie der gestalteten Expansion bei Vollbeschäftigung. Vgl. Kommissionsgutachten, Göttingen 1977.

18 Löst die Politik der Wachstumsbeschleunigung einen sich selbst tragenden Wachstumsprozeß aus, so kann sich die zunächst festgestellte negative Beschäftigungswirkung mittel- und längerfristig in eine positive Beschäftigungswirkung umkehren – nämlich dann, wenn durch ein dauerhaftes Nachfragewachstum genügend arbeitsplatzschaffende Erweiterungsinvestitionen induziert werden.

19 Vgl. Gerstenberger, W., Zuviel Rationalisierungsinvestitionen?, in: Ifo-Schnelldienst, Jg. 30 (1977), H 5 vom 17. 2., S. 7 ff.

20 Es kann zwar nicht ausgeschlossen werden, daß die dort zum Ausdruck kommenden Erwartungen langfristig deutlich niedrigerer Wachstumsraten der Nachfrage, als es in der Vergangenheit der Fall war, durch den Zeitpunkt der Befragung im Rezessionsjahr 1975 beeinflußt worden sind. Damit sind diese Ergebnisse jedoch nicht als wertlos zu betrachten, vor allem deswegen nicht, weil in den Interviews eine Serie von Fragen im Hinblick auf längerfristige, konjunkturunabhängige, potentiell wachstumsabschwächende Entwicklungstrends beantwortet werden sollten.

21 Ein Teil des Produktivitätsfortschritts ist in den sechziger Jahren in Arbeitszeitverkürzungen weitergegeben worden.

22 Vgl. beispielhaft Beckerman, W., In Defense of Economic Growth, London 1974.

23 Es dient nach herrschender Auffassung zur Wiedererlangung bzw. Sicherung der Vollbeschäftigung, zur Bewahrung der sozialen Sicherungssysteme vor einem finanziellen Zusammenbruch, zur ständigen Steigerung des Lebensstandards, zur Entschärfung der politischen Auseinandersetzung um die Einkommensverteilung, zur Erhaltung der staatlichen Leistungsfähigkeit und zum Ausbau der Entwicklungshilfe. Vgl. zum Beispiel Bundesregierung, Presse- und Informationsamt, Grundlinien und Eckwerte für die Fortschreibung des Energieprogramms, in: Bulletin der Bundesregierung, Sonderausgabe vom 25. 3. 1977.

24 Vgl. beispielsweise Zinn, K. G., Wieder zehn Jahre Massenarbeitslosigkeit? Der langfristige Charakter der Krise und die Chancen einer humanen Wirtschaftspolitik, a. a. O., S. 48 ff.

25 Vgl. hierzu den grundlegenden Beitrag von Linder, S. B., Warum wir keine Zeit mehr haben, Das Linder Axiom, Frankfurt/M. 1973.

26 Eine Zunahme der für den Konsum zur Verfügung stehenden Zeit kann ohne Reduktion der Erwerbsarbeitszeit auch durch den Kauf und die Verwendung arbeitszeitsparender Haushaltsgeräte (Geschirrspül-, Waschmaschinen, Staubsauger etc.) erreicht werden. Sollte dieser kon-

sumzeitvermehrende Effekt noch wirksam sein, müssen die gemachten Aussagen entsprechend modifiziert werden. Ihre grundsätzliche Gültigkeit wird davon nicht berührt.

27 Maslow, A., A Theory of Human Motivation, in: Psychological Review, Vol. 50 (1943), S. 370–396.

28 Allardt, E., About Dimensions of Welfare. An Exploratory Analysis of a Comparative Scandinavian Survey, Helsinki 1973, S. 6.

29 Vgl. Illich, I., Die sogenannte Energiekrise oder die Lähmung der Gesellschaft, Reinbek 1974; Goldsmith, E., Entindustrialisierung – unsere Überlebenschance, in: Die tägliche Revolution, Magazin Brennpunkte Nr. 11, Frankfurt/M. 1978, S. 75 ff; Daly, H. E., The Steady-State Economy: What, Why, and How, in: D. C. Pirages (ed.), The Sustainable Society, New York–London 1977, S. 107 ff; Mishan, E. J., The Economic Growth Debate. An Assessment, London 1977; Heilbroner, R. L., Die Zukunft der Menschheit, Frankfurt/M. 1976; Gruhl, H., Ein Planet wird geplündert, Frankfurt/M. 1975; Stumpf, H., Leben und Überleben. Einführung in die Zivilisationsökologie, Stuttgart 1976; Eppler, E., Wachstum: Politik oder Kapitulation vor Sachzwängen?, in: Vorgänge, 16. Jg. (1977), H. 6, S. 37 ff; Amery, C., Natur als Politik. Die ökologische Chance des Menschen, Reinbek 1976.

30 Die Bewertung bestimmter Projekte aus der Sicht dieser Bürgergruppen kann freilich auch nicht zur alleinigen Entscheidungsgrundlage gemacht werden. Ihre Einschätzung der Kosten und Nutzen eines derartigen Projektes ist natürlich einseitig. Die potentiellen Nachteile werden von ihnen in der Regel besonders stark betont, weil sie als Anrainer (im weitesten Sinne) unmittelbar von den Emissionen (des Betriebes) betroffen bzw. für Umweltschäden hoch sensibilisiert sind. Die potentiellen Vorteile verteilen sich dagegen breiter und diffuser vor allem auf Gruppen, die überwiegend nicht zugleich von den Nachteilen direkt betroffen sind, wie zusätzlich beschäftigte Arbeitnehmer, die Gemeinde, das Land, der Gesamtstaat auf Grund der zusätzlichen Steuereinnahmen, die Gläubiger, die Eigentümer, die Lieferanten (unter Umständen auch die Abnehmer der hergestellten Produkte).

31 Immer dann, wenn eine vergleichende Kostenrechnung zum Beispiel von Kohle- und Atomstrom aufgemacht wird, wird der Kostenvorteil des Atomstroms unter der Voraussetzung des Einsatzes der Kernenergie im Grundlastbereich und in großen Blöcken von 1000 bis 1300 Megawatt abgeleitet.

E. J. Mishan
Wachstum oder Antiwachstum?

Die Debatte über das Thema Wachstum oder Antiwachstum ist in den letzten fünf Jahren ein modischer Zeitvertreib geworden. Und da das fortwährende Vergnügen daran offensichtlich zum größten Teil von ihrer mangelnden Schlüssigkeit abhängt, wäre die Absicht, eine endgültige Schlußfolgerung zu versuchen, ebenso ungehörig wie anmaßend.

Wenn ich aber die öffentliche Stimmung richtig interpretiere, ist die Zeit gekommen, um die Debatte von rhetorischen Appellen fort und hin zu einer direkteren Konfrontation zu steuern – weniger Bellen und mehr Beißen ist geboten. Ich schlage deshalb vor, daß wir die anstehenden Probleme sorgfältiger als bisher definieren und im Lichte dieser definierten Probleme Grundregeln für eine eindringlichere Untersuchung festlegen.

Materielle Möglichkeit anhaltenden Wachstums

Es gibt in der Debatte zwei Aspekte, die getrennt behandelt werden sollten, auch wenn sie bei jeder politischen Entscheidung miteinander verbunden werden: erstens, ob anhaltendes wirtschaftliches Wachstum materiell möglich ist, und zweitens, ob es wünschenswert ist.

Betrachten wir zunächst das materielle Wachstum. Offenkundig können wir nicht anfangen, solange wir uns nicht über gewisse Richtwerte für wirtschaftliches Wachstum geeinigt haben. Müssen wir das Bevölkerungswachstum berücksichtigen? Sollte das Bruttosozialprodukt (BSP) oder irgendeine Variante des BSP benutzt werden? Welche anderen Indikatoren gibt es? Welcher Stellenwert kommt der Freizeit zu? Es gibt eine andere Gruppe von Fragen: Können wir uns mit dem weltweiten wirtschaftlichen Wachstum befassen oder müssen wir uns auf bestimmte Gebiete beschränken? Und müssen wir im letzteren Fall irgendwelche besonderen Annahmen hinsichtlich der Entwicklung im übrigen Teil der Welt machen?

Angenommen, wir haben uns auf Antworten zu diesen beiden Fragengruppen geeinigt, dann müssen wir erkennen, daß es eine virtuell unbeschränkte Zahl möglicher Entwicklungswege gibt. Wenn wir die Welt als ein Ganzes zu betrachten hätten, in der die Bevölkerung bei einer Zahl von ca. 6 Milliarden Menschen stabilisiert würde, dann würden wir vielleicht entdecken – falls wir alle relevanten technologischen Entwicklungen voraussehen könnten –, daß eine durchschnittliche Wachstumsrate von beispielsweise 4 Prozent jährlich einen Zusammenbruch der Zivilisation im Laufe von 50 Jahren nach sich ziehen würde, während eine gleichmäßig verteilte Wachstumsrate von jährlich 2 Prozent für 200 Jahre durchgehalten werden könnte. Alternativ könnten wir einen Wachstumspfad entwerfen, der am Anfang steil ansteigt, nur um sich für den Zeitraum einer Generation zuzuspitzen und danach für Jahrhunderte mit einer niedrigen Rate weiterzulaufen. Oder wir könnten herausfinden, daß eine Wachstumsrate von 3 Prozent fast unbeschränkt aufrechterhalten werden könnte, vorausgesetzt, daß sie in bestimmten geographischen Zonen konzentriert wäre, oder vorausgesetzt, daß nur bestimmte Typen von Technologien angewendet würden, oder vorausgesetzt, daß eine Anzahl von Versorgungsleistungen und allerlei Konsum-Krimskrams über Bord geworfen würde.

Ich streife diese hypothetischen Möglichkeiten teilweise deshalb, um unsere jämmerliche Unwissenheit aufzudecken. Wir können selbstverständlich nicht alle wesentlichen wissenschaftlichen und technologischen Entwicklungen über die nächsten paar Jahrzehnte hinweg voraussehen, noch viel weniger über das nächste Jahrhundert hinaus, und deswegen können wir nicht hoffen, die Reichweite alternativer Wachstumsprofile für irgendeine Gruppe von Ländern oder für die ganze Welt in die Zukunft zu projizieren. Notgedrungen müssen wir uns für längere Zeit damit bescheiden, über weniger phantasievolle Fragen als solche zu spekulieren, ob die Welt als Ganzes – angenommen, ihr Bevölkerungswachstum beginnt abzusinken, um sich nach einer gegebenen Zahl von Jahren zu stabilisieren – weiterhin eine wirtschaftliche Wachstumsrate von beispielsweise 2 bis 3 Prozent für die voraussehbare Zukunft beibehalten kann.

Die Frage der Methode

Die Frage der Methode erscheint auf den ersten Blick als eine un-
komplizierte, über die wir gewinnbringend reflektieren könnten,
aber schon dabei müssen bereits zwei Fragen geklärt worden sein,
bevor wir unserer Vorstellungskraft freien Lauf lassen können. Beide
beziehen sich auf institutionelle und wirtschaftliche Entwicklungen.
Erstens: Die Frage in der Weise zu stellen, ob die Welt weiterhin eine
Wachstumsrate von 2 bis 3 Prozent beibehalten *kann*, heißt sie in eine
Frage nach den technologischen Möglichkeiten zu transformieren. Es
könnte gut sein, daß für das Bruttosozialprodukt, so wie es üblicherweise gemessen wird, eine Wachstumsrate von 2 bis 3 Prozent
jährlich angenommen wird, *vorausgesetzt,* daß alle Ressourcen richtig verteilt werden, was bedeutet, daß alle produktiven Leistungen
korrekt bewertet würden. Eine *unwirtschaftliche* Verschmutzung von
Luft, Wasser usw. würde deshalb verhindert werden. In der Tat – eine
ideale Allokation erforderte möglicherweise in einem größeren Zusammenhang und bei Fehlen aller Institutionen, die dazu bestimmt
sind, uns zu mehr Konsum zu verführen – daß alle oder nahezu alle
Produktivitätsgewinne zur Vermehrung der Freizeit benutzt werden.
Dies würde implizieren, daß «reale» Güter pro Kopf (anders als die
Freizeit) nicht oder nur sehr wenig im Laufe der Zeit wachsen würden. Das Wirtschaftswachstum mit konstantem materiellem Produkt,
das dabei entstehen würde, ist offensichtlich sehr viel leichter aufrechtzuerhalten als das konventionelle Wachstum mit wachsendem
materiellem Produkt, insbesondere da, wo die Allokation so unvoll-
kommen ist, daß die Umweltverschmutzung weiter anwächst.
Aber wenn wir an den aktuellen Aussichten für die Fortsetzung einer
beispielsweise zwei- bis dreiprozentigen Wachstumsrate in der Zukunft interessiert sind, müssen wir *auch* darüber spekulieren, welche
Veränderungen, falls überhaupt, voraussichtlich in den politischen
und wirtschaftlichen Institutionen durch Veränderungen der öffentlichen Einstellung hervorgebracht werden. Wir müssen folgende nüch-
terne Frage stellen: Ist es realistisch, die eine oder andere Entwicklung in der voraussehbaren Zukunft zu erwarten?
Zweitens: Die Frage stellen, ob die Welt in einem technischen Sinn die
zwei- oder dreiprozentige Wachstumsrate für einen ziemlich langen
Zeitraum aufrechterhalten *kann*, bedeutet auch, von gegenwärtigen
Fragen zu abstrahieren, die anscheinend zunehmend das menschliche
Überleben gefährden. Um einige von ihnen aufzuzählen:

1. Die Drohung einer ökologischen Katastrophe, die von großangelegten und rücksichtslosen Eingriffen in die Biosphäre herrührt;
2. die Drohung eines genetischen Unheils aus Gründen der verstärkten Strahlung und Tausender neuer Chemikalien, die jedes Jahr neu auf den Markt kommen, über deren langfristige Auswirkungen, ob einzeln oder in Kombination miteinander, wir praktisch nichts wissen[1];
3. die wachsende Gefahr von Epidemien oder «Pandemien» wegen vermehrter Reisemöglichkeiten;
4. die Bedrohung des menschlichen Überlebens, die aus dem Heranwachsen resistenterer Schädlinge und Viren als Antwort auf stärkere Medikamente entsteht;
5. die Gefahr eines nuklearen Entscheidungskampfes oder der Vernichtung durch noch furchtbarere Mittel, weil eine wachsende Zahl der kleineren Länder, die oft von politischen Fanatikern geführt werden, in den Besitz der Geheimnisse der thermonuklearen Zerstörung und der biologischen Kriegführung gelangen;
6. die Gefahr, daß der Nachkriegstrend zu mehr Erpressung, Gewalt, Verbrechen und Korruption – eine Folge auch der im Westen stattfindenden Erosion der Ideen des Patriotismus, der Bürgertugenden und der Maßstäbe für Gut und Böse – die Gesellschaft in Anarchie stürzen kann (wovor sie nur durch die repressivste Tyrannei bewahrt werden könnte);
7. die Drohung einer Kriegführung zur gegenseitigen Vernichtung, insbesondere in ärmeren Regionen, wegen der ständigen Frustrierung der Erwartungen – Erwartungen, die durch zunehmende Reisen, Kommunikation und Massenmedien verstärkt werden;
8. die Konflikte, die bald durch das Anwachsen der illegalen Einwanderung von den armen in die reichen Länder entstehen können.

Wiederum sind wir zu der Frage gezwungen, ob wir von diesen sehr realen Bedrohungen unserer Zivilisation oder unseres Überlebens abstrahieren sollten, wenn wir die Aussichten für zukünftig anhaltendes Wirtschaftswachstum abschätzen. Es kann kaum bezweifelt werden, daß jede dieser Bedrohungen aus wirtschaftlichem und technologischem Wachstum entstanden ist und daß jede durch zukünftiges ökonomisches und technologisches Wachstum weiter verschlimmert wird. Obwohl das, was in der Vergangenheit geschehen ist, als irrelevant für die Frage betrachtet werden kann, ob wir in der Zukunft weiter wachsen können oder wollen, wird die Frage der materiellen

Möglichkeiten beständigen Wachstums in der Weise ausgedrückt, ob weiteres Wachstum *überhaupt noch* möglich ist. Wenn dies so ist, können wir bei der Betrachtung dieser Möglichkeit kaum die Gefahr solcher Vorkommnisse ausschließen, die, falls sie auftreten sollten, die menschliche Gesellschaft verstümmeln oder völlig auslöschen würden.

Lassen Sie mich beiläufig hinzufügen, daß diese schrecklichen Möglichkeiten nicht dadurch ausgetrieben werden können, daß man sich über den Hang zu Weltuntergangsideen lustig macht. In der Tat ist die Geschichte mit falschen Prophezeiungen übersät, aber nicht nur mit pessimistischen. «Prosperity» Robinson, der britische Staatsmann, der 1827 seinen Landsleuten versicherte, daß sie in eine Ära noch nie dagewesenen Wohlstands eintreten würden, lebte fort, um Zeuge einer noch nie dagewesenen Depression zu werden, die bis 1844 anhielt. Und kein Volkswirtschaftler wird wahrscheinlich Präsident Hoovers fröhliche Nachricht aus dem Jahre 1929 vergessen, daß der Aufschwung schon hinter der nächsten Ecke stehe. Aber die Tatsache, daß es Heilsverkündigungen gegeben hat und noch gibt, erlaubt uns keine Schlußfolgerungen über die Zukunft. Häufig und irrtümlicherweise «Wölfe!» zu schreien, heißt nicht, daß Wölfe nicht existieren. Die heute bestehenden Gefahren, von denen ich einige oben aufgezählt habe, sind *nicht* eingebildet. Die Gelehrten mögen über ihr Ausmaß und über die Gefahr oder die Wahrscheinlichkeit ihres Auftretens abweichender Meinung sein, aber es gibt eine allgemeine Einhelligkeit unter ihnen, daß nichts diesen Gefahren Vergleichbares zu Beginn des Jahrhunderts existierte, und soweit ich weiß, hat niemand behauptet, daß die Gefahren geringer werden.

Nichtsdestoweniger bin ich, nachdem ich gebührend Notiz von ihnen genommen habe, um der Argumentation willen bereit, mich von diesen sehr realen Gefahren abzuwenden und die Möglichkeiten anhaltenden wirtschaftlichen Wachstums unter der Annahme zu betrachten, sie seien nicht präsent.

Technologie, die entscheidende Variable

Nehmen wir sodann an, daß wir in der voraussehbaren Zukunft eine stabile Weltbevölkerung vernünftigerweise antizipieren können und daß die Frage, der wir gegenüberstehen, lautet, ob unabhängig von der Verteilung des zukünftigen Weltprodukts eine der Nachkriegsperiode vergleichbare Pro-Kopf-Wachstumsrate des physikalischen Produkts für die nächsten paar Jahrhunderte beibehalten werden kann, wenn die oben aufgeführten Gefahren *nicht vorliegen.* Was müßten wir wissen, um solch eine Frage anzugehen?

Die Kenntnis der bestehenden Reserven an Materialien, die in der modernen Industrie hauptsächlich gebraucht werden, reicht eindeutig nicht aus. Wir haben bereits grobe Schätzungen der verbleibenden Reserven an Kohle, Öl (für unterschiedliche Grade der Zugänglichkeit) und einer großen Anzahl von Metallen. Und selbst wenn sie sich als Unterschätzungen um soviel wie den Faktor zwei oder drei oder mehr herausstellen, schlägt sich dies nur geringfügig auf die Anzahl der Jahre nieder, die bei der gegenwärtigen Ausbeutungsrate für ihre Erschöpfung erforderlich ist. Falls zum Beispiel der Weltölverbrauch weiterhin mit einer Rate von 10 Prozent pro Jahr ansteigt, würden die bekannten Reserven (einschließlich vorgesehener künftiger Entdeckungen) in ungefähr zwei Jahrzehnten erschöpft sein. Selbst wenn sich die Reserven als viermal so groß wie gegenwärtig angenommen herausstellen, könnten wir nur noch weitere vierzehn Jahre so weitermachen. Und wenn sie achtmal größer wären, könnten wir noch weitere zwei Jahrzehnte weitermachen.

Ich gehe davon aus, daß ein allgemeiner Konsens darüber herrscht, daß wir nicht fortfahren können, eine große Zahl von Rohmaterialien *im bisherigen Ausmaß* länger als bis zum Ende des Jahrhunderts abzubauen.

Volkswirtschaftliche Kenntnisse reichen auch nicht aus. Nationalökonomen erinnern nur fortwährend, vielleicht unnötigerweise, daran, daß der Preis eines Rohstoffs im Zuge seiner Verknappung steigt und daß als Folge davon ein solcher Rohstoff weniger intensiv gebraucht wird. Wenn es in irgendeinem Teil Asiens eine Hungersnot gibt, erhöhen sich die Getreidepreise entsprechend – obwohl ich bezweifle, daß dieses klassische Beispiel für das richtige Funktionieren des Preismechanismus den verhungernden Landeskindern viel Trost spenden wird. Allgemeiner bedeutet bei Abwesenheit anderer Ereignisse ein Preisanstieg bei fast erschöpften Rohstoffen eine Verminderung des Lebensstandards durch einen Anstieg der Lebenshaltungskosten um eine bestimmte Rate, die von materiellen Faktoren und den wirtschaftlichen Institutionen abhängt. In der Tat erwartet man vom Kostenanstieg eines fast erschöpften Rohstoffs auch, daß Unternehmen veranlaßt werden, auf Ersatzstoffe umzustellen, um auf diese Weise den Preisanstieg jener Produkte aufzufangen, die weitgehend von solchen Rohstoffen abhängen. Und es muß zugestanden werden, daß in den Lehrbuchkonstruktionen diese Substitute unfehlbar zur Verfügung stehen. Dennoch können wir in der Welt, in der wir leben, nicht sicher sein, daß das Glück, das wir in der Vergangenheit gehabt haben, weiter andauert. Tatsächlich mag die Erwartung unvernünftig sein, daß unser früheres Glück bei der Entdeckung nahe verwandter Ersatzstoffe anhält, wenn man bedenkt, daß alle der heutigen «entscheidenden» Metalle – außer einigen wenigen – bei fortlaufendem Trend innerhalb von fünfzig Jahren erschöpft sein werden. Bei den gegenwärtigen Verbrauchsraten werden alle bekannten Reserven an Silber, Gold, Kupfer, Blei, Platin, Zinn und Zink innerhalb von zwanzig Jahren erschöpft sein. Es gibt keine geschichtliche Erfahrung für die Fähigkeit des Menschen, gleichzeitig für eine so große Gruppe wichtiger Materalien Ersatz zu finden.

Wir können vernünftigerweise folgern, daß ohne technologische Innovation unbegrenztes Wachstum einfach nicht möglich ist. Die Erde und ihre Ressourcen sind endlich, allzu endlich, und unser fortwährend steigender Verbrauch dieser Ressourcen muß sie schließlich erschöpfen. Die einzige Frage lautet nur, wann. Und die Antworten (bei Abwesenheit neuer Technologien) datieren alle diesen Zeitpunkt auf das nächste halbe Jahrhundert.

Die entscheidende Variable in allen optimistischen Voraussagen und Glaubensbekenntnissen ist die technologische Innovation. Wir lesen von bestehenden technologischen Möglichkeiten, die sich wahrscheinlich in kommerzielle Verfahren oder Produkte übersetzen lassen. Wir lesen auch von laufenden technologischen Fortschritten, von «aufregenden» Entwicklungen oder ermutigenden «Durchbrüchen», insbesondere im Bereich der Energie. Denn haben wir nicht ein paar hundert Jahre eines bemerkenswerten wissenschaftlichen Erfolgs und technologischer Errungenschaften hinter uns? Sicherlich wird dieser Trend in dem Maße weitergehen wie sich die Basis unseres Wissens erweitert.

Tatsachen oder Phantasie?

Für einen Laien wie mich ist es schwer, in diesen Berichten – und nicht alle sind optimistisch – zwischen Tatsachen und Phantasie, vernünftiger Erwartung und wilder Hoffnung zu unterscheiden. In

einer Welt lebend, die heute vor unseren Augen durch neue Anwen-
dungen der Wissenschaft transformiert wird, fällt es uns schwer,
gegenüber wissenschaftlichen Ansprüchen, bald unbeschränkte
Mengen an Energie aus Granit oder Wasser freisetzen zu können,
skeptisch zu bleiben. Denn es herrscht heute eine fast unwidersteh-
liche Anmaßung der wissenschaftlichen Fähigkeiten. Wenn es bloß
möglich erscheint, ist der Laie bereit zu glauben, daß es auch geschehen wird. Dergestalt sind wir bereit, die Vorstellung einer ungeheu-
ren Ausbreitung von Kernkraftwerken über die ganze Welt zu akzeptieren, bei der die Raumprobleme gelöst und die Risiken der Strahlung und der Wärme alle gut unter Kontrolle sind.

Wenn wir jedoch unsere Rohstoffe nicht versiegen lassen wollen,
müssen wir sie wiederverwenden; so sind wir auch bereit, uns vorzustellen, daß die Technik zunehmend effizientere (weniger Verluste)
und billigere Möglichkeiten dazu entdecken wird. Und obwohl end-
liche Mengen an Material die Periode anhaltenden Wachstums endgültig begrenzen müssen, könnten wir es möglich finden, die Periode
anhaltenden wirtschaftlichen Wachstums für Hunderte von Jahren zu
verlängern, indem wir im Laufe der Zeit von der Konsumtion von
Produkten zur Konsumtion von Dienstleistungen überwechseln.

Was die Nahrungsmittelversorgung angeht, so hofft man optimistisch, daß das Problem durch intensive Monokultur unter Einbezie-
hung großer Landstriche und großer Mengen chemischer Düngemit-
tel und Schädlingsbekämpfungsmittel gelöst werden kann – den Methoden der sogenannten Grünen Revolution. Ferner sollen wir glauben, daß die Technologie unmittelbar und erfolgreich auf ungünstige
kurz- und langfristige ökologische Auswirkungen, die mit modernen
«Ingenieurs»-Verfahren der Landwirtschaft verbunden sind, reagieren kann. Und wir haben die sozialen Folgen solcher Agrotechnolo-
gie auf die Hunderte und Tausende von asiatischen Dörfern und die
urbanen Probleme, die der Störung traditioneller Lebensweisen folgen, gefälligst zu ignorieren.

Ich möchte nicht zu zynisch klingen. Es mag alles auf wunderbare
Weise möglich sein, oder wir haben vielleicht ein sagenhaftes Glück.
Ich möchte aber einfach behaupten, daß es Raum für legitimen
Zweifel gibt.

Der Fortschritt der Technologie in den westlichen Ländern während
der letzten zweihundert Jahre könnte auch besonders günstigen Umständen zugerechnet werden. Sicherlich gab es bis in die Gegenwart

kein Problem mit den Grenzen der Aufnahmefähigkeit der Biosphäre, noch gab es Probleme mit der Verfügbarkeit fossiler Brennstoffe.
Hinsichtlich des wissenschaftlichen Fortschritts könnten wir uns auf
abnehmende Erträge aus dem Umfang der Forschung hinbewegen –
teilweise weil die Kommunikation zwischen einem wachsenden Bereich eng ausgerichteter Spezialisten allmählich zusammenbricht.
Darüber hinaus kann es gut sein, daß es für eine Reihe von Problemen, an denen Wissenschaftler arbeiten, keine Lösungen gibt. Es
mag sein, daß die Dinge, die wir tun zu können wünschen, der Natur
der Sache nach niemals getan werden können – obwohl es uns Jahrzehnte kosten kann, bis wir das begreifen. Schließlich ist es möglich –,
leider mehr als möglich –, daß wir, wenn es uns gelingt, der Natur
einige ihrer intimsten Geheimnisse von der Brust zu reißen, uns
wünschen werden, es nicht getan zu haben.
Folglich können wir mit gutem Grund auf unseren Zweifeln beharren
und wiederum fragen: Wie sicher können wir sein, daß wir bald fähig
sein werden, unbegrenzte Mengen an Energie ohne unmäßige Gefahr freizusetzen? Wie sicher können wir sein, daß wir bald fähig sein
werden, eine große Anzahl von Rohmaterialien billig und ohne Verlust wiederzuverwenden? Wie steht es um die Grenzen des Raumes
bei zunehmenden Weltreisen? Und wie steht es nicht zuletzt um die
Grenzen der Zeit bei steigendem Standard der Konsumtion?
Eine anhaltende Pro-Kopf-Wachstumsrate von 3 Prozent jährlich
impliziert, daß das Durchschnittseinkommen in hundertfünfzig Jahren hundertmal größer ist als das heutige Durchschnittseinkommen
und zehntausendmal größer in weiteren hundertfünfzig Jahren. Betrachten Sie das Ausmaß an Energie und Materialien, das zur Erreichung solch eines phantastischen Standards nötig ist! Welch eine
Gestalt wird ein Aufwand von dieser Größenordnung annehmen?
Und wie soll es ein irdisches Wesen anstellen, ihn zu verbrauchen?

Die Wünschbarkeit anhaltenden Wirtschaftswachstums

Angenommen, daß das Pro-Kopf-Wachstum unbegrenzt auf der bisherigen Höhe gehalten werden könnte, so fragen wir uns nun, ob dies
wünschbar ist. Die Frage ist jedoch noch ein bißchen vage und führt
zu einer ganzen Reihe von Interpretationen.
1. Selbst die konservativsten Ökonomen würden zugeben, daß eine
geringfügige politische Initiative uns von einer Menge unnötiger Last

befreien würde. Die Fortschrittsgläubigen des 18. Jahrhunderts wären von unseren technischen Fähigkeiten verblüfft und sie wären bestürzt über das, was wir mit ihnen angestellt haben. Wie könnten wir die nackte Häßlichkeit und die Preisgabe unserer Städte rechtfertigen, ihren endlosen Lärm, ihren Abfall, ihren Gestank, ihre Geschmacklosigkeit und Trostlosigkeit? Gestehen wir zu, daß wir unseren enormen Wohlstand zur Schaffung vernünftigerer Lebensformen hätten benutzen können.

2. Wir könnten wünschen, die Qualität oder die Zuträglichkeit des heutigen Lebens mit dem vergangener Zeiten zu vergleichen. Und Wachstumsapostel sind immer schnell zu solchen Vergleichen bereit. Dennoch sind die von ihnen angestellten Vergleiche in verschiedener Hinsicht unfair. Erstens benutzen sie das bißchen Geschichtskenntnis, das sie haben, um die trüben Perioden der Vergangenheit auszuwählen: «die dunklen satanischen Mühlen» und andere schlimme Besonderheiten aus der Frühzeit der industriellen Revolution, die ein bevorzugter Bezugspunkt ist, oder die alten Sklavenwirtschaften des Ostens, oder das fiktive Leben eines frühen Höhlenbewohners, «schmutzig, viehisch und kurz».

Zweitens unterstreichen sie jene Aspekte des Lebens, die gerade wegen des wachsenden Wohlstands und wahllosen Konsumierens in unserem Leben eine unangemessene Bedeutung erlangt haben: Hygiene, Langlebigkeit, Jugendlichkeit, Mobilität, sofortige Unterhaltung, Genußsucht, Vermeidung von Anstrengung. Unabsichtlich versäumen sie auch die Merkmale zu betonen, die allen vorindustriellen Zeitaltern gemeinsam waren, die (nach unseren Maßstäben) übertriebene Zahl von Ferien und Feiertagen, den Mangel an einer klaren Unterscheidung zwischen Arbeit und Leben und einen weitläufigeren Sinn für Zeit und Raum (dank langsamer Reisen, langsamer Nachrichten und weniger Uhren). Damals bestanden auch die großen Mythen, die auf ein Leben jenseits des Todes hoffen ließen, eine beständigere Lebensweise, größere Freude an der Natur, leichter Zugang zu ländlichen Gegenden – zu sauberer Luft, zu Seen, Flüssen, ruhigen Feldern und Waldungen.[2]

Drittens muß beim Vergleich der Lebensqualität in verschiedenen geschichtlichen Perioden die Vorstellung einer Art von Durchschnittsleben aufgegeben werden. In allen Zeitaltern, einschließlich unseres eigenen, gibt es Arme und Reiche, Glückliche und Unglückliche, und ihre Verteilung kann von Ort zu Ort und von einem Zeitalter zum anderen variieren. Ein Historiker kann aus den letzten fünftausend Jahren gewisse Perioden herausgreifen, in deren Verlauf das Leben für gewisse Gruppen in bestimmten Teilen der Welt gut und annehmbar erschien, während es für einen beträchtlichen Teil der übrigen nicht bedrückend war.[3] Solche Vergleiche sind in gewissem Maße subjektiv und ohne Beweiskraft, obwohl es unter Historikern größere Übereinstimmung über manche Perioden und Plätze geben mag als über andere. Ich bezweifle jedoch, ob viele Historiker dem Gebrauch des Bruttosozialprodukts als historischem Maßstab für Wohlergehen zustimmen und daraus schließen würden, daß das heutige Leben offenkundig glücklicher als je zuvor ist.

3. Wir könnten vernünftigerweise fragen, ob das Leben als Folge des wirtschaftlichen Wachstums erfreulicher wird oder ob wir bessere oder zufriedenere Menschen werden. Wenn wir uns die Fakten der menschlichen Natur vor Augen halten, könnten wir über laufende wirtschaftliche und soziale Entwicklungen in manchen Bereichen nachdenken, um Anhaltspunkte über das Ausmaß zu erhalten, in dem die von diesen Entwicklungen erzeugten Lebensformen mit den biologischen und psychischen Bedürfnissen des Menschen übereinstimmen oder zu ihnen im Widerspruch stehen. Und beim Spekulieren über die technologischen und wirtschaftlichen Entwicklungen der absehbaren Zukunft könnten wir erwägen, ob wir, alles zusammengenommen, in den nächsten paar Jahrzehnten voraussichtlich bessere oder zufriedenere Menschen sein werden.

Dies erscheint mir als der aussichtsreichere Untersuchungsbereich, und ich schlage vor, auf ihn unsere Aufmerksamkeit zu richten.

Offenkundig können wir Behauptungen über den Niedergang der sozialen Wohlfahrt nicht so beweisen, wie wir beispielsweise beweisen können, daß ein bedeutender Anstieg des Rindfleischpreises, ceteris paribus, einen Abfall der maximalen Menge an Rindfleisch bedeutet, die die Leute zu kaufen bereit sind. Bei der Debatte über soziale Wohlfahrt sind subjektive Urteile nötig – Tatsachenurteile und möglicherweise auch Werturteile.

Ich sage *möglicherweise* Werturteile, weil sie vermieden werden könnten. Um dies an einem extremen Beispiel zu illustrieren: Ich kann erklären, daß Mord unrecht ist. Wenn Sie mir darin zustimmen, dann teilen wir in dieser Hinsicht den gleichen Wert oder die gleiche Moral. Wenn Sie mir jedoch nicht zustimmen, könnte ich versuchen, Sie zu überzeugen. Ich könnte die goldenen Sittenregeln anführen. Ich könnte beschreiben, was anständige Menschen davon halten, daß

Mörder ungestraft davonkommen. Ich könnte davon reden, wie schade es ist, das Leben eines Unschuldigen auszulöschen. Ich könnte den Kummer seiner Familie und den von der Gemeinschaft erlittenen Verlust ausmalen. Und dergestalt könnte ich durch einen Appell an unsere Vorstellungskraft, an unsere Gefühle und an unser Gewissen – ein Produkt von Instinkt, Erziehung, sozialer Umgebung und gefühlsmäßiger Erfahrung – schließlich Ihre Zustimmung herauslocken, daß Morden unrecht ist.

Ich könnte jedoch einen anderen Weg versuchen. Obwohl ich wieder Ihre Vorstellungskraft durch Beschreibung der wahrscheinlichen Folgen bei der Betrachtung des Mordes als einer annehmbaren Verhaltensweise aufzurütteln versuchen würde – den Kummer der Familie des Opfers, die Befürchtungen, die eine so tolerante Gesellschaft beherrschen könnten, Zeit und Mühen, die man aufzuwenden hätte beim Versuch, sich zu schützen – würde ich Sie nicht davon zu überzeugen versuchen, daß Mord schlecht ist. Ich würde lediglich zu verstehen geben, daß solche Konsequenzen nicht mit einem guten Leben vereinbar sind, zumindest nicht mit einem glücklichen Leben. Wenn Sie mir darin beipflichten, daß eine den Mord gestattende Gesellschaft wahrscheinlich auf einen Niedergang des von den Menschen erfahrenen Glücks hinausläuft, dann erkennen Sie ein Urteil über *Tatsachen* an.

Die Anmerkung ist unnötig, daß es enge Beziehungen zwischen Tatsachenurteilen und Werturteilen geben kann. Bei der Art von Auseinandersetzung, in die wir verwickelt sind, ist es vorteilhaft, den Unterschied zu unterstreichen. Jedenfalls sind bei den in der Folge ausgeführten Argumenten die meisten, vielleicht alle Arten von Urteilen Tatsachenurteile. Die Urteile werden angeführt bei der Ermittlung von Folgen, beim Abschätzen der Wahrscheinlichkeit ihres Auftretens und bei der Bewertung ihrer Rückwirkung auf das Wohlbefinden der Menschen. Einbezogen sind auch Urteile über die Natur menschlicher Werturteile. Und obwohl beide Arten von Werturteilen notwendigerweise subjektiv sind – das heißt, sie können nicht «wissenschaftlich» bewiesen werden –, folgt daraus nicht, daß sie nicht als zuverlässige Handlungsanweisungen betrachtet werden können. Nicht alle Urteile verlangen gleichen Respekt oder gleiche Zustimmung noch sollten sie dies.

In diesem Zusammenhang möchte ich Sie auch daran erinnern, daß wir unsere Aufmerksamkeit auf die wohlhabenden Länder des Westens[4] beschränken, in denen noch ein beträchtlicher Meinungskonsens und manche gemeinsame Vorstellungen über die grundlegenden Bestandteile des guten Lebens bestehen. Ich sollte Sie auch daran erinnern, daß wir bei der Beurteilung der Vergangenheit oder bei der Vorausschau auf die Zukunft nicht fraglos *alle* Ereignisse und *alle* Entwicklungen dem wirtschaftlichen und technologischen Wachstum zurechnen müssen. Einige signifikante Ereignisse, gute oder schlechte, mögen ein recht dünnes Band zum wirtschaftlichen und technologischen Wachstum haben, obwohl sie tatsächlich von ihm gemildert oder verschlimmert werden können. Aber wenn wir in dieser Hinsicht einige Skrupel einbringen, müssen wir nicht soweit gehen, Faktoren wegzulassen, die entscheidend sein könnten, einfach weil eine befriedigende statistische Beziehung nicht hergestellt werden konnte oder wahrscheinlich nicht besteht.[5]

Was nicht auf der Tagesordnung steht

Von dem seltsamen Gemisch der in dieser Debatte aufkommenden Argumente gehört eine Anzahl ganz sicher zu den Blindgängern. Wir können Zeit und Erregung sparen, wenn wir sie uns vor dem weiteren Fortgang betrachten.

1. Da wäre erstens die häufige Feststellung, daß die Technologie – ähnlich wie die Wissenschaft – die Hauptkräfte hinter dem laufenden Wirtschaftswachstum – neutral ist: Man kann sie deshalb nicht mit guten oder schlechten Attributen in Verbindung bringen. «Es hängt alles davon ab, wie der Mensch sie benutzt.»

Dies ist nicht hilfreich. Sprechen wir zuallererst nicht von «dem Menschen», einer singulären Verkörperung heroischer Eigenschaften. Sprechen wir von den Menschen, wie sie aus der Geschichte hervorgehen, organisiert in Nationalstaaten, ideologisch ausgerichtet und beständig um ihren Vorteil ringend. Während man die Hingabe mancher und die bewährten Qualitäten vieler betrachtet, so ist doch zugleich kein Mangel an historischen Umständen, um auch ihre Unklugheit, Torheit, Bestechlichkeit und Niederträchtigkeit zu veranschaulichen. Dennoch ist es diese Gesellschaft unvollkommener Wesen und Institutionen, der die Wissenschaft ihre Entdeckungen gnädig gewährt und der sie ihr Potential in Technologie übersetzt. Falls in solch einer Gesellschaft die Wissenschaft eine Kraft für das Gute ist, so ist sie auch eine Kraft für das Böse. Die Wissenschaft als Institution und Wissenschaftler als einzelne können sich vernünftigerweise nicht von dem Gebrauch freisprechen, der von ihren Entdeckungen in einem instabilen Gleichgewicht von Nationalstaaten gemacht wird, deren Bürger von Habgier und Ehrgeiz angetrieben werden.[6]

Folglich ist das *Potential* von Wissenschaft und Technologie für das Gute (oder Böse) nicht das Problem. Ihre *tatsächlichen* Wirkungen sind es. Eine intelligente Mutmaßung über die Zukunft setzt einige Kenntnisse über die bestehende Macht und Reichweite der modernen Wissenschaft voraus und auch einige Vorstellungen über die wissenschaftlichen Entwicklungen in der absehbaren Zukunft, mit denen wir über einige der wahrscheinlicheren Folgen auf unser Leben und unser Wesen spekulieren können, wobei wir die Beschränkungen der Menschen und die treibenden Kräfte der ökonomischen und politischen Institutionen im Bewußtsein behalten. Nur auf diese Weise können wir den Beitrag, den Wissenschaft und Technologie zu den menschlichen Lebensbedingungen geleistet haben und wahrscheinlich leisten werden, richtig abschätzen.

2. Eine verwandte Antwort, eine «Herausforderung» des Menschen zu beschwören, der «Zukunft die Stirn zu bieten» oder «sich seiner Bestimmung würdig zu erweisen» und andere solche Phrasen müssen auch über Bord gehen. Wo immer Wissenschaft und Technologie als Verursacher von Störungen oder sozialen Problemen angesehen werden können, rufen die Technokraten «Herausforderung» und entdecken einen unmittelbaren Bedarf an mehr Technologie. Aber wo immer sie anscheinend wohltuende Folgen gehabt haben, nun, da ist ein klarer Beweis für den Segen vorhanden, den sie der Menschheit gebracht haben. Darum müssen wir wieder unvoreingenommen bestrebt sein, ihre Leistungen und ihre zukünftigen Aussichten einzuschätzen, obwohl wir stets wachsam hinsichtlich der Möglichkeit sein müssen, daß einige der uns durch den Fortschritt der Technologie auferlegten Probleme auch gelöst werden können, indem wir weniger von der bestehenden Technologie Gebrauch machen.

3. Aus den gleichen Gründen ist es auch nicht legitim zu argumentieren, daß wirtschaftliches Wachstum *als solches* über allen Vorwürfen steht, daß wirtschaftliches Wachstum gut sein *kann*. Ein recht bekannter Ökonom – ich gebe es widerwillig zu – verteidigte wohlüberlegt das Wirtschaftswachstum aus dem Grunde, weil es auch gut sein könnte, obwohl es unter manchen Umständen schlecht sein könnte, und daß es in Anbetracht dessen, daß es auch zu schnell sein könnte, auch zu langsam sein könnte. Unvermeidlich schlußfolgerte er, daß wir die «optimale», gerade richtige Wachstumsrate suchen sollten.

Man kann sich irgendein Destillat des Wirtschaftswachstums vorstellen, eine von allen schädlichen äußeren Wirkungen gereinigte Essenz, aber solche Flüge der Einbildungskraft bieten kein glaubhaftes Bild der Zukunft und keinen Leitfaden zum Handeln. Alle Volkswirtschaftler wissen, daß ein enger Bereich widriger *spillover*-Effekte vorteilhaft verkleinert werden kann, wenn einige politische Initiativen und Bemühungen gegeben sind. Diese *spillover*-Effekte umfassen Verunreinigungen in Luft und Wasser, Lärm, Überfüllung, Häßlichkeit und den schädlichen Einfluß des Tourismus. Dennoch ist dies nicht alles, worauf es ankommt. Wenn man die Lebensqualität in den letzten beiden Jahrzehnten beurteilt, können wir offensichtlich *nicht* von den nackten Tatsachen zunehmender Verunreinigung abstrahieren. Deshalb stehen bei der Auseinandersetzung über die voraussehbare Zukunft auch nicht das potentielle Ideal, das die Ökonomen glauben, verwirklichen zu können, noch die mutigen Worte der Regierungsvertreter oder Wirtschaftsführer auf der Tagesordnung, sondern die politische Wahrscheinlichkeit, ob die bisher üblichen Formen der Verschmutzung in den nächsten zwei Jahrzehnten bedeutsam reduziert werden.[7]

4. Die «Notwendigkeit», die Triebkraft des wirtschaftlichen Wachstums beizubehalten, um uns in die Lage zu versetzen, gute Taten zu tun, steht auch nicht auf der Tagesordnung. Die guten Taten schließen Hilfe für die Armen und Kranken ein, die Förderung höherer Kultur und die Erweiterung besserer Ausbildungsmöglichkeiten.[8] Es ist nicht einfach so, daß diese Argumente für das fortwährende Streben nach wirtschaftlichem Wachstum sich völlig von denen unterscheiden, die sich auf größere soziale Wohlfahrt oder Glück richten. Denn diese Argumente könnten ethische Unterstützung selbst dann finden, wenn zugestanden würde, daß Wirtschaftswachstum tatsächlich einen Niedergang der sozialen Wohlfahrt für die Mehrheit der Menschen nach sich ziehen würde. Tatsache ist, daß solche achtbaren Ziele sämtlich *ohne* anhaltendes Wirtschaftswachstum erreicht werden können (vorausgesetzt, wir meinen mit Hilfe für die Armen Hilfe für die Habenichtse in den wirtschaftlich rückständigen zwei Dritteln der Welt).[9]

Wenn die Frage lautet, den armen Eingeborenen auf vielfältige Weise zu helfen oder die Künste zu fördern oder die Erwachsenenbildung auszuweiten, sollten wir erst nach der Größenordnung der anvisierten Summen fragen. Wären zwanzig Milliarden Dollar genug? Falls nicht, vielleicht fünfzig Milliarden Dollar oder hundert Milliarden

Dollar? Aber die letztgenannte Zahl ist kaum mehr als das dreijährige Wachstum des Bruttosozialprodukts mit der gegenwärtigen Rate. Ohne für irgend jemanden etwas zu verschlechtern, wäre es technisch möglich, weitere hundert Milliarden Dollar aus diesen guten Gründen zu verteilen. Wenn wir wirklich extravagant wären, könnten wir vielleicht fünf oder sechs Jahre Wachstum mit den gegenwärtigen Raten rechtfertigen, aber kaum mehr. Worauf es jetzt dennoch mehr ankommt, ist, daß wir für die angegebenen Zwecke das Bruttosozialprodukt der Vereinigten Staaten nicht wirklich auf ein höheres Niveau anheben müssen. Denn mit dem Überfluß an Fehlproduktionen, mit der Produktion von soviel Trivialem, Nichtigem, falls nicht gar Schädlichem, haben wir bereits mehr als genügend Ressourcen in der Hand, um statt dessen Ressourcen für die Produktion der verdienstvolleren Güter zu verwenden.

5. Und dies bringt uns auf die Frage nach dem politischen Realismus in einem neuen Zusammenhang. Denn wir haben bereits von der Notwendigkeit gesprochen, die Wahrscheinlichkeit künftiger Entwicklungen – beispielsweise der Verminderung der *spillover*-Effekte in der nahen Zukunft – im Licht gegebener Einstellungen und Institutionen abzuschätzen. Die sodann oben erwähnte Beobachtung, daß manche vorgebrachten guten Zwecke wirtschaftlichen Wachstums möglicherweise ohne wirtschaftliches Wachstum verwirklicht werden könnten, sollte sich auch, wie es scheint, der Frage des politischen Realismus aussetzen. Ist es zum Beispiel wahrscheinlich, daß die Menschen heute oder in der nahen Zukunft einem Transfer von etwa dreißig bis fünfzig Milliarden Dollar zustimmen würden, einer jährlichen Summe, die sicher ausreichen würde, alle in unserer Mitte bestehende tiefgreifende Armut zu beseitigen? Und obwohl sich solche Summen auf nicht mehr als 3 bis 5 Prozent des Bruttosozialprodukts belaufen, heißt die Antwort wahrscheinlich nein. Bei gegebenen institutionellen Zwängen mag gefolgert werden, daß wir nur wenig mehr für die Armen tun können, während wir fortfahren, erheblich mehr für uns selbst zu tun. Unter solchen attraktiven Bedingungen sind Technokraten und Geschäftsleute immer bereit, Gutes zu tun.

Aber auch wenn dieser Schluß gezogen wird, stellt er keine Rechtfertigung des Wirtschaftswachstums dar. Ganz im Gegenteil. Erinnern wir uns an ein früheres *caveat*, daß die Debatte in Anerkennung der hervorstechenden Eigenschaften der modernen Gesellschaft die Annahme erfordert, daß sie an das Wirtschaftswachstum gebunden sind.

Der diesbezügliche Grundzug – die Tatsache, daß selbst bei überall vorliegenden Beweisen für übermäßigen Genuß und sogar kriminelle Verschwendung die Bürger der wohlhabenden Gesellschaften sich nicht gemeinsam darauf einigen können, ihre ausgefalleneren Aufwendungen zu beschneiden, um die erbärmliche Armut von vielen ihrer Landsleute zu lindern – ist sicherlich mit den Prozessen wirtschaftlichen Wachstums verbunden. Falls dieser ziemlich beklagenswerte «institutionelle Zwang» einem Ethos entspringt, das dem Wirtschaftswachstum dienlich, wenn nicht unentbehrlich ist, einem Ethos, das in der Tat vom wirtschaftlichen Wachstum gefördert wird; falls, um deutlicher zu sein, das Streben nach wirtschaftlichem Wachstum in all den Jahren nur durch die von den einzelnen dem Egoismus eingeräumte Priorität aufrechterhalten wurde und weiter aufrechterhalten wird und falls dieser Egoismus durch die vom System selbst erzeugte Unzufriedenheit verstärkt wird, dann gehören solche «institutionellen Zwänge» selbst zu den beschämenden Produkten des wirtschaftlichen Wachstums.

Insgesamt sprechen wir den menschlichen Folgen des Strebens nach wirtschaftlichem Wachstum ein hartes Urteil aus, wenn wir die gängigen politischen Einstellungen als Zwänge oder «Parameter» akzeptieren.

6. Schließlich ist es bei der Behauptung, daß das Streben nach Wirtschaftswachstum im Westen heute einen Rückgang der sozialen Wohlfahrt verursacht, zugegebenermaßen von Interesse und in gewissem Maße sachdienlich zu untersuchen, wie nun sich diese Verschlechterung der sozialen Wohlfahrt unter den bestehenden sozialen Umständen einstellt, insbesondere in liberalen Demokratien mit verantwortlichen gesetzgebenden Körperschaften und in privaten Wettbewerbswirtschaften, die vermeintlich den Menschen individuelles und kollektives Wahlverhalten ermöglichen. Obwohl ich zu dieser Frage an anderer Stelle [10] einige Gedanken vorgetragen habe, ist es nicht unumgänglich, die Angelegenheit hier zu diskutieren. Man kann recht überzeugend nachweisen, daß Hitler das deutsche Volk ins Verderben führte, ohne vorher erklären zu müssen, warum sie ihm mit ihren Stimmen zur Macht verholfen haben.

Es ist für den professionellen Ökonomen außerordentlich bequem, die Marktwahl der Leute oder ihr wirtschaftliches Verhalten im allgemeinen als Widerspiegelung ihres wohldurchdachten Urteils zu interpretieren, was ihrem Glück am meisten dienlich ist. Aber ich hoffe, daß er nicht solch ein Narr ist, dies wirklich zu glauben. Es ist für den Ökonomen auch günstig, wenn man hört, wie er das Recht des Bürgers vertritt, sein Geld nach seinen Wünschen auszugeben. Und ich für meinen Teil habe keinen Einwand, wenn er es vorzieht, auf einer mit Frühstücksflocken gefüllten Matratze zu schlafen. Denn ich stelle nicht sein *Recht* zu wählen in Frage: Ich stelle nur die *Folgen* seiner Wahl in Frage. Die möglichen Folgen, vorhergesehene oder nicht vorhergesehene – und gewöhnlich werden sie nicht vorhergesehen –, von individuellen und kollektiven Wahlakten sind ein Untersuchungsbereich, der von den Fragen abgetrennt werden kann, ob es denn politisch ratsam sei, den Leuten solche Wahlakte zu erlauben und aus welchen Motiven und Eingebungen sie getroffen werden. Wir können die Debatte zuspitzen, indem wir uns nur auf die Folgen konzentrieren.

Einige allgemeine Bemerkungen

In der Hoffnung, einiges von dem verbalen Gestrüpp weggeräumt zu haben, das dazu führt, den Fortschritt dieser Debatte zu behindern, sind wir jetzt eher in der Lage, die entscheidenden Streitfragen zu erkennen.

Da wir die Frage darauf beschränken, ob anhaltendes Pro-Kopf-Wachstum des Bruttosozialprodukts im Westen soziale Wohlfahrt unlängst produziert hat und wahrscheinlich produzieren wird, können die Streitpunkte, vielleicht willkürlich, in zwei Kategorien aufgeteilt werden.

In der ersten befindet sich die übliche Reihe schädlicher *spillover*-Effekte, Luftverschmutzung, Wasserverunreinigung, Erdverschmutzung, Lärm, Häßlichmachen von Stadt und Land, die alle seit Kriegsende alarmierend zugenommen haben.[11] Die Frage ist, ob sie die «normalen» Erwartungen bezüglich einer Steigerung der Wohlfahrt mehr als wettgemacht haben. Wiederum möchte ich bei der Frage nach dem zukünftigen Trend unterstreichen, daß die behaupteten Entwicklungsmöglichkeiten zum Guten, die Hoffnungen und Bestrebungen der Technokraten und politische Absichtserklärungen *nicht* zu zählen sind. Erforderlich ist eine Beurteilung der wahrscheinlichen Ergebnisse bei gegebener Konstellation der politischen und wirtschaftlichen Kräfte.

Zu der zweiten Kategorie gehören die übrigen Folgen des wirtschaftlichen Wachstums. Wieviel Gewicht muß jenen überall vorhandenen

Auswirkungen gegeben werden, die weniger greifbar und komplexer sind als die oben erwähnten üblichen externen Systemstörungen? Zweifellos wird eine Menge nervöser Erregung durch neue Entdeckungen – oder «Durchbrüche», wie wir sie heute zu nennen lieben – erzeugt, und es gibt sicher einige anfängliche Begeisterung über den Besitz eines neuen Apparätchens oder beim Ausprobieren einer neuen Sportart oder Reiseform. Aber diese Gefühle haben kaum enge Beziehungen zum guten Leben. Wir müssen uns von diesen Nichtigkeiten ab- und der Betrachtung des faustischen Geistes zuwenden, der von unserer Gesellschaft Besitz ergriffen hat und uns weder Rast noch Atempause erlaubt. Unabsichtlich könnten wir unwiderruflich die traditionellen Quellen des Wohlergehens und der Befriedigung verlieren, indem wir beständig und fraglos Stil und Tempo unseres Lebens an die technologischen und kommerziellen Möglichkeiten anpassen. Jene, die am pessimistischsten in die Zukunft sehen, sind zuerst mit diesen weniger meßbaren Folgen des beständigen Wirtschaftswachstums befaßt.

spillover-Effekte

Es ist schwer, eine Bilanz zu ziehen, die die Reinerträge an Wohlfahrt aus dem vermehrten Ausstoß von Gütern und die begleitenden spillover-Effekte während der letzten paar Jahre aufrechnet. Selbst wenn wir Einzelheiten aller materiellen Daten hätten, von den Gefahren chemischer Schädlingsbekämpfungsmittel zu den ansteigenden Geräuschpegeln, von ölverschmutzten Stränden auf der ganzen Welt zum Waldabholzen und Ausplündern der Erde, wären wir, in einem streng interdependenten Wirtschaftssystem, der fast unmöglichen Aufgabe der Bewertung gegenübergestellt. Ich bin geneigt, die Folgen der fortschreitenden Verschmutzungsfront in impressionistischen Worten zu beschreiben, denn ich bin sicher, daß das Gleichgewicht der Argumente wiederhergestellt wird durch die unverminderten Anstrengungen der kommerziellen Werbung, der etablierten Politiker, der Firmenchefs und die Flut von Artikeln in unseren Zeitungen und Zeitschriften, die lauthals von den Bonbons sprechen, die wir haben und die noch kommen werden. Folglich können wir davon ausgehen, daß den meisten Leuten ständig die mannigfaltigen Segnungen des wirtschaftlichen Wachstums bewußt gemacht werden: kunstvollere Arten verpackter Tiefkühlkost und neue Tabletten und Vibratoren zum Abmagern; schnittigere, schnellere Autos und bequemere künstliche Glieder; stärker motorisierte Gartengeräte und doppelt schallgedämpfte Fenster; aufregendere Fernsehprogramme und wirksamere Psychodrogen usw.

Zusätzlich zur Beschreibung der Einwirkung dieser allgegenwärtigen *spillover*-Effekte [12] auf unser Leben kann die altmodische Vorstellung eines abnehmenden Grenznutzens der Güter und des wachsenden marginalen Mißnutzens (Grenznutzenleid) der «Übel» größeren Nachdruck bekommen. Und nicht nur der abnehmende Grenznutzen der Güter und die sehr reale Möglichkeit eines negativen Grenznutzens. Zum einen kann die Auswahl aus einer wachsenden Vielzahl von Gütern ein anstrengender und zeitraubender Vorgang sein, sogar bei unparteiischer Konsumentenberatung, die selten mit dem raschen Wandel der Produkte und Modelle Schritt halten kann. Zum anderen geraten, wie Stefan Linder in seinem bewundernswerten und amüsanten Buch ‹*Harried Leisure Classes*› beobachtet, die Amerikaner bereits außer sich bei dem Versuch, alle die Apparate und Sportzubehörgeräte zu gebrauchen, die zu kaufen sie sich gezwungen fühlen. Und sie erleiden endlose Frustrationen allein bei dem Versuch, in ihren Autos wie Millionen andere Amerikaner, die gleicherweise dazu entschlossen sind, zu Erholungszentren «aufzubrechen». Eine andere Sache muß betont werden. Das Auftreten auch nur eines einzelnen *spillover*-Effekts – mag es verpestete Luft, ein endloses Verkehrsdurcheinander, Lärm oder die Furcht vor krimineller Gewalt sein – kann ausreichen, um all den behaupteten Vorteilen wirtschaftlichen Wachstums zu widersprechen. Soll eine Familie fünf Fernsehapparate, vier Kühlschränke, drei Autos, zwei Yachten, ein Privatflugzeug, einen Swimmingpool und eine halbe Million Dollar in Wertpapieren besitzen. Welche Freude bleibt ihren Mitgliedern, wenn nur ein Moment am Tage oder nachts übrigbleibt, an dem ihre Ohren nicht durch Luft- und Bodenverkehr belästigt werden? Welches Vergnügen bleibt einer Familie, die sich fürchtet, abends draußen herumzubummeln, die sorgfältige Vorkehrungen gegen Einbrecher treffen muß, die in beständiger Angst lebt, daß nicht der eine oder andere, Elternteil oder Kind, entführt, verstümmelt oder ermordet werden könnte? [13] Ein dicker Sack voller Konsumartikel, eine eindrucksvolle Liste technischer Errungenschaften können kaum für irgendeine solcher häßlichen Tatsachen entschädigen – ein Produkt des Nachkriegswohlstands –, die sich zur Überschattung des Lebens vieler Millionen Menschen entwickelt haben und deren Hoffnungen auf eine bessere Zukunft in Asche verwandeln.

Schließlich gibt es in diesem Zusammenhang einen übergeordneten *spillover*-Effekt, der besondere Erwähnung verdient. Für Ökonomen geläufig, spricht er stärker gegen anhaltendes wirtschaftliches Wachstum allein schon deswegen, weil die Volkswirtschaft für ihn keine Abhilfe vorschlagen kann, die mit solchem Wachstum vereinbar wäre. Ich beziehe mich auf das, was im einschlägigen Sprachgebrauch als *Hypothese vom relativen Einkommen* oder spaßiger als der *Jones-Effekt* bekannt ist (das heißt, der Es-dem-Nachbar-gleichtun-wollen-Effekt).

In einer wohlhabenden Gesellschaft hängt die Befriedigung der Menschen, wie Thorstein Veblen beobachtete, nicht nur von der den gekauften Gütern eigenen oder zugemessenen Qualität ab, sondern auch vom Statuswert solcher Güter. Allgemeiner ausgedrückt heißt dies, daß die von einer Person aus ihrem laufenden Aufwand abgeleitete Befriedigung nicht nur von den Gütern abhängt, die sie gekauft hat, sondern auch von den Gütern, die andere gekauft haben. Folglich zählt für eine Person in einer Gesellschaft mit hohem Konsum nicht nur ihr absolutes Einkommen, sondern auch ihr *relatives* Einkommen, ihre Position in der Einkommensstruktur. In ihrer extremen Form – und indem der Wohlstand wächst, bewegen wir uns (entsprechend der Theorie) näher dahin – ist nur das relative Einkommen von Bedeutung. Jemand würde folglich eine fünfprozentige Schmälerung seines Einkommens bei gleichzeitiger zehnprozentiger Einkommensminderung der anderen einem fünfundzwanzigprozentigen Anstieg sowohl seines als auch des Einkommens der anderen vorziehen.

Je mehr diese Haltung vorwiegt – und das Ethos unserer Gesellschaft fördert sie aktiv –, desto sinnloser ist das Ziel des wirtschaftlichen Fortschritts für die Gesellschaft als Ganzes. Denn es ist offenkundig, daß es nicht jedem im Laufe der Zeit relativ bessergehen kann. Der Ökonom kann natürlich weiterhin seine Optimierungsgleichungen selbst unter diesen Bedingungen fortspinnen, aber er hat keine Mittel, den Schaden mit äußerst nutzlosen Begriffen zu messen. Da das Ausmaß dieser den Reichtum verschleiernden Effekte nie gemessen wird, sind die sich über die letzten paar Jahre erstreckenden Schätzungen über den Zuwachs des «realen» Einkommens (oder der «gemessenen ökonomischen Wohlfahrt») alle völlig irreführend.

Die weniger greifbaren Folgen

Um Gilbert und Sullivan zu zitieren, «sind die Dinge nie, was sie scheinen!» Und wir können dieses Diktum als Leitmotiv beim Nachdenken über die nicht meßbaren Folgen des wirtschaftlichen Wachstums in einer bereits wohlhabenden Gesellschaft annehmen.

1. Betrachte die Antriebskräfte hinter dem Wirtschaftswachstum:

a) Hat die extreme Arbeitsteilung zu einer Schwächung des handwerklichen Könnens geführt?

In vorindustriellen Zeiten war es befriedigend, das ganze Produkt aus natürlichen Materialien herzustellen, und es erfüllte mit Stolz, einer Gemeinschaft zu dienen, die hohe Leistungen würdigte.

b) Wie Bernard Shaw beobachtete, «ist Unzufriedenheit die Triebfeder des Fortschritts»; diese Unzufriedenheit wird vom Ethos der Wohlstandsgesellschaft großgeschrieben. Sie wird von den Werbeagenturen der Madison Avenue institutionalisiert und von unserem höheren Bildungswesen angebetet. Falls ständige Unzufriedenheit der Leute mit dem, was sie haben, nötig ist, um sie zu veranlassen, die Maschine am Laufen zu halten, können wir dann wirklich glauben, daß die Leute nichtsdestoweniger glücklicher sind, wenn sie mehr Güter verbrauchen? Das Geheimnis, die Leute auf Trab zu halten, besteht in der ständigen Verbreiterung der Kluft zwischen ihren tatsächlichen materiellen Lebensbedingungen und ihren materiellen Erwartungen. Diese Kluft ist ein angemessener Maßstab ihrer Unzufriedenheit, und sie war niemals größer als heute.

c) Wird nicht der ständige Kampf um den Status in einer zunehmend anonymen Gesellschaft so zwanghaft, daß er die Menschen am Genuß der Lebensfülle hindert?

d) Führt diese «tugendhafte» Motivation oder übermäßiger Ehrgeiz nicht zu einer Austrocknung der menschlichen Großzügigkeit und zu einer Gewöhnung, andere Menschen als Mittel zum Vorankommen auszunutzen, somit unvermeidlich zur Korrumpierung des Charakters und der Fähigkeit zur Freundschaft?

2. Betrachten wir die «Wissensindustrie», deren Produkte die Lokomotive des wirtschaftlichen Wachstums anheizen. In einer Gesellschaft, die unseren großen säkularen Kathedralen des Wissens rituelle Huldigungen zollt, sind die Worte «wissenschaftliche Forschung» heilig, und Gelehrsamkeit ist fast gleichbedeutend mit Heiligkeit. Aber die sozialen Folgen des selbstlosen Strebens nach Wissen sind nicht alle unstreitig.

a) Wie aufgezeigt, kann das quälende Maß an Arbeitsteilung, das bei dem Versuch entsteht, die sich ständig erweiternden Grenzen jeder Disziplin noch weiter vorzuschieben, die menschliche Fähigkeit zu instinktiven Vergnügen erdrücken. In vielleicht engerem Sinne macht diese intensive Spezialisierung die Kommunikation zwischen Wissenschaftlern zunehmend schwierig.

b) Die Demokratie wird verwundbarer, weil Entscheidungen zunehmend von Experten beeinflußt werden (teilweise weil sich der Bereich der Regierungsaktivitäten unter dem Einfluß der Technologie im Laufe des letzten halben Jahrhunderts ständig ausgeweitet hat).

c) Von einigen Technologien wünschen wir, daß wir nie auf sie gestoßen wären: Kernwaffen, Giftgas, biochemische Vernichtungsmittel.

d) Der Fortschritt der wissenschaftlichen Erkenntnis übertreibt das Säkulare: Man fragt sich, ob der Verlust der großen Mythen, der Verlust des Glaubens an eine wohlwollende Gottheit, an ein Leben nach dem Tode nicht zu einem Gefühl der Verlassenheit beigetragen hat.[14] Man fragt sich auch, ob ein Moralkodex in einer Gesellschaft ohne Glauben an irgendeinen Gott oder an irgend etwas nach unserem Leben weithin akzeptiert werden kann.

e) Indem das historische Wissen wächst und scharfsichtige Gelehrte ihre Berufung daran finden, Nationalhelden und populäre Legenden zu entlarven, schwindet der Stolz der Menschen auf ihre gemeinsame Vergangenheit und damit auch die Moral.

3. Wir können auch kurz über einige der unerwarteten Auswirkungen einer Anzahl vielgepriesener Erfindungen nachsinnen.

a) Das Auto ist zusätzlich zur Verursachung von Stauungen, Lärm, Gestank und sichtbarer Verwirrung hauptsächlich für die Monotonie, die Einförmigkeit und Häßlichkeit weiter Stadtbezirke auf der ganzen Welt verantwortlich. Mit den Autos, die sich wie die Heuschrecken vermehren, durch alle Straßen und Alleen schwärmen, sind all die Buntheit und Fröhlichkeit, die einst mit den bekannten Weltstädten verbunden wurden, Vergangenheit geworden.

b) Das Flugzeug ist zusätzlich dazu, daß es uns in ein Zeitalter kreischender Firmamente ohne eigentliche Chance auf Entrinnen gestürzt hat (abgesehen von einem Leben in der Einsamkeit), verantwortlich für die Explosion des Tourismus, die unwiderruflich alle einst berühmten schönen Fleckchen an der Mittelmeerküste zerstört hat.

Ich sollte beiläufig hinzufügen, daß dies nicht die Wehklage eines elitären Oberschichtlers ist. Diese *spillover*-Effekte wären – bei den herrschenden kommerziellen Institutionen – auch unabhängig von der Einkommensverteilung entstanden. Sie sind einfach eine Frage der Anzahl – zu viele Menschen und zu viele Autos. Der Hauptverlust wird zukünftige Generationen treffen, die dabei sind, eine Welt fast ohne landschaftliche Schönheit und Größe zu erben.

c) Das Fernsehen, das gewöhnlich wegen seiner grenzenlosen Erziehungsmöglichkeiten gelobt wird, hat auch grenzenlose Möglichkeiten, die Menschen für Stunden untätig zu halten. Es fördert eine gleichförmige Sprache – obendrein armselig und abgedroschen. Es setzt unschuldige Leute wiederholten Dosen von Expertenmeinungen und Fachdiskussionen aus, mit dem unglücklichen Resultat, daß sie befähigt werden, so viele Seiten einer Frage zu sehen, daß sie in einen Zustand der Bestürzung versetzt werden, ohne weiteres Vertrauen auf ihr eigenes Urteil und ohne irgendwelche Überzeugungen – kurz gesagt bereit, alles zu glauben und alles zu vergessen. Das Fernsehen kann geradezu als das neue Opium für das Volk bezeichnet werden, ohne daß sich die Leute der unerträglichen Eigenschaften ihrer Umgebung, in die sie eingetaucht sind, so brennend bewußt werden könnten, daß sie rastlos für Reform eintreten würden.

4. Wir könnten uns allgemein fragen, ob die unglücklicheren Folgen der kommerziell inspirierten Neuerungen unentrinnbar sind.

a) Verführt nicht der umfassende Überfluß selbst zu einer Wegwerfhaltung gegenüber den Dingen? Wenn ein Kind nur eine Puppe hat, neigt es dazu, sie mit liebevoller Fürsorge zu behandeln. Wenn es ein Dutzend hat (die Hälfte davon mechanisiert), werden sie Stücke in einer Sammlung. Geschenke verlieren ihre anrührende Kraft, wenn eine Person «alles» hat und wenn der Reichtum so groß ist, daß kein Opfer mit der Hergabe von Geschenken verbunden ist.[15]

b) Neuer Werkzeugkomfort verkauft sich in wohlhabenden Gesellschaften gut: Klimaanlage, bequeme Matratzen und Sofas, Knopfdruck-Spielereien. Aber laufen diese Dinge nicht auf Langeweile und Appetitverlust hinaus? Wurde der Mensch nicht geschaffen, um seine Muskeln zu gebrauchen, um sich physisch abzumühen, um zu erdulden? Ohne Kampf keine Würze; ohne Mühsal keine Freude an der Entspannung – und ohne Schmerz keine Liebe. Auf der Suche nach den von der modernen Wirtschaft und von der gängigen Mode gelieferten Einrichtungen zur unmittelbaren Befriedigung schneiden sich die Menschen von den Erfahrungen ab, die sie menschlich machen.

c) Die Technologie hat als eine Form zwanghafter Systematisierung begonnen, sich in jede Nische unseres privaten Lebens und unserer geheimen Gefühle zu drängen. Methoden zum Erfolg, zur «Optimierung» des Sexuallebens, werden jetzt mit Tonbändern und Handbüchern gelehrt. Techniken für Liebe, Freundschaft, Leidenschaft, Sarkasmus, Hingabe, Schlagfertigkeit, Phantasie, Eingebung, Lachen werden sämtlich dem Käufer des Büchleins oder Tonbands oder dem Kursteilnehmer verliehen. Die «Experten» der Sozialwissenschaften haben bereits begonnen, solche Themen als Teile von «Lebensanpassungs»-Kursen in den Schulen einzuführen. Bald wird es kaum noch eine Ecke geben, in die ein Mensch kriechen und die er sein eigen nennen kann. Er wird Teil einer Welt des Possenspiels und der Mimikry werden, wo Gefühle organisiert werden, wo Spontaneität einstudiert ist, und ihm bleibt kein unbevormundetes Gefühl, das aus ihm herausquellen kann. Stellen wir uns eine Welt vor, in der alle von uns empfangenen Liebesbriefe Kopien von Vorbildern sind und in der all die von uns seit der Kindheit erfahrene Liebe als Technik einstudiert wurde.[16]

d) Die Innovationen im Konsumbereich aus der jüngsten Vergangenheit und in der absehbaren Zukunft erscheinen als weitgehend arbeitssparend, darunter Innovationen zur Verminderung der Abhängigkeit des Menschen von anderen – oder eher zur Übertragung ihrer Abhängigkeit von anderen Menschen auf die Maschine. Ist es nicht immer noch wahr, daß die Gemütsbewegungen gewöhnlich durch diese gegenseitige menschliche Abhängigkeit fließen? Abgepackte und vorgekochte Gerichte ersparen der fleißigen Hausfrau Zeit. Aber wenn eine Frau für ihren Mann oder für ihre Familie kocht, ist das nur Hausarbeit? Gibt es nicht auch eine instinktive (wenn nicht biologische) Befriedigung beim Ernähren ihres Mannes oder ihrer Kinder, ein symbolisches Sich-Hingeben an sie, ein Akt der Zärtlichkeit und Bestätigung?

Die Schallplatten der Kinder oder ihre Fernsehprogramme können von den Gutenachtgeschichten der Mutter oder des Vaters entbinden, aber genießt und teilt das Kind, das sich an die Brust der Eltern lehnt und der sanften Entfaltung der Geschichte zuhört, nicht eine reichere Erfahrung?

Mit einem Fingerschnippen können wir den Raum mit perfekt ausgeführter Orchestermusik überfluten, ein Vergnügen für das Ohr, wenn wir nicht soviel davon auf so bequeme Weise hätten, daß wir gleichgültig Bruchstücke davon summen, während wir essen, reden, lesen und Geschirr waschen? Aber vor der Jahrhundertwende, als die von einem Mann geschätzte Musik von den Künsten seiner Frau am Klavier oder vom Gesang seiner Tochter abhängig gewesen sein mag,

gab es da nicht auch eine stille Freude zwischen ihnen?
Es ist ernüchternd, sich ernsthaft zu fragen, ob nicht mehr und mehr
von dem, was alltäglich ist, um den Preis von mehr und mehr dessen
gewonnen wird, was wertvoll ist. Vorausgesetzt, daß die Maschine
unvergleichlich leistungsvoller ist, kann ihre Effizienz beim Erbrin-
gen von Dienstleistungen den unvermeidlichen Verlust aller menschlichen Erfahrung ausgleichen? Können wir vernünftigerweise erwarten, daß die zukünftigen technologischen Innovationen eine humani-
sierendere Wirkung haben werden?
Sicher ist es wahrscheinlicher, daß der Hauptstoß der Produktinnovation, der mit dem wirtschaftlichen Wachstum in bereits wohlhabenden Ländern verbunden ist, sich im Laufe der Zeit in einer
Verminderung der Möglichkeiten direkter Kommunikation zwischen
Menschen insoweit auswirken wird, als sie offenkundig versucht,
ihren Bedarf an direkten Dienstleistungen durch andere Menschen
zu vermindern. Persönliche Kontakte nehmen notwendigerweise mit
der Verbreitung leistungsfähigerer arbeitssparender Einrichtungen
ab. Sie haben bereits mit der Verbreitung der Supermärkte, Cafete-
rias und Verkaufsautomaten, mit der Verbreitung von Transistorra-
dios und Fernsehgeräten und natürlich mit der Verbreitung des Au-
tomobils abgenommen. Und sie werden weiter abnehmen mit dem
Trend zur Computerisierung in Büros und Fabriken, zu Überwa-
chungsmonitoren für Patienten und zu Computerdiagnosen in Krankenhäusern, zu Fernsehinstruktionen mit Rückkoppelung, automati-
sierten Büchereien und Lernmaschinen.
Folglich muß die zwanghafte Suche nach Leistungsfähigkeit, in der
Hauptsache auf Innovationen gerichtet, die Mühe und Zeit sparen,
weiterhin noch mehr elegante Instrumente zu unserer gegenseitigen
Entfremdung produzieren. Die unvermeidliche Folge ist eine schritt-
weise Austrocknung des direkten Sympathieflusses und vertrauter
Kommunikation zwischen den Menschen, eine Ausdünnung ihres
Gefühlslebens und deshalb, trotz der Verbreitung glitzernder Spiel-
zeuge, ein ständiges Gefühl der Frustration.
5. Schließlich könnten wir fragen, ob die gemeinhin mit dem guten
Leben in Verbindung gebrachten Dinge – eine geruhsamere Lebens-
führung, mehr Spielraum, ein stärkerer Sinn für Ungezwungenheit
und Abstand, eine Umgebung von natürlicher Schönheit und archi-
tektonischer Würde, eine Rehabilitierung von Normen für Glück und
Geschmack – jemals von wohlhabenden Gesellschaften verwirklicht
werden können, die ewig danach trachten, die Konsumenten mit

immer exotischerem und entbehrlicherem Schnickschnack zu um-
werben und ewig nach schnellerem wirtschaftlichem Wachstum zu
suchen.

Und was ist mit den Eigenschaften, durch die Menschen leben? Wenn
zugestanden wird, daß nach Überschreiten des Existenzminimums
(und das ist im Westen der Fall) die Quellen der dauerhafteren
menschlichen Befriedigungen aus gegenseitigem Vertrauen und Zuneigung entspringen, aus geteiltem Freud und Leid, aus dem Geben
und Nehmen von Liebe, aus offenherziger Kameradschaft und Lachen; wenn weiter zugestanden wird, daß in einer zivilisierten Gesellschaft die Lebensfreude in erster Linie durch das Gefühl des Stau-
nens angesichts der Entfaltung der Natur vermehrt wird, durch die
von großer Kunst inspirierte Wahrnehmung und durch die Erneuerung von Glaube und Hoffnung durch den Einfluß des Heldenhaften
und Guten – wenn dies alles zugestanden wird, ist es dann möglich,
auch zu glauben, daß die unablässigen Versuche, die besseren Teile
der menschlichen Energie und Erfindungsgabe zur Anhäufung immer größerer Ansammlungen von materiellem Besitz einzuspannen,
dem menschlichen Glück viel hinzufügen können? Können sie mehr
hinzufügen als sie abziehen? Können sie irgend etwas hinzufügen?

Selbst wenn wir die dunklere Seite des wirtschaftlichen Wachstums
nicht beachten, haben wir bereits bemerkt, daß bei Vermehrung des
Wohlstands der Jones-Effekt jeden Sinn für verbessertes Wohlergehen der Gesellschaft als Ganzes auflöst, der in der Folge in Kämpfen,
Akkumulieren, Zerstören, Erfinden umgefälscht wird – zu keinem
vernünftigen Zweck. Aber wir können natürlich (wenn irgend möglich) nicht jene verschiedenen Folgen des wirtschaftlichen Wachstums übersehen, die aus der Natur des Wachstumsprozesses heraus
die Hauptquellen des menschlichen Glücks zerstören. Zwangsläufig
müssen wir dann folgern, daß das Wachstumsspiel den Einsatz nicht
wert ist. Und die Antwort auf die Frage, ob uns anhaltendes wirtschaftliches Wachstum im Westen dem guten Leben irgendwie nä-
herbringt, kann nichts anderes als ein deutliches Nein sein.

Anmerkungen

1 Wir hatten Glück, die mutativen Wirkungen des Thalidomids rechtzeitig zu entdecken. Wir können beim nächstenmal weniger Glück haben, wenn auch nur, weil die genetischen Wirkungen anderer Arzneimittel erst nach viel längerer Zeit entdeckt werden mögen – wenn es zu spät sein kann.

2 In vorindustriellen Zivilisationen war nach Jacques Ellul die der Arbeit gewidmete Zeit kurz im Vergleich zur Freizeit, die dem Schlaf, dem Gespräch, dem Spielen und Meditieren gewidmet war. Für den primitiven und für den historischen Menschen war die Arbeit *als solche* keine Tugend. Es war besser, nicht zu konsumieren als hart zu arbeiten. Folglich arbeiteten die Menschen so wenig wie möglich und waren mit eingeschränktem Konsum zufrieden. Heute bedeutet Komfort bequeme Stühle, Schaumgummimatratzen, Bäder, Klimaanlage, Waschmaschinen usw. Das Hauptinteresse liegt in der Vermeidung physischer Anstrengung, und deshalb werden wir abhängiger von der Maschine. Nach Giedion kümmerten sich die Menschen des Mittelalters auch um den Komfort. Aber für sie bedeutete Komfort eine moralische und ästhetische Ordnung. Raum war das wichtigste Element. Die Menschen suchten offene Plätze und große Räume. Sie machten sich nichts daraus, wenn die Stühle hart und die Räume schlecht beheizt waren. Wichtig waren die Ausmaße und die benutzten Materialien.

3 Ich bin geneigt, aus der jüngeren englischen Geschichte die Zeit Chaucers, das Elisabethanische Zeitalter, die Mitte des 18. Jahrhunderts und vielleicht das Zeitalter König Eduards herauszugreifen.

4 Ich schließe die ärmeren zwei Drittel der Welt aus, weil die Streitpunkte und die Fragen, die wir stellen sollten, ziemlich verschieden sind.

5 Um ein aktuelles Beispiel zu wählen: Brauchen wir wirklich erschöpfende psychologische Tests, um zu entscheiden, ob der offenkundige Anstieg an Gewalt und sadistischer Grausamkeit, der in den letzten beiden Jahrzehnten von den Massenmedien ausgemalt wird, die Leute negativ beeinflußt? Ist es nicht eine Widerspiegelung statistischer Besessenheit, die die technologische Gesellschaft auszeichnet, daß wir uns genötigt fühlen, ausgedehnte Versuche zu machen und alle eindrucksvollen Utensilien der fortgeschrittenen Statistik zu benutzen, um etwas zu entdecken, was einem halbwegs Intelligenten offensichtlich sein sollte – oder um die Angelegenheit gelassener auszudrücken, um eine Lebenswirklichkeit zu bestätigen, die seit der Morgenröte der Zivilisation Teil der gemeinsamen psychologischen Erfahrung der menschlichen Gattung ist? Das Allermindeste, das als Handlungsleitfaden gegeben werden sollte, ist, daß die Sozialpolitik, seitdem es eine hinreichende Vermutung gibt oder seit Jahrtausenden gegeben hat, daß «schlechte Beispiele» schlecht sind, von ihr geleitet werden sollte, bis der Beweis des Gegen-

teils überwältigend und unwiderstehlich ist. Unsere herrschende Politik, in dieser Hinsicht wie in vielen anderen von einem kommerziellen und durch wirtschaftliches Wachstum beherrschten Ethos gefangen, ist natürlich das Gegenteil davon.

6　Der übliche Euphemismus heißt natürlich «hoch motiviert», eine Bedingung, die nicht als Verirrung, sondern als Tugend angesehen wird.

7　Das Thema, daß wirtschaftliche Machbarkeit nicht genug ist und sich tatsächlich nicht gegen bestehende kommerzielle und politische Interessen durchgesetzt hat, ist im Zusammenhang mit Wasserverschmutzung in den Vereinigten Staaten von A. M. Freeman und R. H. Haveman in «Clean Rhetoric, Dirty Water», *The Public Interest* (Sommer 1972) entwickelt worden.

8　Wir könnten den Wunsch haben, die Stärkung der Landesverteidigung einzubeziehen und denken, daß man in einer Welt wie heute soviel Wachstum gebrauchen könnte wie möglich. Aber der von den USA heute für die Verteidigung aufgewandte Anteil liegt beträchtlich unter 10 Prozent des Bruttosozialprodukts, und von dieser Summe geht nur ein Bruchteil in die Forschung. Uneingedenk der Unfruchtbarkeit, mit der vom State Department Mittel eingesetzt werden und uneingedenk seiner teuren Fehler könnten die auf Erhaltung unserer nationalen Sicherheit gerichteten Forschungskosten und die zum Schritthalten mit dem Rüstungswettlauf nötigen Kosten für eine längere Zeit aufrechterhalten werden, ohne daß die Wirtschaft wachsen müßte. Auch die Behauptung eines *spin-off* ist nicht sehr überzeugend. Die moderne Forschung ist zunehmend spezialisiert. Der Hauptteil an Innovationen in der Industrie stammt aus ihrer eigenen Forschung. Die Verteidigung ist keine Ausnahme. Diese Bemerkungen sind jedoch vorläufiger Art, und ich bin im heutigen unsicheren politischen Klima offen für die Überzeugung von der Notwendigkeit bestimmter Arten von Forschung und Wachstum für Verteidigungszwecke.

9　Wenn dies das ist, was wir meinen, sollten wir bedenken, daß die vom Westen für diese Länder geleistete Hilfe geringfügig ist. Die Vereinigten Staaten, der Hauptgeber, entrichten Summen, die sich auf viel weniger als ein halbes Prozent ihres Bruttosozialprodukts belaufen. Und obwohl es bequem ist zu glauben, daß beim Mampfen des Kuchens die Krümel nicht völlig verlorengehen, kann Nächstenliebe in dieser mikroskopischen Größenordnung kaum das westliche Streben nach wirtschaftlichem Wachstum rechtfertigen. Wir könnten uns darauf einigen, die Frage von neuem zu betrachten, wenn wir jemals beschließen, den Armen außerhalb des Westens einen ansehnlichen Teil unserer Einkünfte zu spenden. Was die Hilfe angeht, die diese ärmeren Länder dem Handel mit westlichen Ländern verdanken könnten, die weiterhin mit Nachkriegsraten wachsen, so ist dies eine kontroverse Streitfrage, besonders im Hinblick auf die chinesischen Erfahrungen, und ich werde sie

hier nicht erörtern außer mit dem Hinweis, daß der Westen sich einem
moralischen Dilemma gegenübersehen würde, wenn man einig darüber
wäre, daß unser weiteres wirtschaftliches Wachstum schlecht für uns,
aber gut für sie wäre.

10 Siehe meinen Aufsatz in Daedalus (Herbst 1973).

11 Ich weiß, daß der Clean Air Act von 1957 in England viel zur Verminderung des Schwefel- und Kohlendioxidgehalts der Luft und der Fog-
Gefahr beitrug. Der Kohlenmonoxidgehalt ist natürlich ständig ange-
stiegen. Die Themse ist heute etwas sauberer als vor einer Reihe von
Jahren. Aber diese örtlichen Verbesserungen sind geringfügig im Vergleich mit der Plünderung der Landgebiete und der weltweiten Verunreinigung, über die von Jahr zu Jahr die Sorge wächst.

12 Siehe mein Buch «Costs of Economic Growth», Teil I und II.

13 Die Beziehungen zwischen wachsendem Wohlstand und Verbrechen
sind nicht deutlich gemacht worden. Statistiken sind aufgestellt worden,
um zu zeigen, daß Kriminalität in den Vereinigten Staaten positiv mit
Stadtgröße korreliert, und obwohl dies für die Vereinigten Staaten ei-
gentümlich sein mag, scheint doch zwischen Wohlstand und Kriminalität
quer durch die Länder eine Beziehung zu bestehen. Sicherlich ist die
Kriminalität in allen westlichen Ländern seit dem Krieg rasch angestie-
gen, vielleicht teilweise als Folge des Drangs in die Städte, der selbst eine
direkte Folge des wirtschaftlichen Wachstums ist (seitdem weniger länd-
liche Arbeitskräfte benötigt werden), teilweise mutmaßlich wegen der
größeren Gelegenheiten zu rascher Bereicherung (bei denen das schnelle Auto zum Entkommen eine große Rolle spielt), begleitet vom Verfall
moralischer Maßstäbe (dem Wachstum an säkularem Wissen und dem
Wachstum von pornographischer Gewalttätigkeit in der Unterhaltung
der Massenmedien zuzuschreiben).

14 Die Melancholie, über die Boswell klagte, war im letzten Teil des 18.
Jahrhunderts nicht ungewöhnlich und wurde von manchen Historikern
dem Verfall des religiösen Glaubens bei Heraufkunft der Aufklärung
zugeschrieben. Sie sollte sich nach Darwins ‹*Über den Ursprung der
Arten*› weiter nach unten über die gesellschaftlichen Gruppen verbreiten.

15 Während des Krieges hielt ich eine Nacht für einen Freund Wache, der
mir am nächsten Morgen als Zeichen seiner Dankbarkeit einen Riegel
Schokolade gab. Ich liebe Schokolade immer noch, aber während des
Krieges war sie eine seltene Sache, und ich war von seiner Aufmerksamkeit berührt. Ich erinnere mich auch an einen amerikanischen Journali-
sten, der im Frühjahr 1941 England besuchte und seinem Taxifahrer ein
Pfund Tee als Trinkgeld gab. Der Taxifahrer war überglücklich, lud ihn
zu sich nach Hause ein und bestand darauf, daß er ihn zu jeder Tages-
und Nachtzeit anrufen sollte, wann immer er eine Fahrt wünschte. Ich
könnte viele solche Fälle aufzählen – aber nicht in einer Wohlstandsgesellschaft.

16 Das American University Community Center bietet seinen Studenten (im Jahre 1972/73) neben anderen therapeutischen Diensten folgende an:

«*Encounter-Gruppen.* – Dies sind Gruppen, entworfen als strukturierte Begegnungserfahrungen, die sich auf Themen wie Vertrauensbildung, Geben und Empfangen von Feedback, direkte Kommunikation und sensorische Bewußtheit richten. Sie sollen als Einführung dienen . . . für gut funktionierende Personen.

Interpersonale Fähigkeitsentfaltungsgruppen. – In diesen über zehn Sitzungen laufenden fähigkeitszentrierten Gruppen werden Studenten gelehrt, Angst durch Anwendung verbesserter sozialer Fähigkeiten zu überwachen und zu bewältigen, indem sie lernen, angemessen anspruchsvoll und direkter in einfühlender Kommunikation zu sein.»

Nehmen wir davon Abstand, diese pathetische Zurschaustellung eines Jargons zu kommentieren, der den unglücklichen Menschen als fehlerhafte Maschine betrachtet und wundern wir uns statt dessen über die Beschaffenheit der Wohlstandsgesellschaft, deren Mitglieder solchen Zustand von Verwirrtheit erreicht haben, daß solche Dinge wie Vertrauen und der Austausch von Gefühlen – die so natürlich wie Atmen und Schlafen sein sollten – als Technik bewältigt werden müssen. Dennoch trifft diese Antwort das Wesen des technologischen Prozesses. Denn wo die Klugheit einen Rückzug vom Pfad des Wachstums nahelegen würde oder die Aufgabe einiger spezifischer Produkte oder Techniken, schlägt der Technokrat ausnahmslos ein «Fortschreiten» vor – die Suche nach mehr Technologie, um die Schäden, die von der bestehenden Technologie verursacht werden, auszubessern oder zu reparieren. Damit Leute die Freiheit haben, schnelle Autos zu fahren, opfern wir jedes Jahr in den Vereinigten Staaten das Leben von 55000 Menschen, und wir machen eine Vielzahl davon zu lebenslänglichen Krüppeln. Wenige nehmen den Vorschlag ernst, diese Form des Verkehrs abzuschaffen. Die einzigen zulässigen Probleme sind bessere Versicherung, mehr (unwirksame) Sicherheitsvorkehrungen und verbesserte Krankenhauseinrichtungen.

Nicholas Georgescu-Roegen u. a.:
Für eine menschliche Ökonomie

Die Entwicklung unseres weltweiten Haushalts «Erde» nähert sich einer Krise, von deren Lösung das Überleben des Menschen abhängt, einer Krise, deren Dimensionen sich an den steigenden Bevölkerungszahlen, dem unkontrollierbaren industriellen Wachstum und der Umweltverschmutzung sowie drohenden Hungersnöten, Kriegen und dem biologischen Zusammembruch ablesen lassen.

Diese Entwicklung ist jedoch nicht nur von unerbittlichen Naturgesetzen, sondern vor allem von dem menschlichen Willen bestimmt worden, der auf die Natur einwirkt. Der Mensch hat sein Schicksal in einer langen Geschichte von Entscheidungen geformt, für die er selbst verantwortlich ist; er kann den Kurs dieses Schicksals durch neue, bewußte Entscheidungen, durch eine neue Willensanstrengung ändern. Dafür bedarf es zunächst jedoch einer neuen Sichtweise der Dinge.

Als Ökonomen haben wir vor allem die Aufgabe, wirtschaftliche Prozesse in ihren Abläufen zu beobachten, zu beschreiben und zu analysieren. In den letzten zweihundert Jahren sind die Ökonomen zunehmend zu Stellungnahmen aufgefordert worden, und sie haben sich nicht darauf beschränkt, die Wirtschaftsordnung zu analysieren, zu beschreiben, meßbar zu machen und Theorien aufzustellen, sondern sie haben auch Ratschläge erteilt, geplant und auf den Ablauf wirtschaftlicher Angelegenheiten aktiv eingewirkt. Die Macht – und damit auch die Verantwortung – der Ökonomen hat außerordentlich zugenommen.

In der Vergangenheit ist Produktion als Wohltat betrachtet worden. Daß sie auch nachteilige Folgen hat, ist erst in jüngster Zeit sichtbar geworden. Produktion verschlingt notwendigerweise unsere endlichen Vorräte an Rohstoffen und Energie, während sie gleichzeitig unsere ebenfalls nur begrenzt aufnahmefähigen ökologischen Systeme mit den Abfällen ihrer Herstellungsprozesse überschwemmt. Das herkömmliche Maß des Ökonomen für die nationale und soziale Gesundheit ist das Wachstum gewesen. Aber das andauernde industrielle Wachstum in bereits hochindustrialisierten Gebieten ist nur von begrenztem Wert; die gegenwärtige Produktion wächst auf Kosten zukünftiger Produktion und auf Kosten der empfindlichen, mehr und mehr bedrohten Umwelt.

Die Tatsache, daß unser System endlich ist und es keinen grenzenlosen Energieverbrauch geben kann, konfrontiert uns an jeder Stelle des wirtschaftlichen Prozesses, in der Planung, der Entwicklung und der Produktion, mit einer moralischen Entscheidung. Was müssen wir notwendigerweise tun? Welches sind die tatsächlichen langfristigen Kosten der Produktion, und wer soll für sie aufkommen? Was liegt wirklich im Interesse des Menschen, und zwar nicht nur des gegenwärtigen Menschen, sondern des Menschen, betrachtet als eine dauerhafte Spezies? Selbst die aus der Sicht des Ökonomen klare Formulierung der Möglichkeiten, die vor uns liegen, ist eine ethische und nicht etwa eine rein analytische Aufgabe; die Ökonomen sollten diesen ethischen Bestandteil ihrer Arbeit anerkennen.

Wir rufen unsere Kollegen auf, ihre Rolle bei der Verwaltung unserer irdischen Heimat wahrzunehmen und sich den Bemühungen anderer Wissenschaftler und Planer, anderer Männer und Frauen aus allen Gebieten des Denkens und Strebens anzuschließen, um das Überleben der Menschheit zu sichern. Die Volkswirtschaftslehre hat, ebenso wie andere Forschungsdisziplinen, um der Exaktheit und Objektivität willen, im letzten Jahrhundert mehr und mehr dazu geneigt, ihr Gebiet von denen anderer zu isolieren. Aber die Zeiten, in denen Wirtschaftswissenschaftler in der Abgeschlossenheit fruchtbar arbeiten konnten, sind vorbei.

Wir müssen eine neue Ökonomie entwickeln, deren Zweck es ist, mit den Vorräten hauszuhalten und eine rationale Kontrolle über die Entwicklung und Anwendung von Technologien in dem Sinne zu erlangen, daß sie – statt steigenden Profiten, der Kriegführung oder dem nationalen Prestige – den wahren menschlichen Bedürfnissen dienen. Wir brauchen eine Ökonomie des Überlebens oder mehr noch, der Hoffnung – die Theorie und die Einsicht für eine weltweite Wirtschaft, die sich auf Gerechtigkeit gründet und es ermöglicht, den Reichtum der Erde in der Gegenwart und in der Zukunft gleichmäßig unter ihren Bewohnern zu verteilen.

Es ist einsichtig, daß wir eine separate Nationalökonomie sinnvollerweise nicht länger in Betracht ziehen können, ohne ihre Beziehungen zu einem größeren, weltweiten System zu berücksichtigen. Aber die Ökonomen können mehr tun als nur die komplizierten Beziehungen zwischen wirtschaftlichen Einheiten zu messen und zu beschreiben;

Wir können aktiv an einer neuen Rangordnung von Prioritäten arbeiten, die die engen Interessen nationaler Souveränität überwindet und statt dessen den Interessen der Weltgemeinschaft dient. Wir müssen das Ideal des Wachstums, das als Ersatz für die gleichmäßige Verteilung des Wohlstands gedient hat, durch eine menschlichere Sichtweise ersetzen, in der Produktion und Konsum den Zielen des Überlebens und der Gerechtigkeit untergeordnet sind.

Gegenwärtig kommt eine Minorität der Erdbevölkerung in den Genuß eines unangemessenen hohen Prozentsatzes an Rohstoffen und industriellen Kapazitäten. Diese industriellen Wirtschaftssysteme, kapitalistische wie sozialistische, müssen Wege der Zusammenarbeit mit den Wirtschaftssystemen der Entwicklungsländer finden, um das Ungleichgewicht zu korrigieren, ohne einen ideologischen oder imperialistischen Wettstreit zu verfolgen und ohne die Menschen auszubeuten, denen zu helfen sie beabsichtigen. Will man eine gleichmäßige Verteilung des Wohlstands in der Welt erreichen, so müssen die Menschen der Industrienationen auf das gegenwärtig scheinbar uneingeschränkte Recht verzichten, was immer ihnen an Quellen zugänglich ist, auszuschöpfen, und wir als Ökonomen müssen unseren Teil dazu beitragen, die menschlichen Werte auf dieses Ziel hin neu zu formieren. Die Zufälle der Geschichte und der Geographie dürfen nicht länger als vernunftmäßige Erklärung für Ungerechtigkeiten dienen.

Die Aufgabe für den Ökonomen ist insofern völlig neu und außerordentlich schwierig. Viele Leute verlieren angesichts der heute zugänglichen Daten – Trends des Bevölkerungswachstums, der Umweltverschmutzung, des Rohstoffverbrauchs und der sozialen Umwälzungen – alle Hoffnung und meinen, voller Pessimismus feststellen zu können, daß der Punkt, an dem es kein Zurück mehr gibt, um unserem Rendezvous mit dem Desaster noch ausweichen zu können, bereits hinter uns läge; man könne nichts mehr tun. Aber Verzweiflung ist ein Standpunkt, den wir zurückweisen müssen. Für uns ist der moralische Imperativ der, eine neue Sichtweise zu entwickeln, eine Straße des Überlebens durch ein tückisches Land zu schlagen, in dem es keine Straßen gibt. Zur Zeit verfügen die Menschen über den Reichtum und die Technologie, die ihnen nicht nur ermöglichen, für eine lange Zeit zu überleben, sondern auch, für sich und alle ihre Kinder eine Welt zu schaffen, in der es sich mit Würde, Hoffnung und Behaglichkeit leben läßt; aber sie müssen sich dazu entschließen, es zu tun. Wir rufen die Ökonomen auf, eine neue Sichtweise entwerfen zu helfen, die es den Menschen ermöglicht, ihren Reichtum ihren eigenen Interessen gemäß einzusetzen – bei möglichem Dissens über die Einzelheiten der Methode und des Vorgehens, aber ausgesprochener Einigkeit über die Ziele des Überlebens und der Gerechtigkeit.

Entwurf von Nicholas Georgescu-Roegen unter Mitwirkung von Kenneth Boulding und Herman Daly, unterzeichnet von über 200 Ökonomen

(Übersetzung aus dem Amerikanischen von Niko Hansen)

Vom Ende des
homo oeconomicus

Jean-Pierre Dupuy/Jean Robert
Die zerstörerische Logik ökonomischer Vernunft

> *« Ko Manu kai atu*
> *Ko Manu kai mai*
> *Ka ngohe ngohe»*
>
> *Soviel Manu gibt*
> *Soviel Manu nimmt*
> *Das ist gut gut*
> *(Sprichwort der Maori)*

Der Preis des Schadens

Die Auffassung, daß der Tausch und die Arbeitsteilung die Produzenten der «Reichtümer» und die Motoren des Fortschritts sind, ist seit Adam Smith einer der Ecksteine der politischen Ökonomie. «Hat man jemals einen Hund aus eigenem Entschluß Knochen mit einem anderen Hund tauschen sehen?» fragte dieser, für den sich der Mensch vom Tier durch seinen Hang «ein Ding gegen ein anderes zu tauschen» unterscheidet. Manche liberale Ökonomen glauben, es sei theoretisch möglich, die ärgsten Ungleichgewichte der industriellen Gesellschaft durch eine Perfektionierung der Marktwirtschaft aus der Welt zu schaffen: indem man sie auf die Gebiete ausdehnt, die sie noch nicht vereinnahmt hat. So glaubt man, das «Problem» des Hungers in der Welt auf eben die Weise lösen zu können, durch die es gerade entstanden ist, durch die Öffnung aller Grenzen für die «Wohltaten» der industriellen Gesellschaft und den universalisierten Tauschhandel (. . .).

Gegen Adam Smith und seine Nachfolger muß man die historischen Linien aufzeigen, die den Tausch mit der Gewalt (in enger Nachbarschaft zum Heiligen) verbinden. Man muß daran erinnern, daß in allen vorindustriellen Gesellschaften – wie zum Beispiel in den Gesellschaften des Korans, die den Handel mit Wasser verbieten – die entscheidenden Lebensgüter der Marktwirtschaft entzogen waren oder dort nur nach sehr strikten Regeln ihren Platz fanden. Diese Einschränkungen des Tausches – die die modernen Ökonomen völlig überholt finden werden – hatten die Funktion, die Subsistentgüter vor den Unwägbarkeiten und Wechselfällen des Marktes zu schützen. Die ökonomische Anthropologie lehrt uns in der Tat, daß die vorindustriellen Gesellschaften *ebenso* wie diejenigen, die noch nicht von ihren Mythen und Rechtfertigungen durchdrungen sind, den Tausch als ein riskantes Unternehmen ansehen, das jeden Moment übel ausgehen kann und – wie das Opfer oder der Krieg, denen es verbunden ist – droht, unkontrollierte Destruktivkräfte freizusetzen, die nur durch eine sehr strenge Disziplin gebannt werden können. Bei den Maoris ist der «Manu», der im Motto dieses Abschnitts zitiert wurde, wenn man so will, einerseits die den Tausch regulierende *invisible hand*, andererseits auch der Gott des Krieges.

Der Glaube an die Unschädlichkeit des Tausches erweist sich als sehr moderne Auffassung. In mehreren indogermanischen Sprachen, bis zu den weniger archaischen, tragen die Worte noch den Stempel der alten geheimnisvollen Schrecken, die sich mit den Risiken dieser Praxis verbinden. Die Worte, die die endgültige Schuldabtragung bezeichnen, sind denen verwandt, die sich auf die Strafe, die Sühne beziehen: So der Ursprung von *payer* (bezahlen), das vom lateinischen *pacare*, «durch die Austeilung von Geld befrieden, beruhigen» stammt; die Verwandtschaft des englischen *to sell* (verkaufen) und des gotischen *saljan*, das heißt, «das Blut eines menschlichen Opfers auf dem Altar der Götter zu vergießen»; die linguistische Nähe von *don* (Gabe) und *dommage* (Schaden), von *hôte* (Gast) und *hostilité* (Feindschaft): alles bezeichnende Beispiele, die man vervielfachen könnte.[1] Soll durch einen geheimnisvollen Taschenspielertrick der Geschichte der Tausch in den industriellen Gesellschaften seinem Wesen nach glückbringend und wohltuend geworden sein oder sind wir im Gegenteil die ersten Menschen, die nicht sehen, was für unsere Vorfahren so evident war, daß ihre Sprache und ihre Institutionen davon zutiefst geprägt waren? Diese Frage bildet eines der zentralen Themen dieses Essays.

Paradoxerweise kann die ökonomische Theorie des Marktes – oder vielmehr eine genaue Betrachtung ihrer Argumentationsweise – dazu dienen, in die Mauer unserer eingeschläferten Gewißheiten eine Bresche zu schlagen. Diese Theorie lehrt uns zunächst – auch wenn wir so tun, als ob wir es nicht wüßten oder schon vergessen hätten –, daß in einer Welt, in der die Ressourcen begrenzt sind durch den Erwerb von Gütern oder Dienstleistungen – sei es durch einen Konsumenten oder Unternehmer – *einem anderen ein Schaden zugefügt wird*. Wenn ich mir als Konsument einen Teil eines quantitativ beschränkten Gutes aneigne, nehme ich nur so viel wie andere auch oder rufe, angesichts des Konsums der anderen, über eine ganze Serie von Mechanismen – so komplex wie die Arbeitsteilung heute ist – eine zusätzliche Verausgabung von Arbeitskraft hervor. Wenn ich als Unternehmer eine zusätzliche Arbeitskraft beschäftige, raube ich entweder anderen produktiven Sektoren Energie oder ich zwinge, wenn die Arbeitskraft schon anderweitig festgelegt ist, Menschen dazu, Zeit, die sie der Muße hätten widmen können, der Arbeit zu widmen.

Wenn der liberale Ökonom so sehr an die Marktmechanismen glaubt, liegt das daran, daß sein Modell ihm zeigt: die Preise, die sich im Gleichgewicht bilden und die Äquivalenzrate zwischen allen Waren bestimmen, *entsprechen genau dem Wert der Schäden, die so bewirkt werden.* Genauer, der Preis, den ich bezahle, um ein Pfund Zucker zu erwerben, ist gleich der Frustration jedes anderen Konsumenten, die sich daran messen läßt, was sie zu bezahlen bereit gewesen wären, um es an meiner Stelle zu erwerben (was der Ökonom als «Grenzhang zum Kauf» bezeichnet); er ist auch gleich den Kosten des Gutes, die den Wert des Leidens bemessen, das zu seiner Produktion nötig war. Desgleichen ist der Lohn, den ich meinem Angestellten bezahle, gleich dem Wert der Produktion, die ich den anderen Sektoren entziehe; er ist auch gleich dem Geldäquivalent des ihm zugefügten «Leidens», also der Tauschwert, den ich ihm für seine Bereitschaft zu arbeiten geben muß.[2]

Man könnte über diese Vorstellungen lächeln, die implizit eine ebenso naive wie ethnozentrische Anthropologie enthalten: der «Grenzhang zum Kauf» zum Beispiel hat nur einen Sinn, wenn man die Existenz von Substitutionsraten zwischen den dem Individuum eigenen, also dem Markt vorgelagerten Gütern (die seine «Geschmacksrichtungen» und «Vorlieben» ausdrücken) unterstellt, die er durch die entsprechenden Tauschgewohnheiten nur «enthüllt». Man hat jedoch allen Grund anzunehmen, daß gerade die Marktwirtschaft durch Veränderungen der Wahrnehmungen und des Bewußtseins der ökonomisch Handelnden zu einer allgemeinen Vereinheitlichung aller Waren führt, so daß jeder jederzeit Äquivalenzraten zwischen zwei beliebigen Waren finden kann.[3] Aber das Wichtigste scheint uns folgendes zu sein: der Gedanke, *daß das, was man kauft, indem man den entsprechenden Preis zahlt, letztlich das Recht ist, einem anderen Verluste zuzufügen, das Recht, dem anderen zu schaden.* Da der Preis gleich dem Wert dieser Verluste ist, ist man, wenn man ihn bezahlt hat, quitt, reingewaschen.[4]

Man wird uns sagen: Ihr dramatisiert und moralisiert unnütz ein Kauf- und Verkaufsverhalten, so wie es alltäglich auf dem Markt ohne die geringste Gemütsbewegung und als das Banalste auf der Welt erlebt wird. Im übrigen habt ihr euch entschieden, den Tausch als den Tausch «Übel gegen Übel» darzustellen: aber warum ihn nicht präsentieren als einen Tausch «Gut gegen Gut», «Gabe gegen Gabe»: Ich «biete der Gemeinschaft meine Arbeitskraft an», die mir im Tausch dafür einen Lohn gibt? Diese «positive» Sicht des Tausches ist den modernen kollektiven Vorstellungen zugegebenermaßen näher als die «negative» Sicht, die sich nur schwer aus den Gleichungen des ökonomischen Modells ableiten läßt. Das tagtägliche Erleben kann also kein Maßstab dafür sein, was «den Preis zahlen» wirklich heißt. Und wenn wir uns schuldlos fühlen, so weniger, weil wir das Gefühl haben, den gerechten Preis zu zahlen, sondern weil wir die Verluste, die wir verursachen, gar nicht wahrnehmen.

Warum ist das so, woher kommt dieser Mangel an Wahrnehmungs- vermögen? Zwei Gründe können dafür angeführt werden. Der erste liegt darin, daß die Verluste, von denen wir sprechen, aus der Be- grenztheit der Mittel herrühren und daß diese Begrenztheit in einer vom Wachstumsmythos beherrschten Gesellschaft nur von geringer Bedeutung zu sein scheint (schien). Sicherlich hindert die Tatsache, daß die Ressourcen im Laufe der Zeit zunehmen, nichts daran, daß sie in jedem Augenblick eine feste Größe haben und daß das, was sich ein jeder aneignet, in jedem Fall vom Teil der anderen genommen wird: aber das wird kaum wahrgenommen werden.[5] Die Sensibilität für dieses Problem ist durch die Paradoxien und Konfusionen eines Systems getrübt, in dem ein guter Bürger ist, wer mehr konsumiert, um die wirtschaftliche Maschinerie in Gang zu halten, oder wer zur Beseitigung der Arbeitslosigkeit neue Arbeitsplätze schafft, wie nutzlos, ja schädlich ein solcher Konsum oder eine solche Produk- tion, die Verdummung, die solche Arbeitsplätze bedeuten, sein mag.

Der zweite Grund, zweifelsohne der wichtigere, rührt aus dem Preis- mechanismus und der Marktwirtschaft in einer Massengesellschaft, die ihre Mitglieder voneinander isoliert und den Verursacher und das Opfer des schädlichen Tuns nur selten *von Angesicht zu Angesicht* gegenüberstellt. Der Bourgeois, der sein schönes Auto kauft, sieht nicht den Schweiß und fühlt nicht die Müdigkeit derjenigen, die es angefertigt und zusammengesetzt haben. Aber, so kann der liberale Ökonom antworten, der Preis, den er zu zahlen «akzeptiert», deckt Löhne, die so beschaffen sind, daß die Arbeiter «diese Art Arbeit zu

machen akzeptieren»: niemand verliert also. Lassen wir diese Überlegung einen Moment gelten, wobei wir ihre Logik auf die Spitze
treiben. Nehmen wir an, daß der Preis des Wagens sich nicht auf die
von den Facharbeitern «akzeptierten» Löhne gründet, sondern auf
das, was man dem Autofahrer selbst zahlen müßte, damit er ihn
herzustellen akzeptiert, daß also der Preis gleich der «Bereitschaft»
des Autofahrers «zu zahlen» wäre, damit er sein Auto nicht selbst
herstellen muß. Wenn dieses Beispiel absurd erscheint, kann man
ein alltäglicheres nehmen, indem man sich vorstellt, daß die Abfuhr
des Haushaltsmülls auf der Basis des «Bereitschaft» der Individuen
«zu zahlen» berechnet sei, um diese Arbeit nicht selbst tun zu müssen.[6] Hier haben wir also ein wirksames Mittel, um die Kosten sichtbar zu machen: auch der, der sie anrichtet, soll unter ihnen leiden.
Das Preissystem würde wahrscheinlich gänzlich über den Haufen
geworfen!

Diese wenig ernsthaften – nichtsdestonotwendiger jedoch auf der
Argumentationslogik der ökonomischen Theorie beruhenden –
Überlegungen haben das Verdienst, die starke anästhesierende Kraft
des Preissystems offen sichtbar zu machen. Indem es sich zwischen
die ökonomischen Akteure schiebt, erlaubt es einigen, sich mit gutem
Gewissen die an destruktive Aufgaben verlorene Zeit anderer zu-
kommen zu lassen, da letztlich alle Welt «dabei verdient». In der
Sprache der Systemtheorie kann das Preissystem in der Form, wie es
die ökonomische Theorie sieht, als ein *interface* interpretiert werden,
das heißt ein Ensemble von Variablen, das jedes «Subsystem» (die
Individuen) als Quintessenz vom Zustand der anderen Subsysteme
kennen muß, um korrekt funktionieren zu können. *Interface:* ein
scheußliches Fremdwort (*franglais*), welches wir aber dennoch beibehalten wollen, da es das, was es sagen will, angemessen zum Ausdruck
bringt: eine Unterbrechung des «von Angesicht zu Angesicht» (*face à
face*). Wie jedes *interface*, das respektiert wird, hat das Preissystem
die Eigenschaft (wenigstens in einer atomisierten Ökonomie), daß es
jeder ökonomische Akteur als eine Gegebenheit, eine objektiv vorhandene Sache ansieht, die sich seinem Handeln entgegenstellt, während es selbstverständlich aus dem Ensemble der individuellen
Handlungen resultiert. Diese Eigenschaft verstärkt das mystifizierte
Bewußtsein, welches in den Warenwerten, das heißt den Äquivalenzraten, ein natürliches, objektives Charakteristikum sieht, während
sie doch lediglich die zu einem gegebenen Zeitpunkt auftretende
Erscheinungsweise der sozialen Beziehungen darstellen.

Die Anonymität der Massengesellschaft hat nicht immer den Preismechanismus nötig, um die Verluste, die die Handlungen der einen
für die anderen verursachen, zu verschleiern. Der Finanzminister,
der unter gewerkschaftlichem Druck eine Lohnerhöhung für einen
Teil der Bevölkerung beschließt, weiß nur zu gut, daß durch die
Umverteilungen infolge der dadurch hervorgerufenen Inflation andere bezahlen werden: aber diese sind namenlose statistische Personen, die sich niemals beklagen werden. Unser Nachbar, der uns mit
Stolz anvertraut, daß er mit seiner Steuererklärung den Fiskus übers
Ohr gehauen hat, denkt nicht im Traum daran, daß wir eines seiner
Opfer sind. Der Arzt, der noch ein zusätzliches Medikament auf das
Rezept schreibt mit der Bemerkung: «die Krankenversicherung
zahlt's», stellt sich zweifellos vor, daß, wenn es die Krankenversicherung zahlt, niemand zahlt. In allen diesen Beispielen ist das *interface*
um so wirksamer, als man niemals das Gesicht einer statistischen
Person hat sehen können. Und um auf das Preissystem zurückzukom-
men: man wird uns sagen, daß sich in einer modernen kapitalistischen
Wirtschaft der Staat und die Monopole namentlich einschalten, um es
zu manipulieren: gewiß, aber haben Sie schon einmal dem Staat oder
einem multinationalen Unternehmen die Hand gedrückt? Was sind
diese, wenn nicht auch *interfaces*?

Die Ware Umwelt

Man weiß, daß die neoklassischen Ökonomen in der Logik des bisher
Gesagten das, was man gewöhnlich die «Umweltkrise» nennt (die
Erschöpfung der beschränkten natürlichen Ressourcen – seien sie
erneuerungsfähig oder nicht –, die Verschmutzungen und Schäden
jeder Art), im wesentlichen als ein Dysfunktionieren der Marktwirtschaft ansehen: wohlgemerkt, nicht als einen Exzeß der Marktwirtschaft, sondern als einen Mangel an Marktwirtschaft. Im Prinzip liegt
dem die Vorstellung zugrunde, daß gewisse ökonomische Aktivitäten, die günstige oder ungünstige Auswirkungen auf andere haben,
aus einer Anzahl von Gründen dem Tausch und daher *der Kompensation* keinen Platz einräumen. Eine Fabrik schickt Schadstoffe in die
Atmosphäre. Eine ganze Bevölkerung ist durch diese Verschmutzung betroffen, allerdings jedes einzelne ihrer Mitglieder im Durchschnitt nur sehr gering, in einer von ihm nicht wahrnehmbaren Art
und Weise. Aber da die Bevölkerung zahlenmäßig groß ist, ist die

globale, statistische Wirkung weit davon entfernt, eine vernachlässigbare Größe zu bilden. Hier handelt es sich also um eine typische Situation, wo einer «Betroffenheit» nicht durch den Markt Rechnung getragen wird, wo ein Schaden zugefügt wird, ohne daß ein Preis bezahlt wird, da ein Preis immer auf einem Tausch basiert. Dies nennt man «Externalität»[7].

Wie reagiert der Ökonom auf diese «Schwäche» des Marktes? Die erste Aufgabe, die er sich setzt, besteht darin abzuschätzen, was der Markt gewöhnlich automatisch macht, nämlich den im Tausch unberücksichtigt gebliebenen Wert der «Betroffenheit», ihr Äquivalent im Vergleich zu anderen Waren festzustellen. Dieser Wert ist definiert als Geldäquivalent des erlebten Schadens oder Vorteils, das heißt als die Summe Geldes, die – sei sie zu zahlen oder zu kassieren – den erlittenen Schaden oder Vorteil kompensiert. Das wirft folgende Fragen auf: Wieviel muß man Herrn X mindestens geben, damit er die Störungen seines Schlafs durch den Straßenlärm akzeptiert? Oder: Welche Summe ist er höchstens bereit zu zahlen, um von diesem Lärm befreit zu werden? Ein Augenblick der Überlegung zeigt, daß diese beiden Werte (wenn man annimmt, daß sie einen Sinn haben!) sicherlich gleich sind, aber man könnte schockiert sein, daß diese zwei Gleichungen auf dieselbe Ebene gestellt werden können. Der Ökonom tut das natürlich nicht, denn er trennt zwei Probleme: die Suche nach dem, was er «Effektivität» nennt, die sich realisiert, wenn die Wirkungen jedes wirtschaftlichen Akts *kompensiert* werden, und das Verteilungsproblem: in dem zitierten Beispiel hängt alles davon ab, wer das *Recht* besitzt, über die Umwelt nach seinem Gutdünken zu verfügen: wenn es die Anwohner sind, müssen die Autofahrer ihnen das Recht zu schaden abkaufen; wenn es die Autofahrer sind, müssen die Anwohner sie bezahlen, um die Ruhe wiederherzustellen. Im übrigen hören die Alternativen hier noch nicht auf: man kann auch annehmen, daß dieses Recht der Gemeinschaft oder noch eher dem Staat gehört. In diesem Fall muß man ihm die Genehmigung zu schaden abkaufen (was sich in einer Besteuerung der Autofahrer ausdrücken wird). Sei es nun, daß ein unmittelbarer Austausch zwischen den interessierten Parteien durch eine Geldzirkulation in der einen oder anderen Richtung besteht oder daß eine staatliche Intervention durch Besteuerung oder Subventionierung besteht, das wesentliche ist, daß ein «Pseudomarkt» und eine *Kompensation* des zugefügten Schadens oder Vorteils besteht. Die Externalität wird also «internalisiert».

Aber es ist nur ein Schritt von dieser scheinbar liberalen Logik zur technokratischen Logik. Insofern nämlich der Ökonom angibt, sich nur um ein technisches Problem zu kümmern, dem der «sozialen Effektivität», ist es nicht so sehr der Pseudomarkt, der ihn interessiert, als vielmehr die durch diesen hervorgerufenen Auswirkungen auf die natürlichen Ressourcen, insbesondere das «optimale» Niveau der Verschmutzung oder Entschmutzung, das daraus resultieren soll.[8] Wenn dieses Niveau abgeschätzt werden kann, kann eine dafür verbindliche reglementierende Maßnahme ebenso wirksam sein wie eine «Internalisierung», deren Durchsetzung gelegentlich Probleme aufwirft. So können Ökonomen nach dem «Geldwert der Freude» fragen, die ein Besucher auf einem Spaziergang durch Venedig oder den Wald von Fontainebleau gewinnt, und gleichzeitig betonen, daß die Werte, die sie *in ihren Kalkulationen* empfehlen, diesen Vergnügen selbstverständlich nicht beizumessen seien, nämlich Objekte eines Tauschhandels zwischen einem, der sich diese Güter verschafft und ihren Nutznießern sein sollten.[9] Nein, es handelt sich nicht darum, am Eingang des Waldes von Fontainebleau einen Schalter zu installieren, noch im übrigen darum, von den Grundstücksspekulanten, die ihn eines Tages zerstören werden, zu verlangen, daß sie alle, die darunter zu leiden haben, entschädigen. Der «Pseudomarkt» bleibt hier beschränkt auf das Papier des Technokraten und das Gedächtnis des Computers. Der Gedankengang ist logisch kohärent, da er, noch einmal, auf der Vorstellung beruht, daß die Äquivalenzraten zwischen den «Gütern», nachdem diese einmal in Waren transformiert wurden, erst in den Köpfen der Leute existieren, bevor sie in der Realität des Marktes existieren. Die Tatsache, daß bestimmte Arten des Tausches gesellschaftlich verboten sind – wie es, wie schon erwähnt, bei einer Anzahl archaischer und traditioneller Gesellschaften der Fall ist –, die Mehrzahl der religiösen Lehren erklärt zum Beispiel, daß «es zwar legitim ist, eine Vergütung für seinen Schweiß und seine Arbeit zu verlangen, man aber nicht für ein Geschenk Gottes bezahlt zu werden fordern darf»[10], da man es sich nicht aneignen kann – diese Tatsache ist also verständlicherweise nicht geeignet, den Ökonomen davon abzuhalten, diesen Gütern Werte beizumessen.[11]

Die nicht vom Menschen produzierten Reichtümer, die für ihn *Gegebenheiten* sind, werden so durch die Logik des Werts vereinnahmt: Bodenschätze in situ, Wasser, Luft, Raum, Zeit, die Qualität der Umwelt (ihre Ruhe, ihre Schönheit etc.). Ein beachtlicher Fortschritt, wird unser Ökonom sagen, denn ihnen keinen Wert zuzusprechen, hieße ihnen tatsächlich einen Null-Wert zuzusprechen, was zu falschen Beurteilungen führen würde. Immerhin, im Vergleich zu gegenwärtigen Vorstellungen und Praktiken ist diese Position nicht zu verachten. Man muß im übrigen anerkennen, daß die, die man «Umweltökonomen» nennt, oft aufrichtige Leute sind, die mutig gegen die unerträglichen Zerstörungen kämpfen, welche die industrielle kapitalistische Entwicklung der uns umgebenden Welt zufügt. Hinzu kommt, daß die von ihnen benutzten intellektuellen Waffen sich als wirksam erweisen könnten, wenn sie sich an die Tatsachen halten würden: wenn zum Beispiel jeder Schaden, der einem anderen zugefügt wird, tatsächlich «kompensiert» würde (selbst wenn man diesem Begriff nur eine vage Definition gibt), könnte dies das Erscheinungsbild des Kapitalismus völlig verändern, wie die von uns gezeigten Beispiele ahnen lassen. Daß die Marktwirtschaft Ideologien hervorbringt, deren Logik zur letzten Konsequenz getrieben, sie zerstören könnte, ist zweifellos einer ihrer größten Widersprüche.

Aber man muß noch radikaler sein, um richtig zu sehen, daß diese Waffen die Eigenschaft haben, sich gegen die zu wenden, die sich ihrer bedienen. Die marxistische Ökonomie kann uns dabei – indirekt – helfen. Man weiß, daß nach Marx eine nützliche Sache («Gebrauchswert»), die man ohne Arbeit erhalten kann, keinen (Tausch-)Wert hat. Der Wert eines Spaziergangs im Wald, der Wert eines Platzes, der Wert der Erde, der Wert eines Minerals in situ: alles Begriffe, die für einen Marxisten keinen Sinn haben. Einer solchen Sache einen Wert zu geben, bedeutet für den bürgerlichen Ökonomen hingegen, daß man sie den Risiken entzieht, denen in der kapitalistischen Gesellschaft alles unterliegt, was keinen Tauschwert hat und was daher jedermann sich bedenkenlos aneignen, deformieren, zerstören kann. Und trotzdem: *die Weigerung, einer Sache einen Wert zuzuweisen, heißt nicht, ihr einen Null-Wert zuzumessen.* Die Umgangssprache zeigt es uns deutlich: wenn wir von einem Gegenstand, an dem wir auf Grund unserer persönlichen Geschichte oder auf Grund von Beziehungen zu geliebten Personen etc. hängen, sagen, er habe «keinen Preis», soll das nicht heißen, er habe keinen Wert; im Gegenteil, eher schon, daß wir ihn für nichts auf der Welt hergeben würden. Sein «Wert» (im philosophischen Sinn des Wortes) ist jedem Tauschwert gegenüber völlig *inkomensurabel.* Aber das hindert nicht, daß wir einen solchen Gegenstand nicht *verschenken* könnten. In dieser Interpretation der Abwesenheit von Tauschwert stimmen wir mit der Philosophie von Marx überein, selbst wenn sie in Gegensatz zu bestimmten seiner Texte steht.[12] Für ihn ist in der Tat die Zumessung eines (Tausch-)Wertes für eine Sache – weit davon entfernt von Zeichen der Anerkennung des dieser Sache innewohnenden Wertes oder ihrer objektiven Nützlichkeit zu sein –, sondern die Zumessung des Tauschwertes ist im Gegenteil der Beginn der Entwertung einer Sache, ihres Eintritts in die abstrakte Logik des Äquivalententausches, ihrer Vereinnahmung durch die Warenwelt, wo die Dinge nur in ihrer Beziehung zu anderen existieren (was für ihn die «Erbsünde» des Kapitalismus darstellt).

Wir wissen nur zu gut, daß in dem neoklassischen allgemeinen Gleichgewichtsmodell auch die Gleichgewichtspreise nur die Äquivalenzpreise sind, die entsprechend den Geschmacksveränderungen der Arbeiter-Konsumenten und den Produktionstechniken schwanken. Aber die neoklassischen Autoren schreiben zu einer Zeit, wo der Bruch zwischen den Menschen und ihrer Umwelt so radikal und ihre Entfremdung in ihrer Beziehung zur Welt so weit fortgeschritten ist, daß sie sie selbst gar nicht mehr wahrnehmen. Noch zu Marx' Zeiten war der Philosophie der Verlust eines absoluten und transzendentalen Orientierungspunktes, wie er bis zur industriellen Revolution immer dem Menschen in seinem produktiven Handeln als Norm gedient hatte, ein Trauma. Von daher rührt zweifellos das doppeldeutige Konzept des Gebrauchswertes bei Marx, der so versucht, etwas aus dem Prozeß der allgemeinen «Entwertung aller Werte» zu retten.[13]

Hier geht es also um die Gefahr der Ausdehnung des Bereichs des ökonomischen Wertes auf alles, was uns etwas bedeutet. Die Wortspiele sind diesbezüglich heikel: die Dinge «bewerten» (ihnen einen ökonomischen Wert zumessen), heißt notwendig, sie zu entwerten, sie für die allgemeine Austauschbarkeit mit allen Waren zurechtzustutzen. Gegen die falschen Selbstverständlichkeiten der Warenlogik muß man die Besonderheit wenigstens gewisser Güter festhalten, ihren einmaligen und unersetzlichen Charakter, die Unvergleichlichkeit ihrer jeweiligen Werte; und dadurch auch die Existenz von möglichen Schäden, die kein Warenwert kompensieren könnte und *die durch keine Bezahlung wiedergutgemacht werden können.*

Reparable Schäden

Man wird uns entgegenhalten, wir übertrieben. Es gibt immer einen
möglichen Kompromiß. Es gibt immer Fälle, wo eine romanische
Kapelle es nicht verdient, vor der Zerstörung durch die Errichtung
einer Talsperre gerettet zu werden, wenn die Vorteile dieser Talsperre für die Bewohner des Tals beträchtlich sind. Selbst Venedig ist es
nicht wert, um jeden Preis gerettet zu werden. Es gibt immer einen
möglichen Schiedsspruch, Substitutions- und Kompensationsraten,
also implizite Werte, die man explizit machen muß.
In diesem Ansatz steht, wie man sieht, insbesondere das Problem der
Zerstörung und Erhaltung der durch die Natur und unsere Vorfahren
tradierten Reichtümer auf dem Spiel, die ihrem Wesen nach nicht
reproduzierbar sind. Aber dies steht hier nicht im Zentrum der
Überlegungen. Denn wir möchten zeigen, daß dies nur ein Symptom
eines viel grundlegenderen Übels ist, was schon bei den Versuchen,
es zu heilen, deutlich wird. Hugues de Varine zeigt in einer jüngst
erschienenen Arbeit, inwieweit «der Umweltmythos, des Werts an
und für sich von jedem Baum und jeder zerfallenen romanischen
Kapelle», das Los einer Gesellschaft ist, die nicht mehr weiß, was eine
Kultur ist, und deren Meisterdenker, die sich des Verlustes einer
grundlegenden Sache bewußt sind, sich nur noch verzweifelt an jedes
Element des «Erbes» klammern können.[14] Das Beispiel von Venedig
zeigt, daß eine historische Stadt auf ein Museum reduzieren zu wollen, «die Stadt der Dogen so zu konservieren, wie man Pompeji
konserviert», unvermeidlich dazu führt, sie *unbewohnbar* für ihre
Einwohner zu machen, nur um den *Schönheitssinn* einiger Philister
besser zu befriedigen.
Der absolute, unkompensierbare und durch keine Bezahlung wieder-
gutzumachende Schaden ist nicht die Zerstörung dieses oder jenes
Elements des Erbes, sondern die Zerstörung der Beziehungen der
Menschen untereinander und zu ihrer Umwelt, eine Zerstörung, die
den Menschen auf sich selbst zurückwirft, der Welt entfremdet, sich
nur noch für das eigene Leben interessierend. Das wesentliche Problem ist weniger die Erhaltung Venedigs als die Existenzmöglichkeit
von persönlichen Venedigs für jeden von uns. Der Glaube, daß diese
Beziehungen durch Güter oder Dienstleistungen – also Produkte
industriellen Outputs – ersetzt werden könnten, ist eine der zerstöre-
rischsten Mystifikationen, die es gibt. Das Umgekehrte ist wahr: die
Welt der Gegenstände und Werte vermittelt die Beziehungen und

trägt dadurch zu deren Entfaltung bei. Aber kein «Gut», keine «Dienstleistung» im ökonomischen Sinn dieser Begriffe – das heißt kein Warenwert – kann die Entwertung der *Umwelt*[15] und die Trivialisierung der Beziehungen zwischen den Menschen kompensieren. Vielmehr – der entsprechende Mechanismus wird zu zeigen sein – ist es die Verarmung der Beziehungen, die den Menschen an die Welt und an andere bindet (der Verfall der Umwelt und der sozialen Beziehungen), ein mächtiger Erzeuger der Nachfrage nach Ersatzwaren, die, ohne die hervorgerufenen Schäden zu beseitigen, es doch erlauben, in einer mehr und mehr entfremdeten Welt zu *überleben*. Wir qualifizieren den Mechanismus, durch den die industriellen Outputs (Güter oder Dienstleistungen) zur Verschärfung der Bedingungen beitragen, die sie überhaupt erst notwendig machen und die Gesellschaft immer mehr von einem möglichen Gleichgewicht entfernen, als einen *divergenten Teufelskreis*.

Vor diese wechselseitige Hervorbringung der Nachfrage und des massiven Ausstoßes von Ersatzprodukten gestellt, durch den die Umwelt mehr und mehr zerstört wird, wird der Ökonom – falls er seine Brille als Ökonom trägt – kalt antworten, daß er nur den Übergang von einer Situation A zu einer Situation B wahrnehme, was obendrein doch nur eine kollektive Präferenz zugunsten dieses Übergangs zeige. Wir schreiben diese Zeilen auf einer blühenden Terrasse, im Angesicht einer der schönsten Landschaften, die es gibt. In der Ferne, am Horizont, die zwei großen heutigen Vulkane Mexikos, der Popocatepetl und der Ixtaccihuatl. Es ist sehr selten, daß man sie wie heute sehen kann, da die Luftverschmutzung der Stadt Mexiko sich bis hierhin erstreckt und die Atmosphäre verdunkelt. Welche Bedeutung hat es für die Indios dieser Gegend, diese Silhouetten, die Generationen ihrer Vorfahren vertraut waren, nicht mehr in Blickweite zu haben, und was kann man da machen? Stellen wir die Frage einem Ökonomen, der als Experte einer internationalen Organisation an diesen Ort geschickt wurde. In der Theorie ist die Antwort einfach: Man muß auf den zwei Waagschalen des ökonomischen Kalküls die eventuellen Kosten einer Entschmutzung auf der einen und die Summe der «Zahlungsbereitschaft» unserer Indios, die ihre Vulkane wiedersehen wollen, auf der anderen ausloten. Respektvoll machen wir den Experten darauf aufmerksam, daß diese «Zahlungsbereitschaft» schwerlich mehr als Null betragen wird, angesichts der Tatsache, daß diese Indios nichts haben. Ein Verteilungs- und Gerechtigkeitsproblem, antwortet er, was sorgfältig zu unterscheiden ist

von der Suche nach der «Effektivität»: Man könnte sich eine gleich-
gewichtigere Verteilung vorstellen und die Zahlungsneigungen auf
dieser Grundlage abschätzen. Gut, fahren wir fort, aber sehr wahrscheinlich würden unsere Indios dann in die nationale Warenwirt-
schaft integriert sein und andere «Prioritäten» als die Suche nach
Umweltqualität setzen. Und wenn, schließt der Experte, soll man
denn die Geschmäcker der Leute nicht respektieren?

Diese Pseudo-Demokratie, diesen falschen Liberalismus muß man
bekämpfen (denn man trifft auf diese Ideologie sehr weit über den
kleinen Kreis der Berufsökonomen hinaus). Dieser falsche Respekt
für angebliche Präferenzen und Geschmacksrichtungen der Individu-
en – bei denen man vorgibt, sie unabhängig von dem Raster, in dem
sie sich äußern, anzusehen vorgibt – ist ein gutes Alibi, um an der
wirklichen Kastrierung der grundlegenden Fähigkeiten und Anlagen
vorbei zu sehen, die gerade diese Präferenzen begründet. Man weiß,
daß die Kastraten keinen *Geschmack* mehr an der «Sache» haben.

Kurz, die Hypothese, die hier vorgetragen wird, lautet, daß die Art
der Entwicklung der industriellen Gesellschaften solche Schäden
hervorruft, die durch Tauschwerte nicht kompensiert werden können. Diese Schäden betreffen tatsächliche Fähigkeiten des Menschen, die durch eine Warenaktivität weder produziert noch reprodu-
ziert werden können und die kein Produkt einer solchen Aktivität
ersetzen kann. Diese Fähigkeiten beziehen sich auf die Art der Beziehung, die die Menschen mit ihrer Umwelt unterhalten, das heißt mit
der Welt, in der sie leben, und von daher auch auf die Beziehungen,
die sie untereinander unterhalten. Denn die Menschen können nur in
dem Maße kommunizieren, in dem sie eine gemeinsame Welt besitzen, die sie vereint, aber auch trennt, wie der Tisch, der die Tischge-
nossen in dem Maße zusammenführt und vereint, wie er sich zwischen ihnen befindet. Diese Methapher ist kaum eine. Jane Jacobs
zum Beispiel hat in ‹*Death and Life of Great American Cities*› gut
gezeigt, daß das, was die amerikanische Stadt so unerträglich macht,
die Alternativlosigkeit gegenüber einer Situation ist, in der man sich
nur völlig isolieren oder in einer unerträglichen Massenbeziehung
leben kann. Das gemeinsame Weltproblem und das Problem der
Beziehungen, die zwischen den Menschen bestehen, sind also eng
verbunden. Es ist kein Zufall, daß die kapitalistische Gesellschaft, die
die zwischenmenschlichen Beziehungen ignoriert und unterdrückt,
auch nicht weiß, was eine Welt wäre, die die Menschen bei ihrer
Geburt vorfinden, durch ihre schöpferische und schaffende Aktivität

vervollkommneten und ihren Kindern überließ, wenn sie sterben. Wo sind die Kathedralen der industriellen Gesellschaft?

Da zu jeder Zeit und an jedem Ort, mit Ausnahme der Gesellschaftsform, in der wir leben, der Mensch zur Welt und seinesgleichen im wesentlichen durch *symbolische* Akte in Beziehung getreten ist, sprechen wir von «Schäden, die der symbolischen Umwelt zugefügt wurden». Die von uns aufgestellte Hypothese ist die, daß dem enormen Nachfragebedürfnis nach Produktion und Konsum von Tauschwerten die Entfremdung in einer solchermaßen beschädigten Welt zugrunde liegt, aber daß das begangene Übel dadurch nicht behoben werden kann, sondern im Gegenteil noch verstärkt wird.

Wir sehen uns veranlaßt, ökonomische Konzepte und solche Begriffe, von denen die Ökonomen niemals sprechen, welches auch immer ihre politische Tendenz oder Spezialität sei, zusammen zu sehen: die Fähigkeit der Menschen, symbolische Verbindungen mit ihrer Welt herzustellen, aber auch ganz einfach ihre Fähigkeit zu gehen, dem Leiden standzuhalten etc. Diese Begriffe sind keine «ökonomischen», da sie nicht aus der produktiven Aktivität des Menschen herrühren. *Aber sie können durch diese zerstört werden.* Das erklärt zugleich, warum die Ökonomen nicht von ihnen sprechen und warum es nicht möglich ist, die Fragen *zu trennen.* Das veranlaßt uns, den Status quo der «reinen» Ökonomie in Frage zu stellen. Hier sei nur gesagt, daß das, was allein «reine Umweltökonomie» begründen könnte, die *Abtrennbarkeit* der Probleme, die sich mit der materiellen Umwelt verbinden, auf Grund der realen Interdependenz der wechselseitigen Beeinflussung zwischen der materiellen und der symbolischen Umwelt im Widerspruch zur Wirklichkeit steht. Auf der einen Seite «liest» jeder Mensch seine materielle Umwelt mit einer kulturellen «Brille»[16], er verfügt über einen sechsten Sinn: seine Kultur, verstanden als ein organisiertes System von Symbolen. Auf der anderen Seite bestimmen die «Werkzeuge», das heißt die technischen und organisatorischen Systeme, die der Mensch schafft und benutzt, um seine Beziehungen zu seinesgleichen und mit seiner materiellen Umwelt zu vermitteln, zum Teil seine symbolische Umwelt. Das Problem besteht also nicht darin herauszufinden, ob dem Ökonomen oder irgendeinem anderen Spezialisten der Gesellschaftswissenschaften die Aufgabe zukommt, diese Fragen zu studieren, das Problem liegt darin, daß man diese Fragen so studiert, wie sie es verlangen, das heißt in ihrer Totalität.

(Übersetzung aus dem Französischen von Dietrich Hoss)

Anmerkungen

1 S. E. Benveniste, Le vocabulaire des institutions indo-européennes, Editions de Minuit, 1969.

2 Die vier Gleichungen, die wir gerade in hypothetischer Form präsentiert haben, sind die «klassischen» Gleichungen:

Preise   = Grenzhang zum Verbrauch in Werten (oder Grenzhang zum Kauf)

      = Grenzkosten.

Löhne   = Grenzproduktivität der Arbeit in Werten

      = Grenzleiden der Arbeit in Werten.

3 Georg Lukács: Geschichte und Klassenbewußtsein, Neuwied und Berlin 1971.

4 Wir wollen dabei schnell klarstellen, daß diese «ethische Lesart der Wirtschaftstheorie des «*Welfare*» nicht die ist, die ihre Autoren intendieren. Was sie beschäftigt, ist eher ein *technisches* Problem: die Realisierung eines «effektiven» Zustands – wobei dieser Begriff eine Verwendung der Ressourcen bezeichnet, bei der es keine «Verschwendung» gibt dank der Produktionstechniken und der «Präferenzen» der sozialen Akteure. Allerdings bedarf im Rahmen dieser Theorie die «Effektivität» nicht notwendigerweise des Tausches oder des Marktes: eine zentralisierte Mengenplanung kann im Prinzip zum gleichen Resultat führen. Aber bei bestehender Marktwirtschaft müssen die Bedingungen der Anmerkung 2 erfüllt sein. Die genauere Betrachtung dieser Bedingungen zeigt, daß uns der Ökonom selbst unbewußt Wahrheiten über den Tausch enthüllt, die seinem ursprünglichen Sinn sehr nahekommen: als «Preis des Schadens».

5 Anders gesprochen: Ein *realer* Aneignungsprozeß bei einem Wachstum der Mittel hindert nicht daran, sich in jedem Augenblick *mögliche* andere Aneignungsprozesse bei gegebenen Mitteln vorzustellen, das heißt mögliche andere Verwendungen dieser Mittel. Diese Unterscheidung zwischen realen und möglichen Aneignungsprozessen kann man im allgemeinen nur schwer begreiflich machen. Besonders die französischen Ärzte scheinen völlig unzugänglich gegenüber solchen Feinheiten zu sein. Ihnen scheint jede Reflexion über die Verteilung der Kosten im Gesundheitswesen unangebracht, «da doch» die Mittel wachsen oder jedenfalls wachsen «müßten».

6 Es ist wahr, daß der liberale Ökonom entsprechend seiner Logik antworten könnte, daß die «Geschmäcker» der einen, was die Arbeit betrifft, nicht die «Geschmäcker» der anderen sind und daß man auf der Grundlage von denen kalkulieren muß, die am wenigsten bezahlt zu bekommen akzeptieren, weil sie besonderen Wert auf diese Tätigkeit legen. Aber das wäre wirklich wenig glaubhaft.

7 Sie kann «negativ» sein – wie in dem gegebenen Beispiel – oder positiv:

das würde der Fall einer für einen anderen günstigen, aber nicht vergüteten Wirkung sein, zum Beispiel die nicht vorhergesehenen «Abfälle» eines Forschungsprogramms.

8 So würden in dem zitierten Beispiel die Autofahrer die Kosten einer eventuellen Entschmutzung (Verkehrseinschränkung, leiserer Auspuff) mit der Steuer oder den Ausgaben vergleichen, die sie zu leisten hätten, wenn sie weiterhin Schaden verursachen.

9 R. Ballion, Cl. Henry, P. Le Roux et V. Renard, Procédures d'evaluation et de décision en matière d'equipements collectifs contribuant à la qualité de l'environnement, *Analyse et prévision*, Bd. 8 (1972).

10 Bertrand de Jouvenel, Arcadie; essais sur le mieux-vivre, 1968.

11 Im dritten Teil werden wir weiter auf dieses Thema eingehen. Man kann auch das Verbot des Zinses im Mittelalter zitieren, der durch die Kirche als der Verkauf des Gutes angesehen wurde, welches Gott par excellence gehört: der Zeit.

12 Diese Einschränkung scheint sich uns aufzudrängen, da der Status des Arbeitswertgesetzes, das Marx von seinen klassischen Vorläufern (Smith und Ricardo) übernommen hat, bei ihm eher einen paradoxen Charakter annimmt. In der Tat kommt es nicht zur Anwendung.

1. weder tatsächlich in der kapitalistischen Gesellschaft, weil es sich dort praktisch nur «durch seine eigene Negation» realisiert, da die Waren sich auf dem Markt zu Preisen austauschen, die von ihrem Wert unterschieden sind. Das ist zum Beispiel der Fall des Bodens, der einen Tauschpreis hat, die Grundrente, aber keinen Tauschwert besitzt (man weiß, daß Marx die Bildung der absoluten Grundrente durch den fehlenden Ausgleich der Profitraten zwischen der Landwirtschaft und der Industrie erklärt, welcher aus dem Grundeigentum herrührt, zusammen mit der Tatsache, daß die organische Zusammensetzung des Kapitals in der Landwirtschaft niedriger ist, also die Profitrate höher als in der Industrie. Vgl. Alain Lipietz, Le tribut foncier urbain, 1974);

2. noch in der sozialistischen Gesellschaft, da dort die Warenproduktion verschwunden sein wird und daher auch die Bestimmung *a posteriori* der Tauschbeziehungen durch die Gesetze des Marktes, zugunsten einer Bestimmung *a priori* durch die «assoziierten Produzenten» (vgl. Ernest Mandel, Entstehung und Entwicklung der ökonomischen Lehre von Karl Marx, Frankfurt a. M. 1968). Über diesen Punkt gehen die Meinungen der Marxisten selbst auseinander. Maurice Godelier zum Beispiel nimmt an, daß «die Werttheorie . . . die Ausarbeitung eines Modells der sozialistischen Entwicklung erlaubt» (in: Rationalität und Irrationalität in der Ökonomie, Frankfurt a. M. 1972). Diese Zweideutigkeit rührt ohne Frage im Grund von folgendem Schlittern her: oft hat bei Marx — wie es Maarek in seiner Einleitung zum ‹Kapital› von Karl Marx, 1975 unterstreicht — der Ausdruck «Wert einer Ware», ein Verhältnis, also ohne die Dimension der Zahl, eine *absolute* Größe zu bezeichnen, die

man in Arbeitsstunden messen kann. Man hat es nicht mehr mit einer Äquivalenzrate zu tun, sondern mit einem den Dingen innewohnenden Wesenszug. Auch fährt Marx ganz natürlich fort, wenn er darstellt, was die «Ökonomie der Arbeitszeit» in der sozialistischen Gesellschaft und die Berechnungen einer «bewußten Assoziation der Produzenten ausgestattet mit einem Plan» sein werden (genauso wie es seiner Meinung nach die blinden Marktmechanismen machen würden, wenn es kein Grundeigentum gegeben hätte), dem Weizen einen Wert in effektiver Arbeitszeit zuzusprechen, während der Wert der Erde *gleich Null gerechnet* wird (Das Kapital, Bd. III). Mit großer Sicherheit rührt diese «weiche Stelle» aus dem «Idealismus von Marx her, worauf Baudrillard in seinem Plädoyer «Pour une critique de l'économie du signe», 1972 aufmerksam macht, aus seinem Heimweh nach einem den Dingen innewohnenden Preis. Das erklärt den zweideutigen Status, den der Begriff des «Gebrauchswertes» in seinem Werk hat.

13 Nach einem Wort von Nietzsche. Siehe Jean Baudrillard, a. a. O., Kapitel: «Jenseits des Gebrauchswertes».

14 Hugues de Varine, *La culture des autres*, 1976.

15 Die Umgangssprache hilft uns kaum, unseren Gegenstand zu klären. Was heißt in dieser Sprache der Begriff «Umwelt»? Das, was «um» einem Gegenstand herumliegt und gleichzeitig von ihm getrennt ist, die Gesamtheit der äußerlichen Variablen – und der Zeichen, die sie repräsentieren –, die das Individuum kennen muß, um zu funktionieren: die Umwelt ist höchstens ein *interface*. Demgegenüber besteht eine der Überzeugungen, die diesem Buch zugrunde liegen, darin, daß das Gewebe der Interaktionen, welches uns in der Welt und bei den andern verwurzelt, nicht auf das zu reduzieren ist, was wir im folgenden die Logik des Zeichens nennen werden. In dem ersten Teil dieses Buches benutzen wir das Wort «Umwelt», um dieses vieldeutige Raster von Beziehungen zu bezeichnen, welches unsere Präsenz in der Welt charakterisiert.

16 Vgl. alle Arbeiten von Erebe zu diesem Punkt und besonders auch Ph. d'Iribarne, Les mecanismes du bien-être, *Economic appliquée*, Bd. I, 1974, Nr. 4. Gewisse Ökonomen beginnen ihrerseits, sich dieses offensichtlichen Tatbestands bewußt zu werden. Vgl. das Plädoyer von Kenneth E. Boulding, Toward the development of cultural economics, in: *Social Science Quarterly*, 1972, Nr. 2, in dem er die Ökonomen dazu einlädt, an eine «kulturelle» Ökonomie à la Adam Smith wiederanzuknüpfen, eine Tradition, die durch die quasi ausschließliche Orientierung der Grenznutzenökonomie auf die rein «logischen» Aspekte der Erscheinungen abgebrochen worden sei.

Karl Polanyi
Kritik des ökonomistischen Menschenbildes

Das erste Jahrhundert des Maschinenzeitalters nähert sich seinem
Ende in einer Atmosphäre der Angst und des Schreckens. Seinen
ungewöhnlichen materiellen Erfolg verdankt es der bereitwilligen, ja
enthusiastischen Unterwerfung des Menschen unter die Logik der
Maschine.
In der Tat war der liberale Kapitalismus ursprünglich die Antwort des
Menschen auf die Herausforderung der industriellen Revolution.
Um der ungehinderten Anwendung einer hochentwickelten, macht-
vollen Maschinerie Spielraum zu verschaffen, transformierten wir
eine am Menschen ausgerichtete Wirtschaft in ein sich selbst regulierendes Marktsystem und ließen all unsere Gedanken und Wertvorstellungen in den Schmelztiegel dieser einzigartigen Erfindung einfließen.
Heute kommen uns die ersten Zweifel an der Richtigkeit einiger
dieser Gedanken und der Gültigkeit einiger dieser Werte. Den liberalen Kapitalismus gibt es – abgesehen von den Vereinigten Staaten –
praktisch nicht mehr. Und wiederum stehen wir vor dem Problem,
wie wir ein menschliches Leben in einer Maschinengesellschaft organisieren können. Hinter der verblassenden Struktur des Konkurrenz-
Kapitalismus werden die bösen Vorzeichen einer industriellen Kultur
sichtbar mit ihrer lähmenden Arbeitsteilung, der Herrschaft des Mechanischen über das Organische und der Organisation über die Spontaneität. Selbst in der Wissenschaft geht der Irrsinn um.
Eine einfache Rückkehr zu den Idealen eines vergangenen Jahrhunderts – das wäre kein Ausweg. Wir müssen der Zukunft ins Auge
sehen, auch wenn das heißt, die gesellschaftliche Bedeutung der
Industrie so zu verändern, daß der Fremdkörper «Maschine» integriert werden kann. Die Suche nach einer industriellen Demokratie
ist nicht – wie viele Leute glauben – einfach die Suche nach einer
Lösung der Probleme des Kapitalismus, sondern die Suche nach einer
Antwort auf die Industrie selbst. Hier liegt das eigentliche Problem
unserer Kultur.
Solch eine erneute Befreiung setzt eine innere Freiheit (und Unab-

hängigkeit) voraus, für die wir – verdummt durch das Vermächtnis einer Marktwirtschaft, die uns allzu simple Ansichten über die gesellschaftliche Funktion des ökonomischen Systems hinterlassen hat – schlecht gerüstet sind. Wenn wir die Krise überwinden wollen, müssen wir ein realistischeres Bild von der Welt des Menschen zurückgewinnen und unsere gemeinsamen Ziele an dieser Einsicht ausrichten. Der Industrialismus ist ein der jahrtausendealten Existenzweise des Menschen in ganz prekärer Weise aufgepfropftes Geschöpf. Was bei diesem Experiment herauskommen wird, ist noch ungewiß. Aber der Mensch ist ein kompliziertes Wesen und kann auf mehr als eine Weise sterben. Die in unserer Generation so leidenschaftlich diskutierte Frage der individuellen Freiheit problematisiert in Wirklichkeit nur einen Aspekt einer viel grundlegenderen Notwendigkeit – der Notwendigkeit, auf die totale Herausforderung der Maschine eine neue Antwort zu finden.

Die grundlegende Irrlehre

Unsere Situation kann in folgender Weise beschrieben werden:
Noch kann die industrielle Zivilisation den Menschen vernichten; aber da das wagnisreiche Unternehmen, eine zunehmend künstlicher werdende Umwelt zu schaffen, nicht willkürlich gestoppt werden kann und auch nicht gestoppt werden wird, muß – wenn der Mensch überleben soll – die Aufgabe gelöst werden, das Leben *in eben einer solchen Umgebung* auf die Ansprüche der menschlichen Existenzweise abzustellen. Niemand kann vorhersehen, ob eine solche Anpassung möglich ist oder ob der Mensch bei diesem Versuch zugrunde geht. Deswegen der pessimistische Unterton ernster Besorgnis.
Die erste Phase des Maschinenzeitalters ist mittlerweile abgelaufen. Sie hat eine Organisation der Gesellschaft mit sich gebracht, die nach ihrer zentralen Institution, dem Markt, benannt worden ist. Auch wenn dieses System im Niedergang begriffen ist, so ist unsere praktische Philosophie dennoch entscheidend von dieser spektakulären historischen Episode geprägt worden. Neue Vorstellungen über den Menschen und die Gesellschaft breiteten sich aus, die in den Rang von Axiomen erhoben wurden. Und zwar folgende:
Was den *Menschen* anbetrifft, wollte man uns irrigerweise glauben machen, daß seine Motive als «materielle» und «ideelle» klassifiziert werden können und daß die Antriebe des alltäglichen Handelns auf

«materiellen» Motiven beruhen. Sowohl der utilitaristische Liberalismus wie der Vulgärmarxismus favorisieren solche Anschauungen. Was die *Gesellschaft* anbetrifft, so wurde die verwandte Doktrin aufgestellt, daß ihre Institutionen von dem ökonomischen System «determiniert» werden. Diese Ansicht war bei den Marxisten noch populärer als bei den Liberalen.

Auf eine Marktgesellschaft treffen natürlich beide Behauptungen zu. *Aber eben nur auf eine solche Wirtschaft.* In bezug auf die Vergangenheit ist eine solche Ansicht nichts anderes als ein Anachronismus, in bezug auf die Zukunft nichts als ein bloßes Vorurteil. Aber unter dem Einfluß der gängigen Denkrichtungen und verstärkt durch die Autorität von Wissenschaft und Religion, Politik und Wirtschaft, wurden diese Phänomene, die doch nichts als zeitgebundene Erscheinungen waren, als zeitlose betrachtet, die über das Zeitalter des Marktes hinaus gültig sind.

Nichts weniger als eine Veränderung unseres Bewußtseins könnte nötig sein, um solche Doktrinen zu überwinden, die unseren Verstand und unsere Seele einschnüren und die Schwierigkeit einer lebenserhaltenden Anpassung nur noch größer machen.

Das Markttrauma

Die Geburt des Laissez-faire versetzte dem Selbstbild des Menschen einen Schock, von dessen Auswirkungen er sich nie wieder ganz erholt hat. Erst ganz allmählich erkennen wir, was uns vor nicht mehr als einem Jahrhundert eigentlich widerfahren ist.

Die liberale Wirtschaft, diese erste Reaktion des Menschen auf die Maschine, bedeutete einen gewaltsamen Bruch mit den Bedingungen, die ihr vorausgegangen waren. Eine Kettenreaktion folgte – was vorher nur isolierte Einzelmärkte waren, verwandelte sich in ein sich selbst regulierendes *System* von Märkten. Und mit der neuen Ökonomie wurde eine neue Gesellschaft geboren.

Der entscheidende Schritt bestand darin, Arbeit und Boden in Waren zu verwandeln, das heißt, sie zu behandeln, *als ob* sie zum Verkauf produziert worden seien. Natürlich waren sie in Wirklichkeit gar keine Waren, da sie entweder gar nicht produziert worden waren (Boden) oder wenn, dann nicht für den Verkauf (Arbeit).

Dennoch, eine effektivere Fiktion ist noch nie ersonnen worden. Indem Arbeit und Boden ungehindert gekauft und verkauft wurden,

wurden sie den Mechanismen des Marktes unterworfen. Nun gab es ein Angebot an Arbeit und eine Nachfrage nach Arbeit, ein Angebot an Boden und eine Nachfrage nach Boden. Entsprechend gab es einen Marktpreis für die Nutzung der Arbeitskraft, Lohn genannt, und einen Marktpreis für die Nutzung des Bodens, Grundrente genannt. Für Arbeit und Boden wurden eigene Märkte eingerichtet, ähnlich den der entsprechenden Waren, die erst mit ihrer Hilfe produziert wurden. Die wirkliche Bedeutung einer solchen Entwicklung kann erst dann ermessen werden, wenn wir uns vor Augen halten, daß «Arbeit» nur eine andere Bezeichnung für «Mensch» ist und «Boden» für «Natur». Die Warenphantasmagorie lieferte das Schicksal des Menschen und das der Natur dem willkürlichen Spiel eines Automaten aus, der einer eigenen Logik folgt und von eigenen Gesetzen regiert wird.

Etwas Vergleichbares hatte es vorher noch nie gegeben. Selbst im Merkantilismus, der doch auf die Schaffung von Märkten drängte, galt noch der umgekehrte Grundsatz. Arbeit und Boden wurden nicht dem Markt ausgeliefert; sie waren Teil der organischen Struktur der Gesellschaft. Wo immer Boden zu verkaufen war, wurde in der Regel nur die Festsetzung des Preises den beteiligten Parteien überlassen; wo immer Arbeitskraft vertraglich in Anspruch genommen wurde, wurden die Löhne von der öffentlichen Autorität festgesetzt. Boden stand unter der Aufsicht des Gutsherrn, des Klosters, der Stadtgemeinde und unter den Restriktionen der Gesetze, die für den Grundbesitz galten. Arbeit wurde kontrolliert durch Gesetze gegen Bettelei und Landstreicherei, Statuten für Arbeiter und Handwerker, Armengesetze, Gilden und städtische Verordnungen. In der Tat begrenzten alle Gesellschaften, die den Anthropologen und Historikern bekannt sind, Märkte auf die Waren, die im eigentlichen Sinne des Wortes Waren sind.

Die Marktwirtschaft schuf also einen neuen Gesellschaftstypus. Das ökonomische System bzw. das Produktionssystem wurde einer nach eigenen Gesetzen funktionierenden Einrichtung überantwortet. Ein institutioneller Mechanismus kontrollierte die Menschen in ihren alltäglichen Handlungen ebenso wie die Ressourcen der Natur.

Dieses Instrument materieller Wohlfahrt wurde allein angetrieben einerseits durch Hunger und andererseits die Lockungen des Gewinns oder, präziser gesagt, durch die Furcht, das Lebensnotwendigste bzw. den Profit entbehren zu müssen. Solange der Eigentumslose seinen Hunger nicht stillen konnte, ohne zuvor seine Arbeitskraft auf dem Markt zu verkaufen, solange der Wohlhabende nicht daran gehindert wurde, so billig wie möglich zu kaufen und so teuer wie möglich zu verkaufen, würde das automatisch funktionierende Getriebe wachsende Mengen von Waren zum Nutzen der menschlichen Spezies auswerfen. Furcht vor dem Verhungern auf seiten des Arbeiters, die Lockungen des Profits auf seiten des Unternehmers würden den gewaltigen Apparat schon in Gang halten.

Auf diese Weise wurde ein «ökonomischer Bereich» geschaffen, der streng von anderen Institutionen der Gesellschaft abgegrenzt wurde. Da kein noch so kleiner gesellschaftlicher Verband ohne einen funktionierenden Produktionsbereich überleben kann, hatte seine Institutionalisierung als gesonderter und abgetrennter Bereich zur Folge, daß der «Rest» der Gesellschaft von ihm abhängig gemacht wurde. Diese autonome Zone wiederum wurde reguliert von einem Mechanismus, der ihre Funktionsfähigkeit kontrollierte. Folglich wurde der Marktmechanismus bestimmend für das soziale Leben. Kein Wunder, daß der hier entstehende gesellschaftliche Verband zu einer «ökonomischen» Gesellschaft in einem Ausmaß wurde, das alle Vorstellungen weit übertraf (dem man zuvor nicht einmal nahegekommen war). «Ökonomische Motive» beherrschten eine Welt, die ihnen gehörte, und der einzelne wurde gezwungen, nach ihnen zu handeln und dabei die Gewalt zu erleiden, mit welcher der Moloch «Markt» sich alles unterwarf. Solch eine gewaltsame Bekehrung zu einer utilitaristischen Haltung entstellte in schicksalhafter Weise das Bild, das der wesentliche Mensch bis dahin von sich selbst gehabt hatte.

Die Inthronisierung von «Hunger» und «Gewinn»

Diese neue Welt der «ökonomischen Motive» basierte auf einer Täuschung. In Wirklichkeit sind Hunger und Gewinnstreben nicht «ökonomischer» als Liebe und Haß, Stolz und Vorurteil. Kein menschliches Motiv ist *an sich* ökonomisch. Es gibt keine ökonomische Erfahrung sui generis in dem Sinne, wie der Mensch religiöse, ästhetische oder sexuelle Erfahrungen haben kann. Diese motivieren dazu, wiederum ähnliche Erfahrungen hervorzurufen. In bezug auf die materielle Produktion jedoch ergeben diese Begriffe keinen Sinn.

Der ökonomische Faktor, der dem ganzen sozialen Leben zugrunde liegt, treibt den Menschen nicht stärker an als das gleichermaßen universale Gesetz der Schwerkraft. Sicher – wenn wir nicht essen, müssen wir sterben, das ist ebenso gewiß wie die tödliche Wirkung eines auf uns fallenden Felsbrockens. Aber die Qualen des Hungers werden nicht automatisch in einen Antrieb zur Produktion übersetzt. Produktion ist keine individuelle, sondern eine kollektive Angelegenheit. Wenn jemand hungrig ist, gibt es überhaupt nichts Bestimmtes, was er tun kann oder muß. In seiner Verzweiflung wird er möglicherweise rauben oder stehlen, aber eine solche Handlung kann man wohl kaum «produktiv» nennen. Der Mensch, das *zoon politikon*, wird nicht durch natürliche, sondern durch gesellschaftliche Bedingungen bestimmt. Was das 19. Jahrhundert veranlaßte, Hunger und Gewinnstreben als «ökonomische» Motive zu bezeichnen, war nichts anderes als die Organisation der Produktion als Herrschaft der Marktwirtschaft.

Hunger und Gewinnstreben werden hier durch den Zwang «ein Einkommen zu haben» mit der Produktion verknüpft. Denn in einem solchen System ist der Mensch – bei Strafe des Untergangs – dazu gezwungen, auf dem Markt Waren zu kaufen mit dem Geld, das er durch den Verkauf anderer Waren auf dem Markt selbst erworben hat. Die verschiedenen Bezeichnungen dieses Einkommens – Lohn, Grundrente, Zins – variieren, je nach dem, was zum Verkauf angeboten wird: die Nutzung von Arbeitskraft, Boden oder Kapital; der Ertrag, den man Profit nennt – das Entgelt des Unternehmers –, leitet sich von dem Verkauf solcher Güter her, die einen höheren Preis einbringen, als die Güter selbst gekostet haben, die zu ihrer Produktion nötig waren. Also gehen alle Erträge aus dem Verkauf hervor, und alle Verkäufe tragen – direkt oder indirekt – zur Produktion bei. Das letztere fällt in der Tat mit dem Verdienen eines Einkommens zusammen. Solange ein Individuum «ein Einkommen hat», trägt es automatisch zur Produktion bei.

Offensichtlich funktioniert dieses System nur so lange, wie die Individuen es auf sich nehmen, «ein Einkommen zu verdienen». Hunger und Gewinnstreben als Antriebe geben ihnen – sowohl einzeln wie auch vereint – einen solchen Grund. Diese beiden Antriebe werden so mit der Produktion verkoppelt und dementsprechend als «ökonomisch» bezeichnet. So entsteht der zwingende Eindruck, Hunger und Gewinnstreben seien die Antriebskräfte, auf denen jedes ökonomische System basiert.

Diese Annahme entbehrt jeder Grundlage. Ein Überblick über die menschlichen Gesellschaften zeigt uns, daß Hunger und Gewinnstreben nicht überall als Antriebskräfte der Produktion benutzt werden und wo doch, gehen sie mit anderen mächtigen Motiven eine Einheit ein.

Aristoteles hatte recht: der Mensch ist kein ökonomisches, sondern ein soziales Wesen. Sein Interesse gilt nicht so sehr der Sicherung seines individuellen Vorteils durch Erwerb materiellen Besitzes, sondern richtet sich eher auf soziale Anerkennung, sozialen Status und soziale Werte. Besitztümer wertet er primär als Mittel zu diesem Zweck. Seine Antriebe sind «gemischter», was auf sein Bemühen um soziale Anerkennung zurückzuführen ist; produktive Ergebnisse sind nicht mehr als eine Begleiterscheinung dessen. Die Ökonomie ist durchgehend in die sozialen Beziehungen des Menschen eingebunden. Der Wandel zu einer Gesellschaft, die – im Gegensatz dazu – dem ökonomischen System unterworfen wurde, stellt eine vollkommen neue Entwicklung dar.

Fakten

An diesem Punkt, denke ich, sollten jetzt harte Fakten sprechen:
Als *erstes* ist die Entdeckung primitiver Wirtschaftsformen zu nennen. Zwei Namen sind in diesem Zusammenhang von herausragender Bedeutung: Bronislaw Malinowski und Richard Thurnwald. Sie und einige andere Forscher haben unsere Vorstellungen von diesem Bereich revolutioniert und dabei eine neue Disziplin begründet. Der Mythos vom individualistischen Wilden war schon lange vorher zerplatzt. Weder für einen kruden Egoismus noch einen apokryphen Hang zu Schacher und Tausch, noch für eine Neigung, nur die eigene Person mit Nahrung zu versorgen, konnten Beweise erbracht werden. Aber gleichermaßen diskreditiert wurde die Legende von der kommunistischen Persönlichkeit des Wilden, sein angeblicher Mangel an Wahrnehmung eigener Interessen. (Alles in allem hat es den Anschein, als ob der Mensch sich durch alle Zeiten hindurch ziemlich gleich geblieben ist. Wenn man seine gesellschaftlichen Einrichtungen nicht isoliert, sondern in ihrer gegenseitigen Beziehung betrachtet, dann ist uns der größte Teil seines auch in vergangenen historischen Perioden gezeigten Verhaltens auch heute noch verständlich.) Was als «Kommunismus» erscheint, ist nichts anderes als eine spezifische Einrichtung des Produktions- bzw. ökonomischen Systems, so daß niemand vom Hungertod bedroht war. Sein Platz am Lagerfeuer, sein Anteil an den gemeinsamen Vorräten war ihm sicher, ganz

gleich, welche Rolle er zufälligerweise bei der Jagd, bei der Beaufsichtigung des Viehs, dem Feldbau oder der Gartenarbeit gespielt hatte.

Hier einige Beispiele: Unter dem *kraalland*-System der Kaffer «ist Not undenkbar: wer immer Hilfe braucht, erhält sie ohne zu fragen»[1]. Kein Kwakiutl «lief jemals Gefahr, hungrig sein zu müssen»[2]. «In Gesellschaften, die an der Subsistenzgrenze leben, stirbt niemand den Hungertod.»[3] In der Tat besteht für den einzelnen keine Gefahr zu verhungern, es sei denn, die Gemeinschaft als ganze befindet sich in einer solchen Notlage. Daß die Bedrohung durch individuelle Not fehlt, macht die primitive Gesellschaft in gewissem Sinne humaner als die des 19. Jahrhunderts und zugleich weniger «ökonomisch».

Das gleiche gilt für den Stimulus individuellen Gewinnstrebens. Wiederum ein paar Zitate: «Das charakteristische Kennzeichen primitiver Wirtschaft ist das Fehlen irgendeines Strebens, mit der Produktion und dem Austausch Profit zu erzielen.»[4] «Gewinnstreben, das in den zivilisierteren Gesellschaften oft den Stimulus zu arbeiten darstellt, fungiert in den ursprünglichen Lebensbedingungen der Eingeborenen nie als ein Impuls zur Arbeit.»[5]

Wenn die sogenannten ökonomischen Motive zur natürlichen Ausstattung des Menschen gehören, dann müßten wir alle früheren und primitiven Gesellschaften als durch und durch unnatürlich bezeichnen.

Zweitens besteht in diesem Punkt überhaupt kein Unterschied zwischen primitiven und zivilisierten Gesellschaften. Ob wir nun den antiken Stadtstaat, das Despoten-Reich, den Feudalismus, das Stadtleben des 13. Jahrhunderts, den Merkantilismus des 16. Jahrhunderts oder den Staatsdirigismus des 18. Jahrhunderts nehmen, – immer finden wir das ökonomische in das soziale System eingebettet. Handlungsantriebe entspringen einer Vielfalt von Quellen: Sitte und Tradition, öffentliche Pflichten und private Verpflichtungen, religiöser Gehorsam und politische Staatstreue, gesetzliche Verordnung und administrative Regelung, so wie sie von einem König, einem Magistrat, einer Zunft erlassen worden sind. Rang und Status, der Zwang des Gesetzes und die Androhung von Strafe, öffentliches Lob und private Reputation sichern den Beitrag des einzelnen zur Produktion. Angst vor Entbehrungen oder Gewinnstreben müssen dabei nicht vollkommen fehlen. Märkte gibt es in allen Gesellschaften, und die Person des Kaufmanns ist vielen Kulturformen vertraut. Aber einzelne verstreute Märkte machen noch kein Wirtschaftssystem aus. Das

Gewinnmotiv zeichnete insbesondere den Kaufmann aus, so wie Tapferkeit den Ritter, Frömmigkeit den Priester und Stolz den Handwerker. Der Gedanke, das Motiv des Gewinnstrebens auf alle zu übertragen, ist unseren Vorfahren nie in den Sinn gekommen. Bis zur Mitte des 19. Jahrhunderts waren Märkte nie mehr als untergeordnete Elemente der Gesellschaft.

Drittens vollzog sich der Wandel mit überraschender Abruptheit. Die Vorherrschaft der Märkte entstand nicht graduell, sondern als qualitativer Umschlag des ganzen Systems. Märkte, auf denen ansonsten autonome Haushalte ihre Überschüsse loswerden konnten, bestimmen weder die Produktion noch versorgen sie den Produzenten mit seinem eigentlichen Einkommen. Das tritt erst auf mit der Marktwirtschaft, in welcher Einkommen nur aus dem Verkauf stammt und Güter ausschließlich über den Kauf zu erwerben sind. Ein freier Arbeitsmarkt ist in England erst vor einem Jahrhundert entstanden. Die berüchtigte Armengesetzgebung (Poor Law-Reform) von 1834 setzte die bisherigen Vorkehrungen patriarchalischer Regierungen für die Armen außer Kraft. Das Armenhaus wurde von einer Zufluchtstätte der Notleidenden zu einem Ort der Scham und psychischen Tortur, dem sogar Hunger und Elend vorzuziehen waren. Verhungern oder Arbeiten waren die Alternative für die Armen. Auf diese Weise wurde ein kompetitiver nationaler Arbeitsmarkt geschaffen, auf dem das Konkurrenzprinzip herrschte. Innerhalb des nächsten Jahrzehnts setzte der Bank Act von 1844 den Goldstandard als Norm fest; die Herstellung von Geld wurde den Regierungen aus den Händen genommen, ungeachtet der Auswirkungen auf die Beschäftigungslage. Gleichzeitig machte die Reform der Landgesetze Land frei verfügbar, und die Aufhebung der Korngesetze (Corn Law von 1846) schuf einen Welt-Pool für Korn und lieferte so den schutzlosen kontinentalen Kleinbauern den Launen des Marktes aus.

Auf diese Weise wurden die drei Prinzipien des ökonomischen Liberalismus etabliert, nach denen die Marktwirtschaft organisiert wurde: daß Arbeit den Wertgesetzen des Marktes unterworfen wird; daß die Verfügbarkeit von Geld durch einen selbstregulierenden Mechanismus geregelt wird; daß Güter im freien Handelsverkehr von Land zu Land fließen können, ohne Rücksicht auf die Folgen – kurz gesagt: ein Arbeitsmarkt, der Goldstandard und freier Handel. Ein sich selbst eskalierender Prozeß war in Gang gesetzt worden, als dessen Resultat die vordem harmlose Marktstruktur zu einer soziologischen Monstrosität sich auswuchs.

Die Geburt einer Selbsttäuschung

Diese Fakten skizzieren in groben Umrissen die Genealogie einer «Wirtschafts»gesellschaft. Unter solchen Bedingungen muß die menschliche Welt als von «ökonomischen» Motiven determiniert erscheinen. Es ist leicht einzusehen warum.

Ganz gleich, welches Motiv man sich herausnimmt, wenn man die Produktion so organisiert, daß dieses Motiv für den einzelnen zum Produktionsanreiz wird, so hat man ein Bild des Menschen eingeführt, das ihn als gänzlich beherrscht von jenem Motiv zeichnet. Sei dieses Motiv religiös, politisch oder ästhetisch, sei es Stolz, Vorurteil, Liebe oder Neid – der Mensch wird in seinem ganzen Wesen religiös, politisch, ästhetisch, stolz, mit Vorurteilen behaftet, ausschließlich von Liebe oder Neid erfüllt erscheinen. Anderen Motiven dagegen wird nur eine marginale oder undeutliche Rolle eingeräumt, da man auf sie im zentralen Bereich der Produktion nicht bauen kann. Das jeweils ausgewählte Einzelmotiv wird den Menschen in seinem «Wesen» repräsentieren.

In der Tat arbeiten Menschen jedoch aus einer Vielzahl von Gründen, solange die Verhältnisse dementsprechend eingerichtet sind. Mönche trieben aus religiösen Gründen Handel. Klöster wurden die größten Handelsunternehmen in Europa. Der Kula-Handel der Trobriander, eines der kompliziertesten Tauschsysteme, das wir kennen, ist hauptsächlich ein ästhetisches Unternehmen. Die feudale Wirtschaft wurde auf der Grundlage des Althergebrachten geführt. Bei den Kwakiutl lag das oberste Ziel des Arbeitsfleißes in der Erlangung von Ehre. Unter dem merkantilen Despotismus diente die Industrie häufig der Erhaltung und Vergrößerung von Macht und Glanz. Mönche oder Leibeigene, die West-Melanesier, die Kwakiutl oder die Staatsmänner des 17. Jahrhunderts, so neigen wir folglich zu denken, wurden jeweils beherrscht von der Religion, ästhetischen Gesichtspunkten, dem Brauchtum, der Ehre oder der Politik.

Im Kapitalismus muß jeder «ein Einkommen verdienen». Wenn er Arbeiter ist, muß er seine Arbeitskraft zu dem gerade gültigen Preis verkaufen; wenn er Eigentümer ist, muß er einen Profit machen, so hoch er nur kann, denn seine Stellung unter seinesgleichen wird von seinem Einkommensniveau abhängen. Hunger und Gewinnstreben – auch im übertragenen Sinne – bringen die Menschen dazu, zu pflügen und zu säen, zu spinnen und zu weben, Kohle abzubauen und Flugzeuge zu steuern. Die Konsequenz davon ist, daß die Mitglieder einer solchen Gesellschaft glauben werden, sie seien von diesem Doppelgespann von Motiven regiert. In Wirklichkeit war der Mensch nie so eigensüchtig, wie die Theorie behauptete. Obwohl der Marktmechanismus seine Abhängigkeit von materiellen Gütern in den Vordergrund stellte, bildeten «ökonomische» Motive niemals seinen einzigen Antrieb zur Arbeit. Ohne Erfolg blieb die von Ökonomen als auch utilitaristischen Moralisten ausgesprochene Ermahnung, im Geschäftsleben von allen anderen Motiven als den «materiellen» zu lassen. Bei näherer Betrachtung stellte sich heraus, daß der Mensch auf der Grundlage einer beachtlichen «Mischung» von Motiven handelte; solche Motive wie Verpflichtung gegenüber der eigenen Person und anderen, als auch möglicherweise – wenn auch geheimer – die Freude an der Arbeit um ihrer selbst willen, konnten dabei nicht ausgeschlossen werden.

Allerdings, wir befassen uns hier nicht mit realen, sondern mit unterstellten Motiven, nicht mit der Psychologie, sondern der Ideologie des Wirtschaftslebens. Die Ansichten über die Natur des Menschen basieren nicht auf der Psychologie, sondern dieser Ideologie. Denn sobald die Gesellschaft ein bestimmtes Verhalten ihrer Mitglieder erwartet und die herrschenden Institutionen in der Lage sind, dieses Verhalten zu erzwingen, werden die Meinungen über die menschliche Natur dahin tendieren, dieses Verhaltensideal widerzuspiegeln, ob es der Wirklichkeit entspricht oder nicht. Dementsprechend wurden Hunger und Gewinnstreben als «ökonomische» Motive definiert, und man ging davon aus, daß der Mensch in seinem Alltagsleben diesen Motiven folgt, während andere als ästhetisch und abgehoben von der gewöhnlichen Alltäglichkeit des Lebens galten. Ehre und Stolz, Bürgergeist und moralische Pflicht, sogar Selbstachtung und normaler Anstand wurden nun als irrelevant für die Produktion eingeschätzt und bezeichnenderweise unter dem Begriff «ideell» subsumiert. Von nun an stellte man sich den Menschen als zweigeteiltes Wesen vor: mit dem einen Teil verband sich mehr Hunger und Gewinnstreben, mit dem anderen Ehre und Macht. Der eine galt als «materiell», der andere als «ideell», der eine als «ökonomisch», der andere als «nicht ökonomisch», der eine als «rational», der andere als «nicht rational». Die Utilitaristen gingen sogar so weit, die letzten beiden Begriffe miteinander zu identifizieren und verliehen so den «ökonomischen» Aspekten des menschlichen Wesens die Aura der

Rationalität. Derjenige, der die Vorstellung zurückgewiesen hätte, er handle allein aus Gewinnstreben, galt also nicht nur als unmoralisch, sondern auch als verrückt.

Ökonomischer Determinismus

Der Marktmechanismus schuf darüber hinaus die Irrlehre des ökonomischen Determinismus als ein in allen menschlichen Gesellschaften geltendes Gesetz.

In einer Marktgesellschaft trifft dieses Gesetz natürlich zu. In der Tat, hier «beeinflußt» das funktionierende ökonomische System nicht nur die übrige Gesellschaft, sondern determiniert sie, so wie in einem Dreieck die Seiten die Winkel nicht nur beeinflussen, sondern determinieren.

Man braucht bloß die Klassenschichtung zu nehmen. Angebot und Nachfrage auf dem Arbeitsmarkt waren jeweils identisch mit der Klasse der Arbeiter und der Klasse der Unternehmer. Die gesellschaftlichen Klassen der Kapitalisten, der Pächter, der Makler, der Kaufleute, der professionalisierten und freien Berufe usw. waren eingegrenzt durch die entsprechenden Märkte für Boden, Geld und Kapital und ihren Gebrauch oder für verschiedene Dienstleistungen. Das Einkommen dieser gesellschaftlichen Gruppen wurde bestimmt durch den Markt, ihr Rang und ihr Status durch ihr Einkommen.

Das war eine völlige Umkehrung der jahrhundertealten Praxis. Nach Maines berühmter Formulierung ersetzte der «Vertrag» den «Status», oder – wie Tönnies es vorzog zu sagen – die «Gesellschaft» trat an die Stelle der «Gemeinschaft»; oder in unserer Terminologie: das ökonomische System war nicht länger eingebunden in soziale Beziehungen, sondern die sozialen Beziehungen wurden jetzt vom ökonomischen System bestimmt.

Die gesellschaftlichen Klassen wurden direkt von dem Marktmechanismus determiniert, andere Institutionen indirekt. Staat und Regierung, Ehe und das Aufziehen von Kindern, die Organisation von Wissenschaft und Erziehung, von Religion und Kunst, die Berufswahl, die Form der Wohnungen, der Siedlungen, die unmittelbare Ästhetik des privaten Lebens – alles mußte sich dem utilitaristischen Muster fügen bzw. durfte zumindest nicht mit dem Funktionieren des Marktmechanismus interferieren. Aber da nur sehr wenige menschliche Handlungen im luftleeren Raum ausgeführt werden können und sogar der Heilige ein Kopfkissen braucht, liefen die indirekten Wirkungen des Marktsystems praktisch auf eine Determinierung der gesamten Gesellschaft hinaus. Es war fast unmöglich, den irrigen Schluß zu vermeiden, daß der «ökonomische» Mensch der «wirkliche» Mensch und das «ökonomische» System die «wirkliche» Gesellschaft sei.

Sexualität und Hunger

Der Wahrheit käme man jedoch näher, wenn man sagte, daß die grundlegenden menschlichen Einrichtungen keine unvermischten Motive kennen. So wie die Versorgung des einzelnen und seiner Familie gewöhnlich nicht auf dem Motiv des Hungers basiert, so basiert die Institution Familie nicht auf dem sexuellen Motiv.

Sexualität ist ebenso wie Hunger einer der stärksten Handlungsanreize, wenn er aus der Kontrolle durch andere Antriebe entlassen wird. Das ist wahrscheinlich der Grund, warum es nie zugelassen wurde, daß sich die Familie in der Vielfalt ihrer Formen allein um den sexuellen Instinkt mit seiner Wechsel- und Launenhaftigkeit zentriert, sondern daß sie auf der Kombination einer Anzahl von Motiven beruht, die den Sexualtrieb daran hindern, eine Institution zu zerstören, von der soviel Glück des Menschen abhängt. Sexualität für sich genommen könnte bestenfalls ein Bordell hervorbringen, und selbst dann würde sie wahrscheinlich auf einige Anreize des Marktmechanismus zurückgreifen müssen. Ein Wirtschaftssystem, dessen Haupttriebfeder der Hunger ist, wäre fast ebenso pervers wie ein Familiensystem, das nur auf dem puren Sexualtrieb beruht.

Der Versuch, den ökonomischen Determinismus auf alle menschlichen Gesellschaften anzuwenden, grenzt an Phantasterei. Für jemanden, der sich mit Sozialanthropologie beschäftigt, springt nichts mehr ins Auge als die Vielfalt von Institutionen, die sich als mit den praktisch gleichen Produktionsformen vereinbar erwiesen hatten. Erst seit es dem Markt möglich geworden war, das menschliche Gefüge in die konturenlose Eintönigkeit einer Mondlandschaft zu zermahlen, ist die institutionelle Kreativität des Menschen außer Kraft gesetzt worden. Kein Wunder, daß seine soziale Vorstellungskraft Zeichen von Ermüdung zeigt. Es könnte so weit kommen, daß er nicht mehr imstande sein wird, die Elastizität, den imaginativen Reichtum seiner ursprünglichen Begabung zurückzuerlangen.

Kein Protest meinerseits, ich merke es, wird mich davor schützen können, für einen «Idealisten» gehalten zu werden. Denn derjenige, der die Bedeutung der «materiellen» Motive anprangert, muß – so scheint es – sich auf die Kraft der «ideellen» Motive verlassen können. Es gibt kein schlimmeres Mißverständnis. Hunger und Gewinnstreben haben überhaupt nichts spezifisch «Materielles» an sich. Stolz, Ehre und Macht auf der anderen Seite sind nicht notwendigerweise «höhere» Motive als Hunger und Gewinnstreben.

Die Dichotomie selbst, so behaupten wir, ist willkürlich. Wir wollen noch einmal die Analogie zur Sexualität ziehen. Unzweifelhaft kann hier eine bedeutsame Unterscheidung zwischen «höheren» und «niederen» Motiven vollzogen werden. Aber – egal ob es sich um Hunger oder Sexualität handelt – es ist verderblich, eine Trennung zwischen «materiellen» und «ideellen» Komponenten des menschlichen Lebens zu *institutionalisieren.* Was die Sexualität anbetrifft, so ist diese für das Wesen des Menschen essentielle Wahrheit schon lange erkannt worden; sie bildet die Basis für die Institution Ehe. Aber für den gleichermaßen strategischen Bereich der Ökonomie hat sie keine Beachtung gefunden. Dieser Bereich ist aus der Gesellschaft «ausgegliedert» worden als das Reich des Hungers und des Gewinnstrebens. Unsere animalische Abhängigkeit von Nahrung ist bloßgelegt worden, und die nackte Furcht vor dem Verhungern konnte sich uneingeschränkt ausbreiten. Unsere demütigende Versklavung an das «Materielle», die alle menschliche Kultur zu mildern sucht, wurde auch noch absichtlich verschärft. Hier liegt die Wurzel für die «Krankheit einer akquisitiven Gesellschaft», vor der Tawney warnte. Und Robert Owen hatte einen seiner besten Gedanken, als er ein Jahrhundert zuvor das Profitmotiv als «ein dem individuellen und dem öffentlichen Glück gänzlich abträgliches Motiv» beschrieb.

Die Wirklichkeit der Gesellschaft

Ich plädiere für die Wiederherstellung jener Einheit von Motiven, die den Menschen in seinem alltäglichen Handeln als Produzent beseelen, für die Wiedereingliederung des ökonomischen Systems in die Gesellschaft, für die kreative Anpassung unserer Lebensformen an eine industrielle Umgebung.

Aus all diesen Gründen versagt die Laissez-faire-Philosophie mit ihrer Folgeerscheinung einer Marktgesellschaft. Sie ist verantwortlich für die Spaltung der menschlichen Lebenseinheit in einen «wirklichen» materiellen Werten unterworfenen Menschen und seinem «ideellen» besseren Selbst. Sie paralysiert unsere soziale Vorstellungskraft, indem sie mehr oder minder unbewußt das Vorurteil des «ökonomischen Determinismus» nährt.

Sie hat ihre Dienste getan in jener Phase der industriellen Kultur, die hinter uns liegt. Um den Preis der Verarmung des einzelnen hat sie die Gesellschaft bereichert. Heute stehen wir vor der lebenswichtigen Aufgabe, die Lebensfülle des einzelnen wiederherzustellen, selbst wenn dies eine technologisch weniger effiziente Gesellschaft bedeuten sollte. In verschiedenen Ländern ist der klassische Liberalismus auf unterschiedliche Weise aufgegeben worden. Auf der Rechten, der Linken und in der Mitte werden neue Wege erkundet. Die britischen Sozialdemokraten, die amerikanischen Anhänger des New Deal und die europäischen Faschisten und die amerikanischen Gegner des New Deal der unterschiedlichsten Schattierung lehnen die liberalistische Utopie ab. Auch sollte uns die gegenwärtige politische Stimmung, allem Sowjetischen abwehrend gegenüberzustehen, nicht blind machen gegenüber dem, was die Sowjets an kreativer Bewältigung der grundlegenden Probleme einer industriellen Umwelt geleistet haben.

Allgemeiner gesprochen scheint mir die kommunistische Hoffnung auf das «Absterben des Staates» Elemente eines liberalen Utopismus mit einer praktischen Indifferenz gegenüber institutionellen Freiheiten zu vereinigen. Was den absterbenden Staat anbetrifft, so kann man nicht leugnen, daß die industrielle Gesellschaft eine komplexe Gesellschaft ist, und keine komplexe Gesellschaft ohne eine organisierte Zentralmacht existieren kann. Doch ist diese Tatsache keine Entschuldigung für die kommunistische Ignoranz gegenüber den Fragen konkreter institutioneller Freiheiten.

Auf genau dieser realistischen Ebene sollte das Problem der persönlichen Freiheit behandelt werden. Keine menschliche Gesellschaft ist möglich ohne Macht und Zwang; ebensowenig eine Welt ohne Gewalt. Die liberalistische Philosophie hat unseren Idealen eine falsche Richtung gewiesen, indem sie die Erfüllung solcher von Grund auf utopischen Hoffnungen zu versprechen schien.

Aber in der Marktgesellschaft bleibt die Gesellschaft als Ganzes unsichtbar. Jedermann konnte sich selbst frei von Verantwortung für solche Handlungen des Staates sehen, die er persönlich ablehnte oder von der Verantwortung für Arbeitslosigkeit und Not, von der er persönlich keinen Nutzen hat. Persönlich ließ er sich nicht verstricken in das Böse der Macht und des ökonomischen Wertes. Mit gutem Gewissen konnte er deren Existenz im Namen einer imaginären Freiheit bestreiten. Macht und ökonomischer Wert sind in der Tat Musterbeispiele sozialer Realität. Beide entsprangen eigentlich nicht dem menschlichen Wollen; sich ihnen zu verweigern, ist dennoch unmöglich. Die Funktion von Macht besteht darin, das Maß an Konformität, das eine Gruppe zum Überleben braucht, zu sichern: wie David Hume gezeigt hat, ist ihre eigentliche Quelle die «Meinung» – und wer könnte sich dagegen wehren, eine «Meinung» der einen oder anderen Art zu haben? Der ökonomische Wert sichert in jeder Gesellschaft die Nützlichkeit der produzierten Güter; er ist ein der Arbeitsteilung aufgedrückter Stempel. Seine Quelle sind die menschlichen Wünsche, und wie könnte man von uns erwarten, daß wir nicht eine Sache einer anderen vorziehen? Jede Meinung, jedes Verlangen, gleich in welcher Gesellschaft wir leben, macht uns zu Komplicen der Macht und des Wertes. Die Freiheit anders zu handeln ist nicht denkbar. Ein Ideal, das Macht und Zwang aus einer Gesellschaft verbannen würde, ist nicht lebensfähig. Indem sie diese für ihn so bedeutenden Wunschvorstellungen des Menschen ignoriert, offenbart die Markttheorie der Gesellschaft ihre grundsätzliche Unreife.

Das Problem der Freiheit

Der Zusammenbruch der Marktwirtschaft gefährdet zwei unterschiedliche Arten von Freiheit: einige gute und einige schlechte.
Daß mit dem freien Markt auch die Freiheit, den Nächsten auszubeuten, oder die Freiheit, ohne entsprechende Dienste an der Gemeinschaft unmäßige Gewinne zu machen, oder die Freiheit, dem Allgemeinwohl dienende technische Neuerungen zu verhindern, oder die Freiheit, Vorurteile aus öffentlichen Notlagen zu ziehen, die insgeheim zum Nutzen einiger weniger organisiert wurden – daß alle diese Freiheiten mit dem freien Markt zusammen untergehen, das ist alles nur zu begrüßen.
Aber die Marktwirtschaft, in der diese Freiheiten zur Blüte gelangten, brachte auch Freiheiten hervor, die uns teuer sind. Gewissensfreiheit, Redefreiheit, Versammlungsfreiheit, freie Berufswahl – wir hängen an diesen Freiheiten um ihrer selbst willen. Aber zu einem

großen Teil waren sie Nebenprodukte eben der Wirtschaftsordnung, die ebenfalls verantwortlich ist für die falschen Freiheiten.

Die Existenz einer separaten ökonomischen Sphäre schuf eine Kluft zwischen Politik und Wirtschaft, zwischen Regierung und Industrie, eine Kluft, die nicht in der Natur der menschlichen Lebensformen lag. So wie die Souveränitätsaufteilung zwischen Papst und Kaiser die mittelalterlichen Fürsten in eine Freiheit entließ, die manchmal an Anarchie grenzte, so erlaubte die Herrschaftsteilung zwischen der Regierung und der Industrie im 19. Jahrhundert selbst dem armen Mann, Freiheiten zu genießen, die teilweise seinen erbärmlichen Status kompensierten.

Der gegenwärtige Skeptizismus hinsichtlich der Zukunft der Freiheit basiert zum größten Teil auf diesem Problem. Es gibt solche – wie Hayek –, die behaupten, daß die freien Institutionen, da sie ein Produkt der Marktwirtschaft sind, der Sklaverei weichen werden, sobald diese Wirtschaftsform verschwindet. Und es gibt andere – wie Burnham –, die an die Unausweichlichkeit einer neuen Form der Versklavung in Gestalt des «Managerismus» glauben.

Thesen wie diese beweisen nur, wie stark das ökonomische Vorurteil immer noch verbreitet ist. Denn ein solcher Determinismus ist – wie wir gesehen haben – nur eine andere Bezeichnung für den Marktmechanismus. Es ist wohl kaum logisch, die These von den Folgen, die sich ergeben würden, gäbe es keinen Marktmechanismus, auf ökonomischen Notwendigkeiten basieren zu lassen, die sich erst mit dem Marktmechanismus ergeben. Und dieses Vorurteil steht sicher im Gegensatz zu angelsächsischen Erfahrungen. Weder die Arbeitsmarktpolitik noch die Wehrpflicht haben die grundlegenden Freiheiten des amerikanischen Volkes außer Kraft gesetzt, wie jeder bezeugen kann, der die kritischen Jahre 1940 bis 1943 in den Staaten verbracht hat. Großbritannien führte während des Krieges eine allgemeine Planwirtschaft ein und schaffte die Trennung von Regierung und Industrie ab, aus der die Freiheit des 19. Jahrhunderts hervorgegangen ist, und doch wurden die bürgerlichen Freiheiten niemals besser geschützt als auf dem Höhepunkt des kritischen Notstands. In Wahrheit wird das Maß unserer Freiheit davon abhängen, wieviel Freiheit wir schaffen und sichern wollen. Es gibt niemals nur einen einzigen Bestimmungsfaktor in der menschlichen Gesellschaft. Institutionelle Garantien der individuellen Freiheit sind mit jedem ökonomischen System vereinbar. Nur in der Marktgesellschaft hat der ökonomische Mechanismus das Gesetz diktiert.

Mensch gegen Industrie

Was unserer Generation als das Problem des Kapitalismus erscheint, ist in Wirklichkeit das viel größere Problem der industriellen Kultur. Der ökonomisch Liberale ist dieser Tatsache gegenüber blind. Indem er den Kapitalismus als ökonomisches System verteidigt, ignoriert er die Herausforderungen des Maschinenzeitalters. Aber die Gefahren, die heute selbst den Tapfersten Angst einjagen, reichen über die Ökonomie hinaus. Die idyllisch anmutenden Sorgen um Kartellbildungen und Taylorisierung sind durch Hiroshima verdrängt worden. Wissenschaftliche Barbarei begegnet uns auf Schritt und Tritt. Die Deutschen arbeiten an einer Erfindung, die tödlichen Strahlen der Sonne einzusetzen. Wir selbst lösten eine Explosion von tödlichen Strahlen aus, die die Sonne verdunkelte. Allerdings hatten die Deutschen eine böse Philosophie, wir dagegen eine menschliche. Wir sollten endlich lernen, die Zeichen der Gefahr zu erkennen.

Unter den Amerikanern, die sich der Dimensionen des Problems bewußt sind, sind zwei Tendenzen klar erkennbar: Einige glauben an Eliten und Aristokratien, an Managerismus und Aktiengesellschaften. Sie meinen, daß die Gesellschaft als Ganze an das ökonomische System angepaßt werden sollte, das selbst unverändert bleiben soll. Das ist das Ideal der Schönen Neuen Welt, in der der Mensch so konditioniert wird, daß er eine Ordnung unterstützt, die für ihn von jenen geschaffen wurde, die weiser sind als er selbst. Andere glauben demgegenüber, daß in einer demokratischen Gesellschaft sich das Problem der Industrie durch eine planvolle Intervention der Produzenten und Konsumenten von selbst lösen würde. In einer derartig überlegten und verantwortungsvollen Handlungsweise liegt in der Tat eine Möglichkeit von Freiheit in einer komplexen Gesellschaft. Aber ein solches Bemühen kann – wie dieser Aufsatz darlegt – so lange nicht erfolgreich sein, solange es sich nicht an einer ganzheitlichen Sicht des Menschen und der Gesellschaft orientiert, einer Sicht, die sich erheblich von der unterscheidet, die uns die Marktwirtschaft als Erbe hinterlassen hat.

(Übersetzung aus dem Amerikanischen von Ingke Brodersen und Ullrich Schwarz)

Anmerkungen

1 L. P. Mair, An African People in the Twentieth Century, 1934.
2 E. M. Loeb, The Distribution and Function of Money in Early Society, 1936.
3 M. J. Herskovits, The Economic Life of Primitive Peoples, 1940.
4 R. Thurnwald, Economics in Primitive Communities, 1932.
5 B. Malinowski, Argonauts of the Western Pacific, 1930, (dt.: Argonauten des westlichen Pazifik, Frankfurt a. M. 1978).

William Leiss
Die Grenzen der Bedürfnisbefriedigung

In diesem Aufsatz möchte ich zwei Paradigmen der persönlichen
Zufriedenheit und des Wohlbefindens in der Industriegesellschaft
einander gegenüberstellen: die Konsumgesellschaft und die *conserver society*. In der Konsumgesellschaft wird der einzelne dazu gebracht, sein subjektives Wohlbefinden ausschließlich an dem Kriterium eines ständig wachsenden materiellen Wohlstands zu messen.
Da materieller Wohlstand als kontinuierliche Zunahme von auf dem
Markt erhältlichen Gütern und Dienstleistungen interpretiert wird,
richtet sich das öffentliche Gesamtinteresse einer solchen Gesellschaft auf die Sicherung eines reibungslosen ökonomischen Wachstums. Die traditionellen Ungleichheiten in der Verteilung des Natio-
naleinkommens sind davon unberührt geblieben, und eine Politik,
die den Anteil einer Einkommensgruppe auf Kosten einer anderen
vergrößern wollte, hat in der Öffentlichkeit bisher wenig Unterstützung gefunden. Das primäre Ziel ist es daher gewesen, den Konsumstandard aller Einkommensgruppen gleichzeitig (wenn auch nicht in
gleich großem Maße) durch ein steigendes Bruttosozialprodukt zu
erhöhen. Die Konsumgesellschaft erzeugt so unweigerlich bei fast
allen die Erwartung eines unbegrenzt wachsenden materiellen Wohlstands.

Ein alternatives Paradigma stellt eine Gesellschaft dar, die wir *conserver society* nennen wollen. Für diesen Gesellschaftstypus würden
zwei grundlegende Ziele konstitutiv sein:

1. die Rolle, die der Konsum für die Interpretation des persönlichen
Wohlbefindens spielt, merklich zu verringern;

2. eine verantwortungsvollere Nutzung von Ressourcen und Energie
und eine verantwortungsbewußtere Haltung gegenüber den Auswirkungen unserer Produktions- und Konsumtionsweise auf die Umwelt
herbeizuführen.

Die Konsumgesellschaft stellt ein sehr fortgeschrittenes Stadium dessen dar, was C. B. Macpherson eine «Marktgesellschaft» genannt
hat. Der Austausch von Gütern und Dienstleistungen auf dem Markt
ist ein Merkmal jeder menschlichen Gesellschaft gewesen, zumindest

seit die Jäger-und-Sammler-Gesellschaft nicht mehr die typische Sozialform ist. Auch wenn der Markt über einen langen historischen Zeitraum hinweg eine wichtige Rolle in der menschlichen Entwicklung gespielt hat, so war doch seine Reichweite in allen vormodernen Gesellschaften eng begrenzt. In fast allen uns bekannten «primitiven» Gesellschaften wurden und werden Arbeit und Boden nicht auf dem Markt gehandelt. Darüber hinaus kennen sie gewöhnlich kein universales Tauschmittel (Geld), wohl aber zusätzliche Restriktionen, die die Art der Güter, die gegen bestimmte andere getauscht werden dürfen, begrenzen; es gibt deutlich unterschiedene Klassen von Gütern (Subsistenzgüter und Prestigegüter), und Tausch darf sich nur innerhalb dieser Klassen, nicht aber zwischen ihnen, vollziehen.

In vormodernen Kulturen waren sowohl der lokale Handel wie auch der Fernhandel von Bedeutung, aber er stellte für die Mehrheit der Bevölkerung nicht die Grundlage des täglichen ökonomischen Lebens dar. Ihre Bedürfnisse wurden abgedeckt durch die lokale Produktion von Gütern für den Gebrauch und unmittelbaren Konsum, die durch sporadischen und begrenzten Austausch auf dem Markt ergänzt wurde. Anders ließe sich diese historische Situation auch so kennzeichnen, daß die meisten Menschen nicht für Lohn arbeiteten. Natürlich gab es viele Variationen dieses allgemeinen Musters, das auch heute noch an vielen Orten existiert.

Die Marktgesellschaft, die in Westeuropa in der frühen Neuzeit sich zu entwickeln begann, stellt gegenüber diesen alten Strukturen einen scharfen Bruch dar, der sich über einen Zeitraum von mehreren Jahrhunderten als gerichteter historischer Wandel vollzog. Die folgenschwerste soziale Veränderung, die sie herbeiführte, war die Einführung der Lohnarbeit und die damit verbundene zunehmende Abhängigkeit der Menschen vom Markt für die Befriedigung ihrer Bedürfnisse. Diese Entwicklung verlief sehr wechselhaft und spiegelte so die Uneinheitlichkeit von Kapitalinvestition und technologischer Innovation in verschiedenen Sektoren der nationalen Wirtschaft und die Ungleichzeitigkeit der Entwicklung verschiedener Länder wider. Als ein sehr grober Indikator dieses Prozesses könnte die prozentuale Verteilung von städtischer und ländlicher Bevölkerung gelten, denn in der älteren agrarischen Wirtschaft floß ein bedeutender Anteil der Produktion in den unmittelbaren Gebrauch und den lokalen Austausch. An diesem Kriterium gemessen, hatte sich die Marktgesellschaft in Nordamerika etwa um die Jahrhundertwende fest etabliert.

Da die außerordentliche Ausbreitung der Marktbeziehungen eng verbunden ist mit der Entfaltung des Industrialismus, kann man sie auch als industrielle Marktgesellschaft bezeichnen.

Eine der bedeutsamsten Veränderungen, die sich mit ihr im alltäglichen Leben vieler Menschen vollzieht, besteht in der zunehmenden «Trennung» der Bereiche der Produktion und der Konsumtion. Zum Teil ist das eine Funktion der wachsenden Spezialisierung der Arbeit. Das Spektrum der Fähigkeiten, die eine Generation der nächsten tradiert, verengt sich angesichts der stärker spezialisierten Arbeitstätigkeiten immer mehr, was zur Folge hat, daß die Menschen beim Erwerb von Gütern, die sie ehemals selbst produziert haben, immer abhängiger vom Markt werden.

Die Konsumgesellschaft stellt ein fortgeschrittenes Stadium der Marktgesellschaft dar. Sie weist mindestens zwei signifikante Kennzeichen auf:

1. die Anzahl und die Mannigfaltigkeit der verfügbaren Güter erhöht sich beträchtlich, und zugleich ändern sich deren Merkmale immer schneller;

2. die Menschen neigen immer mehr dazu, ihr subjektives Wohlbefinden ausschließlich an dem Erreichen eines höheren Konsumstandards zu bemessen.

Auf die Bedeutung des ersten Kennzeichens werde ich später zurückkommen. Was das zweite anbetrifft, so kommt es darauf an, den grundlegenden Wandel im «allgemeinen Bewußtsein» zu erkennen, der sich mit der Entwicklung der Konsumgesellschaft vollzieht. Die früheren Stadien der Marktgesellschaft standen noch sehr viel stärker unter dem Einfluß älterer sozialer Werte; und auch wenn der Raum der Marktbeziehungen allmählich expandierte, so wurde das allgemeine Bewußtsein doch nicht primär von einer «Konsumethik» bestimmt. Religiöse Werte beispielsweise spielten immer noch eine wichtige Rolle in der Sozialisation, und diese wiederum war eng verbunden mit einer «Arbeits- und Leistungsethik». Anders gesagt: Sorgfalt und Verantwortlichkeit in der Wahrnehmung von Aufgaben galten als eine Art moralischer Pflicht, und die Belohnungen für solche Tätigkeiten wurden nicht ausschließlich materiell gefaßt.

Darüber hinaus war das Verhalten noch sehr viel stärker von der Familie und den Gemeinschaftsbeziehungen bestimmt. Die aus ihnen erwachsenden Verpflichtungen stellten für den einzelnen die vorherrschenden Orientierungen für sein subjektives Verhalten dar. Solche Orientierungspunkte sind in den unbeständigen Beziehungen

und der Anonymität unseres gegenwärtigen urbanen Lebens viel
schwächer geworden und in vielen Fällen gar nicht mehr vorhanden.
Sie sind größtenteils durch Orientierungen ersetzt worden, die auf
dem Markt erzeugt und durch die Massenmedien vermittelt werden.
Daß eine Konsumethik an die Stelle der früheren Arbeits- und Leistungsethik getreten ist, ist nicht das einzige hervorstechende Merkmal dieser Entwicklung. Ebenso bedeutsam ist die Tatsache, daß die
Standards zwischenmenschlichen Verhaltens – also die verhaltensbe-
stimmenden Orientierungen – durch *messages* über Waren geformt
und vermittelt werden.
Ich möchte hier jedoch betonen, daß diese Unterscheidung zwischen
historisch älteren und neueren Sozialisationsmustern nicht so gemeint ist, daß wir wieder zu den älteren Formen zurückkehren sollten. Das ist ohnehin unmöglich, da dieser Transformationsprozeß
gebunden ist an weitreichende Veränderungen im ökonomischen
und im Arbeitsbereich, demographische Verschiebungen usw., die
sich alle zur gleichen Zeit vollzogen haben. Ich habe diesen Gegensatz nur deshalb skizziert, um die einzigartigen Merkmale der Konsumgesellschaft zu verdeutlichen, damit die Spezifik des Problems
der Bedürfnisse in dieser Gesellschaft besser verstanden werden
kann.
Genauso wie andere Sozialformen weist auch die Konsumgesellschaft positive und negative Merkmale auf. Zweifellos ist das Wohlergehen der meisten Personen in mancherlei Hinsicht durch den
Zuwachs von Gütern und Dienstleistungen während der letzten 25
Jahre verbessert worden. Ebenso ist ein Bewußtsein von größerer
persönlicher Freiheit und erweiterten Möglichkeiten individueller
Selbstdarstellung in dieser Phase der Marktgesellschaft festzustellen.
Diese positiven Momente treten in Verbindung mit zwei prinzipiell
negativen auf: 1. die Erwartungen auf einen grenzenlos steigenden
Konsumstandard werden mit großer Sicherheit enttäuscht werden;
2. die Befriedigung von Bedürfnissen in der Konsumgesellschaft wird
von einer zunehmenden Uneindeutigkeit begleitet. Letzteres könnte
eine Erklärung für die überraschenden Ergebnisse sein, zu denen
Untersuchungen zur Selbsteinschätzung von Glück und Wohlbefinden innerhalb des letzten Jahrzehnts gelangt sind. Viele Personen
geben an, daß sie glauben, frühere Generationen seien «glücklicher»
gewesen als sie es sind, aber gleichzeitig halten sie daran fest, daß sie
die früheren Lebensverhältnisse nicht zurückwünschen.
Diese Ambivalenz im Verhältnis zur Vergangenheit und Gegenwart

gibt einen wichtigen Hinweis, wie wir bei unserer Untersuchung der Konsumgesellschaft vorgehen sollten. Wir müssen dabei sorgfältig auf die sozialen Strukturen achten, die die individuellen Bedürfnisse formen und ihnen Ausdruck verleihen und auf die Umstände, unter denen Bedürfnisse befriedigt werden, um so die Möglichkeiten für den Übergang von der Konsumgesellschaft zur *conserver society* ausloten zu können.

Das Problem der Bedürfnisse

Meine Arbeitshypothese in diesem Aufsatz ist folgende: Wenn wir die vorgeschlagene Zielbestimmung einer *conserver society* – «das Maximum an Wohlbefinden mit einem Minimum an Konsum zu erreichen» – verwirklichen wollen, müssen wir den Zusammenhang zwischen Konsumverhalten und dem subjektiven Wohlbefinden verstehen. «Befriedigung von Bedürfnissen» ist eine gebräuchlichere Bezeichnung für das subjektive Wohlbefinden. Man muß sich die einem solchen Unterfangen zugrunde liegenden Schwierigkeiten deutlich vor Augen halten. «Zufriedenheit» und «Wohlbefinden» sind Begriffe, die sich auf eine schwer zu fassende subjektive Befindlichkeit des einzelnen beziehen. Wir sollten uns nicht vormachen, wir könnten in dieser Frage zu einem objektiven und quantifizierenden Meßverfahren gelangen – noch sollten wir dies meiner Meinung nach überhaupt anstreben. Was allerdings an den Versuchen, Indikatoren für «Lebensqualität» zu entwickeln, deutlich wird, ist die wachsende Überzeugung, daß die Kategorie des Bruttosozialprodukts nicht ausreicht, um Wohlbefinden zu messen. Gibt es einen Ausweg aus diesem Dilemma?

Eine Möglichkeit besteht darin, sich der Sache sozusagen indirekt zu nähern, indem man die sozialen Bedingungen des von uns unterstellten Strebens nach Zufriedenheit und Wohlbefinden genau untersucht. Unter welchen Bedingungen beispielsweise geht der einzelne Konsument das Problem der Befriedigung seiner Bedürfnisse an? Und in welchen anderen bedeutsamen Formen sozialen Handelns kann sich diese Suche nach Zufriedenheit und Wohlbefinden vollziehen? Der Grund, ein indirektes einem direkten Vorgehen vorzuziehen, ist einfach: es ist weder sinnvoll noch wünschenswert, einen «objektiven» Maßstab für die Bedeutung von Zufriedenheit festsetzen zu wollen. Vielmehr sollten wir uns darum bemühen, Einzigartigkeit und Vielfalt – also den idiosynkratischen Charakter – individueller Eigendefinition von Zufriedenheit und Wohlbefinden zu wahren. Andererseits müssen wir erkennen, daß der einzelne dem Einfluß gesellschaftlicher Leitbilder bei der persönlichen Interpretation von Zufriedenheit nachgibt. Die Veränderung von Verhaltensmustern und Werten ist das Ergebnis des Zusammenwirkens institutioneller Kräfte (Erziehung, Beschäftigung, Sozialpolitik, Massenmedien, wirtschaftlicher Bedingungen) und nicht des zufälligen Zusammentreffens von individuellen Entscheidungen. Diese institutionellen Kräfte ändern die Lebensverhältnisse, in denen das Streben nach Wohlbefinden stattfindet ebenso wie die gesellschaftlichen Signale der Billigung und der Mißbilligung, die den einzelnen in der Interpretation seines Zufriedenheitsgefühls beeinflussen.

Die vorherrschende Tendenz des institutionellen Wandels in der Entwicklung der Konsumgesellschaft hat dazu geführt, daß die einzelnen ihr Wohlbefinden ausschließlich im Sinne des Zugangs zu einem immer größeren Sortiment von kaufbaren Gütern und Dienstleistungen definieren. Eine Gesellschaftspolitik mit davon abweichenden Zielperspektiven kann diese vorherrschende Definition von Wohlbefinden nur dann ändern, wenn sie Bedingungen in anderen Bereichen des täglichen Lebens verbessert, die für die Menschen wichtig sind. Von herausragender Bedeutung sind hier insbesondere die gesellschaftlichen Bedingungen der Arbeit. (Ich werde auf diesen Punkt später noch zurückkommen.)

Es stellt sich daher die Aufgabe, zu einem klaren Verständnis der gesellschaftlichen Bedingungen zu gelangen, die die Interpretation des Wohlbefindens und die Befriedigung von Bedürfnissen durch Konsumaktivitäten bestimmen. Wir können diese Aufgabe so angehen, daß wir erst einmal fragen, welche Auffassungen im Hinblick auf das Konsumverhalten die gegenwärtigen Sozialwissenschaften entwickelt haben. Es gibt hierzu hauptsächlich zwei Forschungsrichtungen: die Theorie des Konsumverhaltens und die Theorie der Bedürfnisse.

Theorien des Konsumverhaltens stellen zum einen die Basis für eine ganze Reihe von empirischen Untersuchungen im Bereich der Sozialpsychologie dar und finden sich ebenfalls in hochabstrakter Form in ökonomischen Theorien wieder. Ich werde mich hier nur auf die sozialpsychologischen Ansätze beziehen.

Untersuchungen zum Konsumverhalten enthalten eine ganze Menge Informationen zu solchen Fragen wie: Konsummuster auf unterschiedlichen Einkommensniveaus, interkulturelle Vergleiche, Korrelationen zwischen Konsumverhalten und politischen Einstellungen, die Rolle der Familie als Konsumeinheit usw. Das differenzierteste gegenwärtig laufende Projekt ist die empirische Untersuchung des Konsumverhaltens, die von dem Institute for Social Research der Universität Michigan durchgeführt wird. Die an diesem Projekt beteiligten Forscher haben einen «Index der Konsumenteneinstellung» entwickelt, der zur Hauptsache aus einer vierteljährlichen Registrierung des «Konsumentenvertrauens» in die Leistungsfähigkeit der Volkswirtschaft besteht und auf der Basis einer erklärten Bereitschaft der Individuen, Häuser, Autos, langlebige Gebrauchsgüter zu kaufen, ermittelt wird.

Wenngleich diese Untersuchung informativ ist, was die spezifischen Bedingungen einer Entscheidungsfindung der Konsumenten angeht, so hilft sie doch nicht sehr viel weiter, was die Probleme der Zufriedenheit und des Wohlbefindens betrifft. Das ist kein Mangel der Untersuchungsmethoden; es handelt sich dabei vielmehr um Fragen, die außerhalb der gesetzten Untersuchungsziele liegen. Eine Durchsicht der entsprechenden Forschungsliteratur zeigt, daß mit dem Konzept der Bedürfnisse nicht gearbeitet wird. Gebräuchlicher sind die Ansätze «Bedarf» und «Nachfrage», besonders in der ökonomischen Theorie. Aber – soweit mir bekannt ist – hat noch kein Wissenschaftler versucht, folgende Fragen zu klären: Machen die Individuen gewöhnlich eine Unterscheidung zwischen Wünschen und Bedürfnissen? Nehmen sie überhaupt Bedürfnisse wahr, die durch Konsumhandlungen offensichtlich nicht befriedigt werden können? Bemerken sie eine Veränderung ihrer Wünsche oder Bedürfnisse im Laufe der Zeit, und können sie für diese Veränderung Gründe angeben?

Die Theorie der Bedürfnisse hat viel weniger Resonanz gefunden als die Theorie des Konsumverhaltens. Es gibt in der neueren sozialwissenschaftlichen Literatur nur einen Beitrag zur Theorie der Bedürfnisse, der von Bedeutung ist – Abraham Maslows Konzept der «Hierarchie von Bedürfnissen». Maslow hat darin fünf Ebenen von Bedürfnisbefriedigung unterschieden: physiologische Bedürfnisse, Sicherheit, Zuneigung, Selbstachtung und Selbstverwirklichung. Maslow hat sie so geordnet, daß er mit den unmittelbarsten beginnt und dann zu den Bedürfnissen fortschreitet, die erst auf einer späteren Stufe der individuellen Entwicklung virulent werden. Er versucht mit seinem Konzept zu definieren, was Reife ist und stellt die These auf, daß eine vollentwickelte Persönlichkeit erst sei, wer die «höheren»

Bedürfnisse äußere und zu erreichen trachte, besonders das Bedürfnis nach Selbstverwirklichung. Dieses Konzept hat direkte Konsequenzen für das Problem der materiellen Wünsche: da nur die ersten beiden Ebenen materieller Natur sind, läßt Maslows Hierarchie den Schluß zu, daß individuelle Reife in der Fähigkeit besteht, die rein materiellen Ansprüche zu transzendieren und jene Ebenen der Gratifikation zu erreichen, die auf zwischenmenschlichen Beziehungen und «geistiger» Aktivität basieren.

Maslows Auffassung hat großen Einfluß ausgeübt und die sozialpsychologische Forschung in diesem Bereich sehr stimuliert. Was ihre Brauchbarkeit für das Problem der Bedürfnisse in der Konsumgesellschaft anbetrifft, hat sie jedoch ihre Grenzen, und zwar hauptsächlich durch den Grad der Abstraktheit, der das Schema der fünf Ebenen von Bedürfnissen auszeichnet. Sein Schema enthält keinen Bezug mehr zu den realen Bedingungen der Bedürfnisbefriedigung, mit denen die Individuen im Alltagsleben konfrontiert werden – notwendigerweise nicht, denn es soll eine allgemeingültige zeitlose Struktur der menschlichen Bedürfnisse an sich wiedergeben. Nehmen wir einmal an, es träfe auf die Lebensumstände der «primitiven» Gesellschaft ebenso wie auf die der hochentwickelten Marktgesellschaft zu. Wenn wir es jedoch zum Beispiel auf die realen Verhältnisse der Konsumgesellschaft anwenden, werden seine Grenzen deutlich. Denn in dieser Gesellschaft scheinen die Menschen nicht die materiellen Bedürfnisse zu transzendieren; vielmehr suchen sie Befriedigung durch Konsumhandlungen auf allen Bedürfnisebenen, einschließlich der der Selbstverwirklichung. Mit anderen Worten: das Gefühl von Selbstachtung und Selbstverwirklichung ist eng verknüpft mit dem erfolgreichen Zugang zu den begehrenswerten Gütern und Dienstleistungen, besonders den «Luxusgütern» (*conspicious consumption*). Und für solche Art der Bedürfnisse scheint es keine obere Grenze zu geben.

Beide Theorien sind unzulänglich oder einseitig. Die Theorie des Konsumverhaltens ermöglicht nur wenig Einsicht in die individuelle Interpretation der Bedürfnisbefriedigung, und die Theorie der Bedürfnisse ist zu abstrakt, um den spezifischen Formen nachgehen zu können, mit denen die Menschen nach Befriedigung durch Konsum trachten. Was wir jedoch brauchen, ist ein Ansatz, der uns erlaubt, beide Seiten dieser Entwicklung gleichzeitig zu erfassen.

So ein einheitlicher Ansatz muß es darüber hinaus erlauben, in dem Versuch, unsere Bedürfnisse durch ein System der Produktion und der Konsumtion zu artikulieren und zu befriedigen, drei Dimensionen aufzudecken: die Dimension des *Individuums*, der *Gesellschaft* und unserer *Beziehung zur natürlichen Umwelt.* Auf der unmittelbarsten Ebene impliziert die Befriedigung von Bedürfnissen in einer Marktgesellschaft Handlungen von Individuen, die ihre Präferenzen in Relation zu Einkommen und Wünschen ordnen. Darüber hinaus – darauf wurde oben schon hingewiesen – beeinflußt die Gesellschaft die Interpretation individueller Bedürfnisse durch institutionelle Strukturen, die Orientierungen für das normale Verhalten bereitstellen und sich im Laufe der Zeit verändern (der Übergang von einer Leistungs-Ethik zur Konsum-Ethik zum Beispiel). Und es gibt eine dritte Dimension, die in der Diskussion um Bedürfnisse und Wünsche bisher immer vernachlässigt worden ist, nämlich die entsprechende Intensität, mit der sich unsere Produktion und unser Konsum auf die natürlichen «Versorgungssysteme» auswirken, das heißt der ökologische Kreislauf, der durch unseren Gebrauch von Ressourcen und unseren Umgang mit Abfällen beeinflußt wird. Auf Grund der Komplexität des Themas habe ich mich jedoch auf die erstgenannte der drei Ebenen konzentriert und mich auf die anderen nur beiläufig bezogen.

In dem folgenden Kapitel habe ich einen umfassenden Ansatz zum Problem der Bedürfnisse entwickelt, der die Grenzen der bestehenden Theorien zu überwinden sucht. Er möchte die Grundlagen zur Unterscheidung von zwei Paradigmen der Bedürfnisentwicklung und der Bedürfnisbefriedigung bereitstellen, die für die Konsum- bzw. die *conserver*-Gesellschaft charakteristisch sind.

Das Problem der Bedürfnisse in der Konsumgesellschaft

Ich habe die Konsumgesellschaft als ein fortgeschrittenes Stadium der Marktgesellschaft definiert. Wir können sie noch präziser kennzeichnen, indem wir uns auf sie als «hochentwickeltes Marktsystem» beziehen. Dieses System weist folgende Merkmale auf: 1. es führt die von der Marktgesellschaft eingeleitete Entwicklung weiter fort, das Individuum darin zu bestärken, Befriedigung ausschließlich durch Konsumhandlungen erreichen zu wollen; 2. die Güter und Dienstleistungen auf dem Markt weisen im Vergleich mit früheren Stadien eine qualitative Differenz auf, was ihre steigende Quantität, die Komplexität ihrer Merkmale und das Tempo der Produktinnovation anbetrifft. Es gibt also eine grundlegende Transformation sowohl in der individuellen Interpretation von Befriedigung und Wohlergehen wie auch in den Beziehungen zwischen Bedürfnissen und den Quellen ihrer Befriedigung (vermarktete Güter und Dienstleistungen oder Waren).

Ich denke, daß wir diese vorwissenschaftliche Charakterisierung des hochentwickelten Marktsystems akzeptieren können. Die Forschungsarbeit, die zu ihrer empirischen Absicherung nötig wäre, ist bisher noch nicht geleistet worden; genaugenommen handelt es sich also um eine deskriptive Bestandsaufnahme dessen, was ich für einige der vorherrschenden Merkmale des Alltagslebens in der gegenwärtigen Gesellschaft halte. Eine Untersuchung der zeitgenössischen Unterhaltungsliteratur, eine Inhaltsanalyse von Programmen der Massenmedien und eine Untersuchung des individuellen Zeitbudgets auf der Basis einer Stichprobe für die Jahre 1925 und 1975 würde – meiner Meinung nach – eine signifikante Verschiebung zugunsten einer an Konsumhandlungen orientierten Interpretation des Wohlbefindens während dieser fünfzig Jahre zeigen. Gleichermaßen, denke ich, würde der Nachweis – wäre er verfügbar – eine signifikante Zunahme der Quantität, der Komplexität und der Erneuerung der Produkte anzeigen.

Wenn diese vorwissenschaftliche Kennzeichnung der Konsumgesellschaft plausibel ist, dann ist die entscheidende Frage: Wie müssen wir die Bedeutung des Wandels für die individuelle Auffassung von Wohlbefinden interpretieren? Die herkömmliche Antwort auf diese Frage ist die, daß die Richtung des sozialen Wandels deutlich die Unersättlichkeit der materiellen Bedürfnisse demonstriere. Eine führende amerikanische Autorität auf dem Gebiet des Konsumverhaltens behauptet einfach, daß in der Konsumgesellschaft die Wünsche des Durchschnittsbürgers sich schneller weiterentwickeln als die Möglichkeiten ihrer Befriedigung. Wenn das wirklich der Fall ist, dann sehen wir uns mit der Tatsache konfrontiert, daß sich die Kluft zwischen Ansprüchen und deren Verwirklichung mit der Verbesserung der materiellen Situation des einzelnen sogar noch vergrößert; oder – anders gesagt – daß die Entstehung von potentieller Enttäuschung und Frustration auch noch durch den materiellen Fortschritt selbst begünstigt wird. Unter solchen Umständen würde es überhaupt keine Begrenzung materieller Wünsche geben, sehr wohl aber eine kontinuierliche Verminderung der Zufriedenheit.

Als Konsequenz taucht dann natürlich die Frage auf, warum die

Menschen offenbar ihre Wünsche in einem größeren Maße erweitern, als sie sie erfüllen können. Und wieder ist die herkömmliche Antwort darauf, daß das ein der «menschlichen Natur» oder der «menschlichen Existenz» inhärentes Charakteristikum sei. Aber das ist eine Ausflucht, keine Erklärung. Bedeutet das, daß in allen früheren Zeiten die Menschen nur unzufrieden auf eine Möglichkeit zur Entfesselung ihrer unersättlichen Wünsche gewartet haben? Man kann so einen Standpunkt einnehmen, aber er kann angesichts der expandierenden Erwartungen in der Konsumgesellschaft keineswegs ein Interpretationsmonopol beanspruchen.

Eine ebenso plausible Antwort ist die, daß Wünsche anscheinend in dem gleichen Maße oder schneller expandieren als sie erfüllt werden können, weil das Gefühl von Wohlbefinden, das auf dem Versuch basiert, Wünsche durch Konsumhandlungen zu befriedigen, immer unklarer und uneindeutiger wird. Von diesem Standpunkt aus betrachtet ist die individuelle Empfänglichkeit für augenscheinlich grenzenlose Ansprüche eine Antwort auf die uneindeutigen Ergebnisse einer Suche nach Bedürfnisbefriedigung in dem hochentwickelten Marktsystem.

Warum können wir sagen, daß die zweite Antwort (zunehmende Ambiguität in dem Gefühl des Wohlbefindens) der ersten (menschliche Natur) überlegen ist? Die Unzulänglichkeit der ersten Antwort besteht darin, daß sie gänzlich die Subtilität und Komplexität in der Entwicklung der Bedürfnisformung und -befriedigung außer acht läßt. Sie verleitet uns dazu, Wünsche oder Bedürfnisse einfach als Begehren bestimmter Dinge anzusehen und Befriedigung als Etikettierung für den Akt der Inbesitznahme – eine Handlung (die auf ziemlich mysteriöse Weise) ebenso andere und differenziertere Begehren zur gleichen Zeit auslöst. Sie verleitet uns außerdem dazu, das Problem menschlicher Bedürfnisse im Grunde als ein rein quantitatives zu betrachten: die menschliche Psyche ist der Sitz einer unbegrenzten Reihe verschiedener Wünsche (die sich kontinuierlich verfeinern), und Konsumhandlungen drücken das Bemühen um die Befriedigung einer größtmöglichen Anzahl dieser Wünsche aus.

Wenn wir jedoch das Problem menschlicher Bedürfnisse sorgfältiger betrachten, dann – glaube ich – werden wir zu dem Schluß kommen, daß sowohl die Formierung von Bedürfnissen wie auch ihre Beziehung zu möglichen Quellen der Befriedigung ziemlich komplexe Angelegenheiten sind. In jeder Konsumhandlung schätzt der einzelne die Angemessenheit eines Objekts im Hinblick auf ein ganzes

*Die Bücher kosten nur noch
ein Fünftel ihres früheren Preises...*

…schrieb der Bischof von Aleria 1467 an Papst Paul II. Das war Gutenberg zu verdanken.

Heute, 500 Jahre später, kosten Taschenbücher nur etwa ein Fünftel bis ein Zehntel des Preises, der für gebundene Ausgaben zu zahlen ist. Das ist der Rotationsmaschine zu verdanken und zu einem Teil auch – der Werbung: Der Werbung für das Taschenbuch und der Werbung im Taschenbuch, wie zum Beispiel dieser Anzeige, die Ihre Aufmerksamkeit auf eine vorteilhafte Sparform lenken möchte.

Ensemble von Forderungen ein, aus dem sich ein Bedürfnis oder ein Wunsch zusammensetzt. Diese Einschätzung setzt voraus, daß der einzelne versucht hat, sich hinreichend Klarheit bzw. eine kohärente Vorstellung über das Bedürfnis und dessen Beziehung zu anderen tatsächlichen oder potentiellen Bedürfnissen zu verschaffen. Ferner setzt es den Versuch voraus, vorher die Qualitäten des Objekts festgestellt und geklärt zu haben, wie diese auf die in dem Bedürfnis verkörperten Anforderungen bezogen werden können. Natürlich können wir nicht davon ausgehen, daß diese komplexe Einschätzung, die in jeder Konsumhandlung implizit enthalten ist, sich völlig auf der bewußten Ebene vollzieht; wahrscheinlicher ist es, daß es sich dabei um das Ergebnis eines bewußten als auch unbewußten Prozesses handelt oder um das Ergebnis sowohl der individuellen Reflexion wie auch der zahllosen gesellschaftlichen Einflüsse, auf die wir alle in ganz unterschiedlicher Weise reagieren.

Ich werde diese komplexen Fragen in den folgenden Abschnitten behandeln. Aber zuerst möchte ich herausarbeiten, wie sich dieser Argumentationsansatz zu dem Problem der vermeintlichen Unersättlichkeit von Wünschen verhält. Wenn wir unsere Wünsche auf ein großes und wechselndes Angebot von Gütern richten, so wie wir es in der Konsumgesellschaft tun, dann werden wir in wachsendem Maße indifferent gegenüber den spezifischen Eigenschaften unserer Wünsche und der Objekte ihrer Befriedigung. In anderen Worten: unsere Fähigkeit, die Angemessenheit von Gegenständen für unsere Bedürfnisse einzuschätzen, verringert sich. Da schon die Quantität unserer einzelnen Wünsche sich so enorm vergrößert, unterliegt auch der Prozeß ihrer Entstehung einer qualitativen Veränderung. Wenn wir diesen Aspekt vernachlässigen, werden wir nicht zu einem Verständnis dessen gelangen, was sich für den einzelnen in seiner tatsächlichen alltäglichen Erfahrung der Bedürfnisformierung und der Bedürfnisbefriedigung vollzieht; als Konsequenz flüchten wir uns in Pseudoerklärungen wie der, die vermeintliche Unersättlichkeit der Wünsche mit der «Natur des Menschen» erklären zu wollen.

Diese wachsende Indifferenz gegenüber dem Charakter unserer Wünsche kann nur dann angemessen verstanden werden, wenn wir die beiden oben erwähnten Bereiche untersuchen. Erstens: jedes Bedürfnis oder jeder Wunsch ist selbst schon komplex und multidimensional. Das trifft auf alle Bedürfnisse zu, auch auf die sogenannten «menschlichen Grundbedürfnisse» – Nahrung, Unterkunft und Kleidung. Es ist eigentlich sogar schon irreführend, das Bedürfnis nach Nahrung als Grundbedürfnis zu bezeichnen. Es gibt physiologisch bedingte Ernährungserfordernisse, die für das bloße Überleben eines Organismus notwendig sind und in Form einer Minimalzufuhr von Kalorien, Vitaminen, Mineralstoffen usw. berechnet werden können. Daß diese Erfordernisse den einzelnen natürlich nicht unbedingt bekannt sind, ist nicht einfach eine Frage mangelhafter wissenschaftlicher Information: Untersuchungen der Ernährungsgewohnheiten in der doch reich ausgestatteten Konsumgesellschaft decken ernsthafte Ernährungsmängel der Bevölkerung auf, die in keinem Verhältnis zur möglichen Versorgung mit den erforderlichen Nahrungsmitteln stehen. Die Nährwerte von Nahrungsmitteln stellen nämlich nur eine Dimension dieses komplexen Bedürfnisses nach Nahrung dar; die Art der Zubereitung, Geschmacksveränderungen, neue Verpackungen, industrielle Aufbereitung usw., sind weitere damit verbundene Aspekte. Außerdem ist die Ernährung eng mit anderen Gebräuchen und Verhaltensweisen verknüpft, nämlich Rollenverteilung in der Familie, der Beziehung des Kochens zur sonstigen «Hausarbeit» und mit makro-ökonomischen Veränderungen (Industrialisierung der Landwirtschaft, Supermärkte, Schnellgerichte). Die Bedeutung des Essens als einer sozialen Handlung unterliegt also beträchtlichen Veränderungsprozessen, und diese Tatsache beeinflußt die Art, wie das Bedürfnis nach Nahrung interpretiert und befriedigt wird.

 Wenn wir das Bedürfnis nach Nahrung als einen Aspekt des Essens als sozialer Handlung betrachten, dann wird erkennbar, daß die Interpretation und Befriedigung dieses Bedürfnisses mit vielen anderen interferiert und von vielen kulturellen Besonderheiten bestimmt wird. Das Bedürfnis selbst ist immer schon vielschichtig gewesen und nicht erst in der Marktgesellschaft – sei es die industrielle Marktgesellschaft oder die Konsumgesellschaft – komplexer geworden. Der eigentliche Unterschied besteht darin, daß im Unterschied zu anderen Gesellschaften, wo das Bedürfnis im Rahmen relativ fester kultureller Praktiken und materieller Möglichkeiten erfahren wird, in der Konsumgesellschaft das Bedürfnis nach Nahrung (so wie alle anderen Bedürfnisse) durch schnell wechselnde Muster individueller Verhaltensweisen, sozialer Orientierungen und technologischer Neuerungen dauernd umorientiert wird.

Es gibt deswegen in der Konsumgesellschaft eine wachsende Tendenz, die dem Bedürfnis inhärente Vielschichtigkeit zu unterdrücken und die damit verbundenen Erfahrungen zu simplifizieren: Die Erfahrung des Bedürfnisses nach Nahrung leidet zunehmend unter der Konkurrenz mit anderen Wünschen, was dazu führt, daß man sich immer mehr auf uniforme, industriell vorgefertigte und vermarktete Nahrungsmittel verläßt und sich die individuelle Verschiedenheit des Geschmacks und der persönlichen Zusammenstellung (Zubereitung) verringert. Die quantitative Zunahme einzelner Wünsche markiert eine Verschiebung von einer intensiven Erfahrung von Bedürfnissen mit reicher und subtiler individueller Verschiedenheit zu einer weniger intensiven – oder indifferenteren – Erfahrung. Obgleich es (angesichts des Mangels an empirischem Material) schwierig ist zu bestimmen, wie das Gefühl von Zufriedenheit und Wohlbefinden dadurch verändert wird, kann man doch mit Sicherheit annehmen, daß sich einige Veränderungen – vielleicht sogar sehr bedeutsame – in dieser Hinsicht vollzogen haben.

Ein anderes Komplexitätsmoment wohnt den materiellen Objekten der Bedürfnisbefriedigung inne. Es gibt zwei Aspekte dieser Komplexität, eine symbolische und eine technische. Mit der symbolischen Komplexität des Objekts meine ich die Bedeutungsschichten, die in ihm als Ergebnis traditioneller, institutioneller und persönlicher Bewertung verkörpert sind. In dem traditionellen Rahmen von Nicht-Marktgesellschaften sind viele Objekte (sowohl Gebrauchs- wie Kultgegenstände) in ein differenziertes Netz von Bedeutungen für die Menschen eingebunden, weil sie mit den Handlungen anderer Personen in der Familie oder in der Verwandtschaft verknüpft sind; das gilt heute noch im begrenzten Maße für das Familienerbstück. Die meisten Objekte, denen wir gegenwärtig in der Konsumgesellschaft begegnen, weisen hingegen Bedeutungen auf, die mit Institutionen assoziiert werden (Firmennamen oder Warenzeichen) und sich von raffinierten Markttechniken herleiten. Was die Komplexität der Bedürfnisse anbetrifft, so erweitert sich die symbolische Komplexität von Objekten in der Marktgesellschaft im Vergleich zur Nicht-Marktgesellschaft nicht notwendigerweise; was sich vielmehr ändert, ist die Art, wie Objekte mit Bedeutungen belehnt werden. Um nur auf einen Aspekt dieses Prozesses hinzuweisen: die Betonung, die in der Konsumgesellschaft auf schnelle Innovation gelegt wird – der ständige Strom von «neuen», «verbesserten» Produkten –, verstärkt die Gleichgültigkeit gegenüber der Qualität der Dinge.

Technische Komplexität bezieht sich auf die Anwendung von handwerklichen Fähigkeiten und industrieller Fertigung bei der Produktion eines Objekts. In der vorindustriellen Welt sind die Menschen

mit den meisten produzierten Gegenständen in ihrer Umgebung
vertraut, selbst wenn sie über die Fähigkeiten, die man zu ihrer
Herstellung braucht, nicht verfügen. In einer industriellen Gesellschaft, besonders auf technologisch fortgeschrittener Stufe, trifft dies
nicht länger zu. Man muß sich auf die Informationen oder Instruktio-
nen der Hersteller verlassen, um viele Dinge, die Produkte eines
hochdifferenzierten wissenschaftlich-technischen Wissens sind, richtig benutzen zu können – das heißt ihre Angemessenheit für bestimmte Bedürfnisse überhaupt erkennen zu können. Würden zum
Beispiel viele Produkte nur mit Informationen über ihre chemische
Zusammensetzung ausgestattet sein, wären viele Menschen nicht in
der Lage, ihren Zweck bestimmen zu können. Um es noch einmal
deutlich zu machen: Dieser Mangel an Vertrautheit mit den spezifischen Eigenschaften der für die Bedürfnisbefriedigung produzierten
Objekte führt zu Gleichgültigkeit gegenüber den spezifischen Qualitäten des Objekts (und gegenüber den Bedürfnissen, mit denen sie
assoziiert werden). Da wir die Bestandteile der Dinge weder kennen
noch uns darum kümmern, ist es für uns bedeutungslos, wenn sie
durch andere ersetzt werden.

Die Komplexität der Bedürfnisse und die Komplexität der Objekte
sind natürlich in jeder Kultur zwei Seiten derselben Sache. In einer
marktindustriellen Gesellschaft wird – wegen der Trennung von Produktion und Konsumtion – den Menschen die Verbindung zwischen
ihnen zunehmend unklar. Der Weg von der Konzeption des Produkts
über die Stadien des Design, der Herstellung, des Testens, des Mar-
keting, bis zu dem Akt des Konsums ist lang und kurvenreich. Die
Spezialisierung der Arbeit mindert den Grad an Vertrautheit mit den
Dingen, die man benutzt; dieser Umstand, gepaart mit einer riesigen
Anzahl von Dingen, die für einen möglichen Gebrauch zur Verfügung stehen, verlangt vom einzelnen, sich mit einem enormen Strom
von Mitteilungen über sie vertraut zu machen. Im Alter von 18
Jahren ist ein nordamerikanischer Jugendlicher schätzungsweise
350000 Fernsehwerbespots ausgesetzt gewesen; hinzugerechnet
werden müssen noch entsprechende Sendungen und Werbebotschaf-
ten aus dem Radio, auch Zeitungen und Zeitschriften von Plakatta-
feln und die *peer-group*-Einflüsse.

Man sollte – wie oben schon angedeutet – jedoch nicht glauben, daß
die bloße Quantität dieser Botschaften die Komplexität der Bedürfnisse vergrößert. Vieles spricht aber dafür, daß in diesem Strom von
Werbesendungen die Interpretation der Bedürfnisse – und dement-

sprechend das Gefühl von Zufriedenheit und Wohlbefinden – ständig ohne festen Bezugspunkt bleibt. Nicht-Marktgesellschaften weisen im allgemeinen verbindlich strukturierte traditionale Sozialisationsmuster auf, die die Kategorien der Bedürfnisinterpretation normativ festlegen und sich im allgemeinen nur langsam verändern; innerhalb ihrer Grenzen variiert die individuelle Erfahrung von Zufriedenheit allerdings beträchtlich. In der Konsumgesellschaft werden die Bedürfniskategorien selbst ständig umgruppiert und «destabilisieren» so das persönliche Beurteilungsvermögen der Angemessenheit bestimmter Objekte zur Befriedigung bestimmter Bedürfnisse.

Der Instabilität der Bedürfniskategorien in der Konsumgesellschaft korrespondiert der ständigen Umverteilung der äußeren Kennzeichen der Güter. In früheren Stadien der Marktgesellschaft besaßen die meisten Güter schnell identifizierbare Merkmale, die sich im Laufe der Zeit nicht merklich veränderten. Ob diese Merkmale bestimmten Bedürfnissen angemessen waren, konnte gewöhnlich auf der Basis normaler Kompetenzen entschieden werden, über die fast jeder verfügte, wie Nähen, Kochen, Tischlern, Landwirtschaft. Die viel kompliziertere industrielle Herstellung von Gütern für alltägliche Bedürfnisse wie Essen und Kleidung stattet die vertrauten Dinge mit neuen Attributen aus: ein bestimmtes Nahrungsmittel kann durch verschiedene Verpackungen, künstliche Farben und Geschmacksstoffe oder als Fertiggericht immer wieder anders erscheinen.

Der amerikanische Ökonom Kelvin Lancaster hat die These aufgestellt, daß Konsumentenentscheidungen sich primär auf solche nicht produktspezifischen Eigenschaften (wie Bequemlichkeit und Komfort) konzentrieren; in anderen Worten: daß Güter als ganze Bündel solcher nicht produktspezifischer Attribute begriffen werden müssen und Hersteller «letztlich nur noch Kollektionen von solchen Attributen vekaufen». Natürlich haben Güter immer solche Attribute gehabt. Der Unterschied in der Konsumgesellschaft besteht in der hochdifferenzierten industriellen Technologie, die es möglich macht, sie in immer kürzeren Abständen umzugruppieren (oder über verschiedene Arten von Gütern neu zu verteilen), was dazu führt, daß die Menschen ihre Bedürfnisse fortgesetzt und in immer kürzeren Zeiträumen auf diese Attribute neu ausrichten.

In dem vorangegangenen Kapiteln habe ich versucht, einige der wichtigen Faktoren, die das individuelle Konsumverhalten in der Konsumgesellschaft beeinflussen, herauszustellen. Präziser gesagt,

ich habe versucht, die Schwierigkeiten auszumachen, die mit der individuellen Beurteilung der Angemessenheit von Gütern zur Befriedigung von Bedürfnissen verbunden sind. Diese Schwierigkeiten lassen sich in zwei Kategorien unterteilen:
1. die Kohärenz des Bedürfnisses selbst und
2. die spezifischen Ansprüche, die ein Bedürfnis ausmachen, mit den Eigenschaften oder Attributen der Güter, die auf dem Markt erhältlich sind, in Übereinstimmung zu bringen.

Die Fragmentierung der Bedürfnisse

Ich habe bereits ausgeführt, daß die konventionelle These von der Unersättlichkeit der Wünsche unzutreffend ist, weil sie die institutionellen Veränderungen und die der Sozialisation nicht berücksichtigt, die das persönliche Gefühl von Zufriedenheit und Wohlbefinden beeinflussen. Gibt es einen anderen Ansatz, der das Problem, das wir in dem vorhergehenden Abschnitt beschrieben haben, besser erfaßt? Einer weithin bekannten kritischen Sichtweise der Konsumgesellschaft zufolge haben wir es mit einer totalen Manipulation der Wünsche der Menschen durch Werbung und andere Marketing-Techniken zu tun, und diese Manipulation sei in erster Linie verantwortlich für die Eskalation des Verlangens nach materiellen Gütern. Von diesem Ansatz wird darüber hinaus behauptet, daß man zwischen Wünschen und Bedürfnissen unterscheiden müsse: Wünsche seien die subjektiven, individuellen Begehren, die manipulativem Druck nachgeben, während Bedürfnisse die objektiven, universalen Erfordernisse physischer und psychischer Gesundheit darstellen.
Niemand würde die These bestreiten, daß Werbung einen bestimmten Einfluß auf die Ausrichtung der individuellen Wünsche ausübt. Es ist aber tatsächlich ziemlich schwierig, spezifische Beeinflussungen des Konsumverhaltens durch Marketing-Maßnahmen exakt dingfest zu machen. Hinzu kommt, daß die Vertreter der These der Bedürfnismanipulation nur selten in die Einzelheiten gehen und spezifizieren, welche Wünsche «genuin» und welche künstlich geschaffen worden sind. Das hat seine guten Gründe: jede Auflistung «genuiner» Wünsche würde als Spiegelung der persönlichen Präferenz- und Wertskala des Autors betrachtet werden, der sich dann den Vorwurf gefallen lassen müßte, seine persönlichen Wertvorstellungen verallgemeinern zu wollen. Behavioristische Autoren, die die

Manipulationsthese zurückweisen, gehen einfach davon aus, daß alle Wünsche sozial konditioniert sind, und sie stimmen darin überein, daß Marketing-Techniken zu den wichtigsten Konditionierungsfaktoren in der Konsumgesellschaft zählen. Solange die Vertreter der Manipulationsthese nicht in der Lage sind, eine klare Trennungslinie zwischen genuinen und künstlich erzeugten Wünschen zu ziehen, bleibt die These selbst unproduktiv.

Kann man überhaupt eine überzeugende Unterscheidung zwischen Wünschen und Bedürfnissen machen? Wie unterscheidet sich das *Bedürfnis* von einem *Wunsch* nach Nahrung? Am einfachsten wäre es, darauf mit einer Aufzählung der physiologischen Erfordernisse zu antworten, so wie die Medizin sie definiert: eine bestimmte durchschnittliche Tagesration von Kalorien, Mineralstoffen, Vitaminen, Flüssigkeit usw. Alle anderen Begleiterscheinungen, die normalerweise mit dem Nahrungsbedürfnis in Verbindung stehen – wie Vielfalt, Geschmack, Geruch und Aussehen –, könnte man unter die Kategorie der Wünsche subsumieren, da sie genaugenommen für das Überleben des Organismus entbehrlich sind (zumindest könnte man wahrscheinlich darauf hin konditioniert werden, sie nicht als essentiell für das Wohlbefinden zu betrachten). Wenn wir allerdings weniger streng vorgehen und das Bedürfnis nach den qualitativen Attributen der Nahrung bis zu einem gewissen Grad als legitim anerkennen würden, müßte man dann eine Trennungslinie zwischen Wünschen und Bedürfnissen ziehen? Welches Maß an Nahrungsvielfalt und an kunstvoller Zubereitung ist zu den *wirklichen Bedürfnissen* zivilisierter Menschen zu rechnen und was ist bloßer *Wunsch*, dem keine essentielle Bedeutung zukommt? Ich wiederhole, daß ich nicht an die Möglichkeit glaube, eine theoretische, befriedigende Unterscheidung zwischen Wünschen und Bedürfnissen machen zu können. In diesem wie in anderen Punkten des hier diskutierten Problems gibt es keine sauberen und einfachen «Lösungen». Subjektive Zufriedenheit und persönliches Wohlbefinden sind sehr subtile und komplexe Gefühle und verlangen ein dementsprechend differenziertes Vorgehen, wenn man sie verstehen können will.

Der allgemeine Ansatz, der meiner Meinung nach sowohl dem Postulat der Unersättlichkeit wie auch der These der Manipulation überlegen ist, geht von folgendem aus:

Im fortgeschrittenen Stadium der Marktgesellschaft unterliegt die Erfahrung von Bedürfnissen einer zunehmenden Fragmentierung in immer kleinere Bruchstücke, die in Reaktion auf gesellschaftliche

Orientierungssignale nur noch zu zeitlich begrenzten, fließenden und ziemlich unstabilen Mustern wieder zusammengesetzt werden. Traditionelle Bedürfniskategorien lösen sich auf, Aspekte oder Dimensionen, die vorher in eine Einheit eingebunden waren, werden voneinander getrennt – und die so entstehenden Fragmente fortwährend zu neuen «Bedürfnismustern» zusammengesetzt. Die konstante Teilung und Neuzusammensetzung der Bedürfnisfragmente macht es den einzelnen immer schwerer, wenn nicht gar unmöglich, einen kohärenten Satz von Zielvorstellungen für ihre Bedürfnisse zu entwickeln und auf diese Weise zu beurteilen, ob bestimmte Güter ihren Bedürfnissen entsprechen oder nicht. Unter diesen Umständen wird das Gefühl für Zufriedenheit und Wohlbefinden in wachsendem Maße uneindeutig und verwirrt.

Die Desintegration der Güter in, wie Lancaster es nennt, Kollektionen von nicht produktspezifischen Attributen entspricht der Fragmentierung der Bedürfnisse. Sowohl die Bedürfnisse selbst als auch die symbolischen und technischen Aspekte der Gegenstände können potentiell unendlich permutiert werden. Dies ist die tatsächliche Lage der Dinge, für die das Postulat der Unersättlichkeit nur eine grobe und unstimmige Erklärung anbietet. Die Zahl der möglichen Kombinationen, die sich aus dem Wechselspiel von Bedürfnisfragmenten und solchen nichtproduktspezifischen Kollektionen von Attributen ergibt, erscheint in der Tat grenzenlos. Die für diesen Interaktionsprozeß kennzeichnende Wechselhaftigkeit und Unbeständigkeit nimmt dem einzelnen die Möglichkeit, im Konsum dauerhafte Befriedigung zu finden.

Um ein Beispiel für die Fragmentierung der Bedürfnisse zu geben: Gehen wir einmal davon aus, daß Personen das Bedürfnis verspüren, Anerkennung von anderen zu erlangen. Seinen Körper attraktiv und gut aussehend zu machen, stellt nur einen Aspekt dieses Bedürfnisses unter vielen anderen dar. In der hochentwickelten Marktgesellschaft wird dieser Bedürfnisaspekt (wie alle anderen auch) in einzelne Bruchstücke fragmentiert: alle Teile des Körpers, von Kopf bis Fuß, benötigen angeblich eine jeweils besondere Zusammenstellung von Pflegemitteln. Diese stehen in verschiedenen Zubereitungen zur Verfügung, von denen jede wiederum den Anspruch erhebt, besser als alle anderen Pflegemittel dieses Bedürfnis befriedigen zu können; solche Attribute werden nun wieder mit anderen kombiniert, zum Beispiel Düften und Verpackung. Über diese verschiedenen Stadien werden die dominanten Bedürfniskategorien in Marketing-Botschaften assoziiert: Erfolg im Beruf, sexuelle Beziehung und Freundschaft.

Die Konsumentenentscheidung des einzelnen stellt eine momentane Konkretisierung dieser komplexen Vernetzung von Bedürfnisfragmenten und Gütereigenschaften dar. Diese besondere Zusammenstellung von Bedürfnisfragmenten jedoch (als ein Aspekt des Bedürfnisses nach Anerkennung) besteht aus Bruchstücken, die sich auch zu anderen Mustern kombiniert vorfinden, zum Beispiel in Konzeptionen von Gesundheit. Und auch jede der Gütereigenschaften kommt in vielen verschiedenen Produktarten vor. Wenn der einzelne Anzeichen des Erfolgs in seinem Streben nach Anerkennung bei sich wahrnimmt, ist er dann eigentlich in der Lage, genau zu bestimmen, welche spezifischen Bedürfnismomente, verbunden mit welchen spezifischen Attributen der relevanten Güter, diesen herbeigeführt hatten? Er kann es meiner Meinung nach nicht, und dies zeigt, warum in der Konsumgesellschaft das Gefühl von Zufriedenheit immer uneindeutiger wird.

Man kann daraus den Schluß ziehen, so scheint mir, daß eine wachsende Uneindeutigkeit in den Erfahrungen von Zufriedenheit und Wohlbefinden (ein Nachlassen des intensiven Aspekts des Konsumverhaltens), zumindest eine der wesentlichen Ursachen für das Bestreben des einzelnen ist, Zugang zu einer noch größeren Anzahl von Gütern zu erhalten (Wachstum des extensiven Aspekts). Positiv ausgedrückt, tendieren die einzelnen dazu, die Konsumgesellschaft als einen Raum expandierender und flexibler Auswahlmöglichkeiten anzusehen; schwieriger ist es anzugeben, was dabei verlorengeht. Aber auf jeden Fall stellt das Schwinden der Intensität der Erfahrung, das mit einer zunehmenden Indifferenz gegenüber den konkreten Qualitäten der Bedürfnisse einhergeht, eine Verarmung des Lebens für den einzelnen dar. Da Politik und institutionelles Handeln sich in dieser Phase der Marktgesellschaft fast ausschließlich auf das Management einer kontinuierlichen Anhebung des Konsumstandards reduzieren, nimmt die Qualität gesellschaftlicher Beziehungen ab. Problematischer wird auch unser Verhältnis zur natürlichen Umwelt, denn unsere alles beherrschende Sorge um die Sicherung der Rohstoffversorgung macht uns blind für die Gefahr, die sich eines Tages aus der Umweltzerstörung ergeben könnte.

Die große Ironie dieser Situation liegt darin, daß die Konsumgesellschaft, allen ihren Verlockungen zum Trotz, einfach eine höchst ineffiziente Weise der Erfüllung unserer Bedürfnisse darstellt. Bei näherem Hinsehen zeigt sich, daß die Bedürfnisse nicht in dem Tempo expandieren wie die Mittel zu ihrer Befriedigung, sondern daß die einzelnen ein ziemlich stabiles Ensemble von Bedürfnissen mit einem zunehmend instabilen und uneindeutigen «Feld» von Befriedigungen verknüpfen, das von einer unüberschaubaren Menge an Gütern und den mit ihnen verbundenen Attributen repräsentiert wird. Dies zeigt sich in den impliziten Botschaften, die die Werbung als Hintergrundtext für ihre expliziten Verkaufsangebote verwendet. Diese impliziten Botschaften sind zusammengesetzt aus recht traditionalen, älteren Bildern des Wohlbefindens: ein gemächlicheres Tempo des Lebens, Ruhe und Heiterkeit, Weite der Landschaft und Nähe zur natürlichen Umwelt (Bilder des Landlebens), zum Glück der Lieben beitragen (Bilder des Familienlebens), selbstgewählte Ziele erreichen (Bilder des Erfolgs in nichtinstitutionellen Zusammenhängen), ein Gefühl der Vertrautheit und Sicherheit bei der Anfertigung von Gütern und Ausübung von Dienstleistungen (Bilder von handwerklichen Fertigkeiten), Sinn für Qualität und sicheres Urteil (Bilder des Sachverstands und des differenzierten Geschmacks). Die weitverbreitete Anwesenheit von derartigen impliziten Botschaften in der Werbung für Güter, die gar keinen realen Bezug zu solchen Bildern haben, ist ein Indiz für die fundamentale Uneindeutigkeit bei der Suche nach Bedürfnisbefriedigung. Man kann daraus schließen, daß die Konsumenten positiv auf solche Bilder reagieren und die Werbung den Transfer dieser positiven Reaktionen auf die Güter vermitteln soll, die ziemlich willkürlich mit diesen Bildern verknüpft wurden. Der heimliche Widerspruch besteht darin, daß eben diese Marktgesellschaft, die solche Güter liefert, gleichzeitig die Existenzmöglichkeit der sozialen Lebens- und Handlungszusammenhänge untergräbt, die in solchen Bildern sich reflektieren.

Die Verwendung traditionaler Bilder des Wohlbefindens zur Anpreisung der Waren der Konsumgesellschaft und ihres Lebensstils gibt einen Schlüssel an die Hand, um das Problem von Zufriedenheit und Wohlbefinden auf den Begriff zu bringen. Offensichtlich wird mit den Verhaltensformen, die in jenen Bildern porträtiert werden, eine kohärente identifizierbare Erfahrung des Wohlbefindens verbunden. Anders ausgedrückt, repräsentieren solche Verhaltensformen Weisen der Bedürfnisbefriedigung, die weniger uneindeutig sind als diejenigen, die unmittelbar mit dem ganzen Apparat der Konsumgesellschaft verknüpft sind. Die Wege der Erfüllung, die sie weisen, sind unabhängig von den Errungenschaften der hochentwickelten Marktgesellschaft. Die psychologische Wirkung jener Bilder wird allerdings nicht ewig anhalten, da ihre gesellschaftliche Basis (das heißt das System der traditionalen Agrargesellschaft) bereits weitgehend verschwunden ist; aber im Augenblick stellen sie eine potentielle Quelle für eine alternative Weise der Bedürfnisbefriedigung dar.

Zwei Paradigmen der Zufriedenheit und des Wohlbefindens

Die Konsumgesellschaft als Paradigma der Interpretation und Befriedigung von Bedürfnissen regt die einzelnen dazu an, ihr Streben nach Zufriedenheit auf Konsumaktivität auszurichten. Unausgesprochen schließt sie einige Formen des Handelns (insbesondere Arbeit) sogar als mögliche Quelle der Befriedigung aus und macht aus anderen (zum Beispiel Freizeit) bloße Anhängsel des Konsums. Ihrer Logik zufolge besteht die einzig rationale Antwort auf das Problem unserer Bedürfnisse darin, die Mittel für eine grenzenlose Vermehrung der Menge marktfähiger Güter sicherzustellen. Schließlich verdeckt sie – beispielsweise durch solche Vorstellungen wie das Postulat der Unersättlichkeit – den zentralen Punkt des Problems der Bedürfnisse: daß sich die alltäglichen Erfahrungen von Befriedigung und Wohlbefinden mit den sozialen Verhältnissen verändern.

Die Ziele der *conserver society* wären, wie schon oben formuliert,

1. die Rolle des Konsums bei der Interpretation des Wohlbefindens merklich zu reduzieren und

2. auf diese Weise für eine verantwortlichere Nutzung von Rohstoffen und Energie und eine verantwortungsbewußtere Haltung gegenüber den ökologischen Folgen von Produktion und Konsumtion zu sorgen.

Die Idee der *conserver society* bildet demnach ein Paradigma des Wohlbefindens, das sich qualitativ von dem der Konsumgesellschaft unterscheidet. Ich kann an dieser Stelle ihre Vorzüge und die durch sie herbeigeführten Veränderungen nur grob skizzieren.

Die hauptsächliche Sphäre alltäglichen Handelns neben dem Konsum ist die Arbeit. Die Einstellung gegenüber der Arbeit in der Konsumgesellschaft ist von bemerkenswerter Ambivalenz gekennzeichnet. Auf der einen Seite wird sie einfach als Mittel des Zugangs zu Konsumgütern betrachtet, die die eigentliche Grundlage der Lebensfreude darstellen; auf der anderen Seite ist die Ansicht weit verbreitet, daß man einen «zufriedenstellenden Beruf» wählen sollte,

eine Bezeichnung, die gewöhnlich nur solchen Tätigkeiten zugeschrieben wird, die nicht auf körperlicher Arbeit beruhen. Da aber
solche Berufe, die diesbezüglich als die lohnendsten angesehen werden (wie zum Beispiel juristische und medizinische Berufe), gleichzeitig Tätigkeiten mit einem hohen Einkommen sind, drückt sich
darin indirekt der Wunsch nach dem mit diesen Berufen verbundenen Konsumstandard aus.

In jedem Fall ist eines der herausragenden negativen Merkmale der
Konsumgesellschaft ihre Tendenz zur Mißachtung der Produktions-
und Arbeitssphäre als möglicher Quelle der Zufriedenheit. Dies ist
nicht zufällig und kann durch öffentliche Appelle auch kaum korri-
giert werden. Sicherlich sind fundamentale, langfristige institutionelle Veränderungen und gezielte politische Maßnahmen notwendig,
ohne die ein gradueller Übergang zu der *conserver society* in meinen
Augen unvorstellbar ist. Der Grund dafür ist einfach: Um die Unein-
deutigkeiten und Frustrationen der rein konsumtiv orientierten Bedürfnisbefriedigung überwinden zu können, wäre ein kohärenter
Erfahrungszusammenhang persönlicher Befriedigung außerhalb der
Sphäre des Konsums Voraussetzung. Da die Arbeit das vorherrschende Merkmal des alltäglichen Lebens fast aller Individuen darstellt, sollte das Streben nach Befriedigung ausdrücklich als einer der
wichtigsten Aspekte des Arbeitslebens anerkannt werden.

Welche institutionellen Veränderungen sind notwendig, um dieses
Ziel zu erreichen? Ich kann an dieser Stelle nur auf einige relevante
Forschungsbereiche hinweisen. Als erstes zeigen die Resultate von
Untersuchungen zur Arbeitszufriedenheit deutlich, daß Partizipation
an den Entscheidungen über das Tempo und die Bedingungen der
Arbeit ein feststellbares Maß an erhöhter Zufriedenheit erzeugt. Die
Innovationen, die auf diesem Gebiet bereits in industriellen Anlagen
zur Anwendung gelangt sind (wie in dem schwedischen Volvo-
Werk), zeigen ein fast grenzenloses Feld von technischen Möglichkeiten an, die Arbeitssituation so zu gestalten, daß in der Arbeit
selbst Befriedigung gefunden werden kann. Zwei weitere Innova-
tionsbereiche, die durch gezielte politische Maßnahmen unterstützt
werden könnten, sind

1. Möglichkeiten für den einzelnen, bei seiner Arbeit verschiedenen
Aufgaben nachzugehen, die eine Vielfalt von Fertigkeiten einschlie-
ßen, und

2. eine systematische Neubelebung von handwerklichen Fertigkeiten
durch geeignete, gut ausgerüstete kommunale Ausbildungszentren.

Das Paradigma von Zufriedenheit und Wohlbefinden in der *conserver society* ist also in erster Linie orientiert an Verbesserungen der Arbeitsbedingungen und individuellen handwerklichen Fähigkeiten. Die Idee der *conserver society* hat natürlich auch noch andere Dimensionen, beispielsweise eine andere Haltung gegenüber der natürlichen Umwelt zu erzeugen; aber ausgehend von den bestehenden ökonomischen Prioritäten scheint das Problem der Befriedigung in der Arbeit der geeignete Ausgangspunkt für eine Politik zu sein, die darauf ausgerichtet ist, den Übergang von der Konsumgesellschaft zur *conserver society* voranzutreiben.

(Übersetzung aus dem Englischen von Ullrich Schwarz und Ingke Brodersen)

Ökonomie nach
menschlichem Maß

Marshall Sahlins
Ökonomie der Fülle – Die Subsistenzwirtschaft der Jäger und Sammler

Wenn Ökonomie die Wissenschaft vom ach so schweren Leben des Menschen ist, dann ist das Studium der Jäger- und Sammler-Gesellschaften ihr fortgeschrittenster Zweig. Fast durchweg von dem Glauben besessen, daß das Leben im Paläolithikum entsetzlich schwer gewesen sei, überbieten sich unsere Lehrbücher gegenseitig, dem Leser ein Gefühl ständig drohenden Untergangs zu vermitteln. Es bleibt einem gar nichts anderes übrig, als sich darüber zu verwundern, wie es den Jägern und Sammlern überhaupt gelungen ist, bis auf den heutigen Tag zu überleben, und sich zu fragen, ob so ein Leben überhaupt Leben genannt werden kann. Durch diese ganze Literatur verfolgt den Jäger und Sammler das Gespenst des Hungers. Es heißt, seine fehlenden technischen Kenntnisse zwängen ihn zu ununterbrochener Fron nur um des nackten Überlebens willen, weswegen er weder freie Zeit noch einen Überschuß und so noch nicht einmal die «Muße» zur «Errichtung einer Kultur» erübrigen könne. Und trotz aller Mühen käme der Jäger und Sammler nur auf den geringsten Energienutzungsgrad – weniger Energie pro Kopf und Jahr als jede andere Produktionsweise. Und in Arbeiten zur Wirtschaftsentwicklung ist er stets dazu verdammt, mit seiner sogenannten «Subsistenzwirtschaft» den ökonomischen Beelzebub abzugeben.
Solche überlieferten Weisheiten halten sich immer hartnäckig. Man sieht sich gezwungen, polemisch gegen sie anzugehen, die notwendigen Korrekturen als dialektischen Gegensatz zu formulieren: Bei der Gesellschaft der Jäger und Sammler handelte es sich in Wirklichkeit um die erste Wohlstandsgesellschaft – man braucht nur genauer hinzusehen. Paradoxerweise führt diese Behauptung zu einer weiteren nützlichen – und unerwarteten – Schlußfolgerung: Nach herkömmlichem Verständnis herrscht in einer Gesellschaft dann Wohlstand, wenn alle materiellen Bedürfnisse der Menschen leicht befriedigt werden können. Die These, daß die Jäger im Wohlstand leben, ist zugleich eine radikale Abkehr von der Auffassung, daß das menschliche Leben eine schicksalhaft auferlegte Tragödie sei, in der der Mensch als zur Zwangsarbeit Verurteilter in einer stetigen Dispa-

rität zwischen seinen unbegrenzten Bedürfnissen und seinen ungenügenden Hilfsmitteln gefangen sei.

Es gibt nämlich zwei mögliche Wege zum Wohlstand. Bedürfnisse können bei hohem *Produktivitätsniveau* – aber eben auch bei einem niedrigen *Bedürfnisniveau* – «leicht befriedigt» werden. Die vertraute Galbraithsche Konzeption nimmt Voraussetzungen an, die besonders auf Marktwirtschaften zugeschnitten sind: daß die menschlichen Bedürfnisse groß, um nicht zu sagen unendlich seien, wogegen die wirtschaftlichen Mittel des Menschen immer beschränkt, wenn auch verbesserungsfähig seien. Daher könne die Kluft zwischen Mittel und Ziel durch vermehrte industrielle Produktivität verringert werden, zumindest bis zu dem Punkt, wo die «lebenswichtigen Güter» reichlich vorhanden seien.

Es gibt aber auch einen Zen-Weg zum Wohlstand, der von Voraussetzungen ausgeht, die sich von unseren um einiges unterscheiden: Daß die materiellen Bedürfnisse des Menschen gering und begrenzt, die technischen Hilfsmittel immer dieselben, aber im großen und ganzen ausreichend seien. Wenn sich ein Volk die Zen-Strategie zu eigen macht, kann es einen unvergleichlichen materiellen Wohlstand genießen – bei niedrigem Lebensstandard.

Das, glaube ich, beschreibt die Jäger- und Sammler-Gesellschaften. Und es erleichtert die Erklärung einiger ihrer auf den ersten Blick eher befremdenden ökonomischen Verhaltensweisen: ihrer «Verschwendungssucht» zum Beispiel – die Neigung, alles Vorhandene auf der Stelle zu verbrauchen, als ob sie im Lotto gewonnen hätten. Frei von der marktwirtschaftlichen Zwangsvorstellung der Knappheit können die ökonomischen Verhaltenseigenheiten der Sammler und Jäger wohl mit größerem Recht dem Wohlstand zugeschrieben werden als unsere eigenen. Destutt de Tracy, mag er auch ein «fischblütiger Bourgeoisdoktrinär» gewesen sein, hat jedenfalls Marx die Zustimmung zu folgender Beobachtung abgenötigt:

«Destutt de Tracy endlich . . . spricht es brutal aus: ‹*Die armen Nationen sind die, wo das Volk gut dran ist, und die reichen Nationen sind die, wo es gewöhnlich arm ist.*›»[1]

Zwar soll damit nicht bestritten werden, daß die präagrikulturellen Gesellschaften unter schwierigen Bedingungen operieren, sondern nur – ausgehend von Beobachtungen an heutigen Sammlern und Jägern – darauf bestanden werden, daß der Lebensunterhalt in aller Regel mit Erfolg bestritten wird. Nach der Darstellung der Fakten

werde ich zu den wirklichen Schwierigkeiten der Jäger- und Sammlerökonomie zurückkehren, von denen keine einzige mit den geläufi-
gen Formeln paläolithischer Armut richtig charakterisiert wäre.

Quellen einer falschen Vorstellung

«Reine Subsistenzwirtschaft», «beschränkte Freizeit – von besonderen Umständen abgesehen», «beständige Nahrungssuche», «magere
und ziemlich unzuverlässige» natürliche Ressourcen, «Fehlen eines
ökonomischen Surplus», «maximale Verausgabung von Energie
durch die größtmögliche Zahl von Menschen» – das ist die anthropologische Durchschnittsmeinung von Sammlern und Jägern.
«Die australischen Ureinwohner sind das klassische Beispiel für ein
Volk, dessen ökonomische Ressourcen äußerst knapp sind. Ihr Lebensraum ist in weiten Teilen noch ungünstiger als der der Buschmänner. Für den nördlichen Teil ihres Lebensraums stimmt das
jedoch nicht ganz . . . Eine Liste der Nahrungsmittel, die die Ureinwohner des nordwestlichen Teils von Zentral-Queensland aus dem
von ihnen bewohnten Gebiet gewinnen, ist in dieser Hinsicht recht
aufschlußreich . . . Die Vielfalt dieser Liste ist beeindruckend; wir
dürfen uns jedoch nicht zu dem Gedanken verleiten lassen, daß
Vielfalt hier einen Indikator für Überfluß darstelle. Die verfügbaren
Mengen der einzelnen Posten sind so gering, daß nur die intensivste
Ausnützung dieser Nahrungsvorkommen das Überleben möglich
macht.»[2]
Ähnliches wird auch über die südamerikanischen Sammler und Jäger
berichtet:
«Die nomadischen Sammler und Jäger kamen kaum auf das Minimum ihrer Subsistenzbedürfnisse; oft verfehlten sie es bei weitem.
Das spiegelt sich in ihrer Bevölkerungsdichte (eine Person pro 10 bis
20 Quadratmeilen) wider. Da sie ständig auf Nahrungssuche unter-
wegs waren, fehlten ihnen eindeutig die Mußestunden für nicht auf
Subsistenz gerichtete Tätigkeiten. Und von dem, was sie in ihrer
freien Zeit hätten herstellen können, konnten sie kaum etwas mit-
nehmen. Für sie bestand ausreichende Produktion im physischen
Überleben; ein Zeit- oder Produktensurplus hatten sie praktisch
nicht.»[3]
Aber dieses traditionell düstere Bild vom Schicksal der Jäger und
Sammler ist auch vor- und außeranthropologisch; es hat einmal histo-

rische Ursachen und hängt zugleich mit dem übergreifenden ökonomischen Kontext zusammen, in dem die Anthropologie arbeitet. Es geht auf die Zeit zurück, in der Adam Smith schrieb – wahrscheinlich aber sogar auf die Zeit, bevor die schriftliche Überlieferung überhaupt begann.[4] Wahrscheinlich handelt es sich um eines der ersten ausgesprochen neolithischen Vorurteile, eine ideologische Würdigung der Fähigkeit der Jäger und Sammler zur Ausbeutung der natürlichen Ressourcen, die mit der historischen Aufgabe, ihnen eben diese Fähigkeit zu nehmen, brüderlich Hand in Hand ging. Wir müssen dieses Vorurteil mit der Saat Jacobs geerbt haben, die sich «gegen Abend, Morgen, Mitternacht und Mittag» verbreitete, zum Nachteil Esaus, des älteren Sohnes und geschickten Jägers, dem gleichwohl in einer berühmten Szene das Erstgeburtsrecht genommen wurde.[5]

Die heutige Geringschätzung für die Jäger- und Sammlerökonomie muß dem neolithischen Ethnozentrismus jedoch nicht angelastet werden. Der bürgerliche Ethnozentrismus tut's auch. Die bestehende Wirtschaftsform – voller ideologischer Fußangeln, denen die anthropologische Ökonomie zu entkommen versuchen muß – fördert dieselben düsteren Schlüsse über das Leben der Jäger und Sammler.

Ist denn die Behauptung, die Jäger lebten – trotz ihrer absoluten Armut – im Wohlstand, so paradox? Die modernen kapitalistischen Gesellschaften – so reich sie gesegnet sind – kaprizieren sich auf die Knappheitstheorie. Die Unangemessenheit der wirtschaftlichen Mittel ist das oberste Prinzip der reichsten Völker dieser Erde. Der sichtbare materielle Stand der Ökonomie scheint kein Maßstab für ihre Leistungen zu sein; also muß auf die Art und Weise der ökonomischen Organisation abgehoben werden.[6]

Das von der Marktwirtschaft und der Industrie geprägte System institutionalisiert die Knappheit in einem sonst nirgendwo erreichten Maß und einer nie dagewesenen Weise. Wo Produktion und Distribution sich nach den Preisen einpegeln und alle Haushalte von Einkommen in Form von Geld und vom Kauf der lebensnotwendigen Güter auf dem Markt abhängen, wird das Ungenügen der materiellen Mittel zum expliziten, kalkulierbaren Ausgangspunkt aller ökonomischen Tätigkeit.[7] Der Unternehmer muß zwischen verschiedenen Möglichkeiten zur Investition seines begrenzten Kapitals, der Arbeiter – so steht wenigstens zu hoffen –, zwischen verschieden entlohnten Arbeitsplätzen wählen, und der Konsument schließlich – sieht sich im Konsum vor eine zweifache Tragödie gestellt: Was beim

Mangel begann, endet im Verzicht. Auf dem Markt kommen die
Produkte der internationalen Arbeitsteilung zusammen; so rückt
eine verwirrende Vielfalt von Erzeugnissen in greifbare Nähe. Alles
Gute und Schöne auf Erden ist vor einem ausgebreitet – aber nicht
alles zu haben. Schlimmer noch: In diesem Spiel der freien Wahl des
Konsumenten bedeutet jeder Erwerb zugleich auch einen Verzicht,
denn jeder Kauf einer Sache bedeutet, einer Sache den Vorzug vor
einer anderen zu geben, die im allgemeinen kaum weniger begeh-
renswert – und in manchen Fällen auch begehrenswerter – ist als das,
was statt ihrer hätte erworben werden können. (Der springende
Punkt ist der, daß man sich, hat man zum Beispiel den Plymouth
gekauft, nicht auch noch den Ford leisten kann – und nach den
Werbespots im Fernsehen zu urteilen ist der damit verbundene Verzicht mehr als nur materiell.)[8]
Diese Verurteilung zu lebenslanger Zwangsarbeit ist einzig und allein
über uns verhängt worden. Knappheit, dieses Urteil wurde von unserer Wirtschaftsform gesprochen – und ist deshalb auch zum Axiom
unserer Wirtschaftswissenschaft geworden: die Anwendung knapper
Mittel unter dem Zwang zur Wahl zwischen alternativen wirtschaftlichen Zwecken zur Erzielung der unter den gegebenen Umständen
größtmöglichen Befriedigung. Und aus dieser von Angst geprägten
Perspektive sehen wir die Sammler und Jäger. Wenn schließlich der
Mensch der Neuzeit trotz seines ganzen technischen Vorsprungs
noch nicht über dem Berg ist, was für eine Chance hat denn dann so
ein nackter Wilder mit seinem lächerlichen Pfeil und Bogen?
Nachdem wir dem Jäger und Sammler bürgerliche Absichten und
paläolithische Werkzeuge verpaßt haben, schätzen wir seine Lage als
von vornherein hoffnungslos ein.[9]
Knappheit ist jedoch keine Wesenseigenheit technischer Mittel. Es
handelt sich um ein Verhältnis zwischen Mittel und Zweck. Wir
sollten die empirische Möglichkeit in Betracht ziehen, daß die Jäger
und Sammler eben nur für ihr physisches Wohlleben arbeiten – ein
klares und begrenztes Ziel – und daß Pfeil und Bogen für diesen
Zweck völlig ausreichen.[10]
Aber es gibt noch weitere, besonders in der anthropologischen Theorie und der ethnographischen Praxis verbreitete Vorstellungen, die
sich verschworen haben, einen solchen Ansatz von vornherein auszu-
schließen.
Die Neigung der Anthropologie zur Übertreibung der ökonomischen
Ineffizienz der Sammler und Jäger tritt besonders in abschätzigen

Vergleichen mit neolithischen Ökonomien zutage. Jäger und Sammler müssen, wie etwa Lowie einfach behauptet, «viel härter für ihren Lebensunterhalt arbeiten als Ackerbauer und Viehzüchter»[11]. In diesem Punkt hielt besonders die evolutionäre Anthropologie es für angebracht – und sogar für theoretisch notwendig –, sich einen überheblich-vorwurfsvollen Ton zuzulegen. Die Ethnologen und Archäologen waren zu Parteigängern der neolithischen Revolution geworden und ließen in ihrer Begeisterung für diese Revolution keine Gelegenheit aus, das steinzeitliche Ancien regime lächerlich zu machen. Hierher gehört ein ziemlich alter Skandal. Es ist nicht das erste Mal, daß die früheste Stufe der Menschheitsentwicklung von Philosophen eher der Natur als der Kultur zugeordnet wurde. («Ein Mensch, der sein ganzes Leben damit verbringt, hinter dem Wild herzuziehen, und zwar nur, um es zu erlegen und zu verzehren, ein Mensch, der von einer Beerenhecke zur andern zieht, lebt in der Tat selbst wie ein Tier.» Braidwood 1957, S. 122.) Nachdem die Jäger und Sammler auf diese Tour heruntergemacht waren, hatte die Anthropologie den Rücken frei, den neolithischen *großen Sprung nach vorn* zum entscheidenden technischen Sprung nach vorn hochzuloben, der «durch die Befreiung von ständiger Nahrungssuche zur allgemeinen Verfügbarkeit über freie Zeit geführt» habe.[12]

In einem einflußreichen Essay über ‹*Energy and the Evolution of Culture*› erklärte Leslie White, daß das Neolithikum «als Folge der großen Zunahme der pro Kopf und Jahr durch die Kunst der Landbestellung und der Weideviehhaltung nutzbar gemachten und kontrollierten Energie einen großen Fortschritt der Kulturentwicklung» hervorgebracht habe.[13] White steigerte den evolutionären Kontrast zwischen diesen beiden Kulturstufen noch dadurch, daß er die *menschliche Arbeit* als Hauptenergiequelle der paläolithischen Kultur bezeichnete, während die neolithische Kultur im Gegensatz dazu auf Ressourcen *in Form domestizierter Pflanzen und Tiere* zurückgreifen könne. Diese Bestimmung der Energiequellen erlaubte es, das thermodynamische Potential der Jäger und Sammler sofort präzis als niedrig zu veranschlagen – als das Potential nämlich, das vom menschlichen Körper erzeugt wird, «durchschnittliche Kraftressourcen» von einer zwanzigstel Pferdestärke pro Person[14] –, es schien, als ob die Menschen des Neolithikums durch arbeitssparende Erfindungen (Domestizierung von Pflanzen und Tieren) und entsprechenden Rückgang der menschlichen Arbeit auf dieser Kulturstufe regelrecht befreit worden wären. Aber White stellt das Problem ganz offensichtlich falsch. Im Paläolithikum wie im Neolithikum ist die menschliche Arbeit der wichtigste Energielieferant. In beiden Fällen wird diese Arbeitskraft aus tierischen und pflanzlichen Ressourcen gewonnen, so daß der pro Kopf und Jahr zur Verfügung stehende Energiebetrag (mit wenigen Ausnahmen, wo nichtmenschliche Arbeitskraft direkt genutzt wurde) in paläolithischen wie neolithischen Kulturen gleich – und in der Geschichte der Menschheit bis zum Vorabend der industriellen Revolution im wesentlichen konstant geblieben ist.[15]

Eine weitere spezifisch anthropologische Quelle des Mißvergnügens mit dem Paläolithikum ist innerwissenschaftlich im Zusammenhang mit europäischen Berichten über noch vorhandene Jäger und Sammler wie die australischen Ureinwohner, die Buschmänner, Ona oder Yahgan entstanden. Dieser ethnographische Kontext tendiert in zwei Richtungen dazu, unser Bild von Jägern und Sammlern zu verzerren. Erstens einmal lädt er zu wissenschaftlicher Blauäugigkeit geradezu ein. Die entlegenen und exotischen Weltgegenden, die zur kulturellen Bühne der heutigen Jäger und Sammler geworden sind, haben auf Europäer eine Wirkung, die für ihr Einschätzungsvermögen anderer Kulturen nicht eben günstig ist. Marginal wie die zentralaustralische Wüste oder die Kalahari für die Landwirtschaft – und mehr noch für die europäische Lebenserfahrung – ist, gerät sie dem ungeschulten Beobachter zur Quelle der Verwunderung darüber, «wie man in dieser Gegend überhaupt leben kann». Die Annahme, die Eingeborenen könnten sich nur mit Mühe und Not das bloße Überleben erschuften, wird durch ihre befremdende, bunt gemischte Kost leicht noch verstärkt.[16] Da sie in aller Regel Dinge enthält, die Europäern abstoßend und ungenießbar erscheinen, öffnet die Sammler- und Jägerküche dem Verdacht Tür und Tor, daß sich die armen Leutchen zu Tode hungern. Zwar findet sich dieser Verdacht eher in den frühen als in späteren Berichten, eher in Tagebüchern von Entdeckungsreisenden und Missionaren als in den Monographien der Anthropologen; aber gerade weil die Berichte der Forschungsreisenden älter und dem ursprünglichen Leben der Eingeborenen näher sind, bleibt ihnen doch ein gewisser Respekt reserviert.

Dieser Respekt jedoch sollte nicht unterschiedslos gezollt werden. Einem Mann allerdings wie Sir George Grey gebührt gesteigerte Aufmerksamkeit; seine Expeditionen in den dreißiger Jahren des letzten Jahrhunderts führten ihn auch in etliche der ärmeren Gebiete Westaustraliens – aber seine ungewöhnlich genauen Beobachtungen der dortigen Ureinwohner nötigten ihn, die Mitteilungen seiner Kollegen just im Punkt der angeblich verzweifelten wirtschaftlichen Lebensverhältnisse Lügen zu strafen. Zu vermuten, schrieb er, die eingeborenen Australier hätten «geringe Subsistenzmittel oder seien zuzeiten von ernsten Nahrungssorgen geplagt», sei ein oft begangener Fehler. Zahlreich und «beinah schon possierlich» seien die Irrtümer, denen Reisende in diesem Punkt verfallen seien: «In ihren Tagebüchern lamentieren sie, daß die unglücklichen Eingeborenen vom Hunger zu der erbarmenswerten Notwendigkeit getrieben seien, sich mit bestimmten Nahrungsmitteln durchzubringen, welche sie nahe ihrer Hütten fänden; wohingegen jene Dinge, welche von ihnen aufgeführt werden, bei den Eingeborenen gerade die höchste Wertschätzung genießen und weder im Geschmack noch in ihrer Eignung als Nahrungsmittel Mängel aufzuweisen haben.» Um die «Ignoranz» verständlich zu machen, «welche im Hinblick auf Sitten und Gebräuche jener Menschen vorherrscht, so sich jene noch in ihrem wilden Zustande befinden», gibt Grey ein bemerkenswertes Beispiel; er zitiert seinen Forscherkollegen Captain Sturt, der aus einer Begegnung mit einer Gruppe von Eingeborenen, die damit beschäftigt war, große Mengen *mimosa gum* zu sammeln, den Schluß zog, daß diese «unglücklichen Geschöpfe zum Äußersten getrieben» seien «und, unfähig, jedwede andre Nahrung sich zu verschaffen, gezwungen waren, diesen Schleim zu sammeln». Sir George jedoch beobachtet, daß der fragliche Schleim in dieser Gegend ein beliebtes Nahrungsmittel ist und den Menschen in der Erntezeit erlaubt, sich in großen Gruppen zu sammeln und ein gemeinsames Lager zu bewohnen, was ihnen sonst nicht möglich ist. Er schließt daraus: «Im allgemeinen leben die Eingeborenen gut; in manchen Landstrichen mag zu bestimmten Jahreszeiten Nahrungsmangel eintreten, die dann aber zu diesen Zeiten öd und verlassen sind. *Es ist jedoch dem Reisenden und selbst dem dort fremden Eingeborenen völlig unmöglich, ein Urteil darüber abzugeben, ob eine bestimmte Gegend Nahrung im Überfluß oder das gerade Gegenteil zu bieten hat* . . . In seiner Heimatgegend jedoch ist der Eingeborene ganz anders gestellt; er weiß genau, was diese hervorbringt, die rechte Zeit, zu der die verschiedenen Dinge reif, und das billigste Mittel, ihrer habhaft zu werden. Nach diesen Umständen richtet er seine Besuche zu den verschiedenen Teilen seines Jagdgrundes ein; *und ich kann nur sagen, daß ich in ihren Hütten stets den größten Überfluß gefunden.*»[17]

Sir George legte allerdings besonderen Wert darauf, jene von seiner beglückten Feststellung Eingeborenen auszunehmen, die im Status von Lumpenproletariern in oder um Siedlungen europäischer Einwanderer lebten.[18] Diese Ausnahme ist aufschlußreich. Sie führt uns zu einer weiteren Quelle irriger ethnographischer Vorstellungen: Die Anthropologie der Jäger und Sammler ist weithin das nachträgliche Studium ehemaliger Wilder – die Autopsie einer Gesellschaftsleiche, wie Grey anmerkt, die von Angehörigen einer anderen Gesellschaft vorgenommen wird.

Die überlebenden Nahrungssammler gehören der Klasse der Vertriebenen an. Sie sind entrechtete Paläolithiker, die für ihre Produktionsweise untypische Randgebiete bewohnen, Freistätten eines ganzen Zeitalters der Menschheitsgeschichte, die so weit außerhalb des Zugriffs der Hauptzentren des kulturellen Fortschritts gelegen sind, daß sie vom Siegesmarsch der kulturellen Evolution um den Planeten noch eine Zeitlang verschont blieben, weil sie derart arm waren – charakteristisch arm –, daß sie jenseits der Interessen und der Kompetenz der weiter fortgeschrittenen Ökonomien lagen. Abgesehen von in günstigen Gebieten siedelnden Nahrungssammlern wie den Indianern der Nordwestküste, an deren (relativem) Wohlergehen kein Zweifel besteht. Die übrigen Jäger und Sammler, die zuerst von der Landwirtschaft und später dann von den industriellen Ökonomien aus den besseren Gebieten der Erde ausgesperrt wurden, leben unter ökologischen Bedingungen, die etwas unter dem Durchschnitt des Spätpaläolithikums liegen.[19] Darüber hinaus haben zwei Jahrhunderte europäischen Imperialismus einen tiefen Riß hinterlassen, so daß viel von den ethnographischen Aufzeichnungen, die das geistige Marschgepäck der Anthropologen ausmachen, nurmehr totes Wissen ist. Selbst die Berichte von Forschungsreisenden und Missionaren sprechen – von ihren ethnozentrischen Fehlkonstruktionen einmal abgesehen – durchaus gelegentlich von affizierten Ökonomien.[20] Die Jäger des östlichen Kanada, die schon in den *Jesuitenrelationen* erwähnt werden, betrieben bereits im frühen 17. Jahrhundert Fellhandel. Die Lebensräume anderer Gruppen wurden von den Europäern nacheinander vereinnahmt, bevor zuverlässige Berichte über eine etwa bereits bestehende Produktion für den Tausch zustande kamen: Die Eskimos, die wir kennen, betreiben keinen Walfang mehr, den Buschmännern ist das Wild genommen worden, der Piñon des Shoshoni ist abgeholzt, seine Jagdgründe sind vom Vieh leergefressen worden. Wenn diese Völker heute als arm, ihre Ressourcen als «mager und unzuverlässig» gelten: Läßt dies denn Schlüsse auf die ursprünglichen Lebensverhältnisse dieser Menschen zu – oder nicht viel eher auf die Härte des Kolonialjochs?

Die enormen Implikationen (und Probleme) für die Interpretation, die von diesem weltweiten Rückzug der Jäger und Sammler aufgeworfen werden, sind erst seit kurzem überhaupt zur Kenntnis genommen worden.[21] Ihre heutige Bedeutung besteht vor allem darin: Die Frage, wie die Jäger und Sammler mit ihren heutigen Lebensumständen zurechtkommen, ist wichtiger als eine noch so gerechte Einstufung ihrer Produktionskapazität. Um so erstaunlicher also auch die folgenden Berichte über ihr Leben.

«Ein gewisser Überfluß»

Angesichts der Armut, in der die Jäger und Sammler theoretisch eigentlich leben müßten, überrascht es, daß die Kalahari-Buschmänner – läßt man Nahrung und Wasser zunächst einmal beiseite – «einen gewissen materiellen Reichtum» genießen, zumindest was die nützlichen Dinge des Alltagslebens angeht.

«Sowie die !Kung mehr Kontakt zu Europäern haben – und dieser stellt sich allmählich ein –, wird ihnen schmerzlich vor Augen treten, daß ihnen viele von den Dingen abgehen, die wir haben, und sie werden mehr wollen und brauchen. Ihre Nacktheit vermittelt ihnen ein Minderwertigkeitsgefühl, wenn sie öfter mit bekleideten Fremden zusammenkommen. In ihrem gewohnten Leben und mit ihren selbstgemachten Artefakten *waren sie von materiellen Sorgen relativ frei*. Von Nahrung und Wasser (bedeutende Ausnahmen!) abgesehen, an denen die Nyae Nyae !Kung Mangel haben – allerdings keinen zu großen, wenn man danach geht, daß sie zwar alle dünn, aber keineswegs ausgehungert wirken –, hatten sie alles, was sie brauchten oder konnten es herstellen. Jeder Mann kann die Dinge herstellen, die traditionell von Männern verfertigt werden, jede Frau die Dinge, die Frauen herstellen. .... *Sie lebten in einem gewissen materiellen Reichtum*, weil sie die Grundstoffe für Werkzeuge, die sie zum Leben brauchten, ihrer unmittelbaren Umgebung entnahmen, wo sie im Überfluß vorhanden waren und von jedem frei angeeignet werden konnten (Holz, Röhricht, Knochen für Werkzeuge und Waffen, Pflanzenfasern für Seile, Gras für Schutzhütten); bestimmte knappere Materialien reichten jedoch zumindest für die Bedürfnisse der Population aus ... Die !Kung konnten immer mehr Straußeneierschalen zur Herstellung von Ketten oder zum Eintauschen brauchen, als sie gerade hatten, aber es fanden sich jedenfalls genug Staußeneier, daß jede Frau ein Dutzend oder mehr Schalen besitzt, die als Wasserbehälter dienen – soviel sie tragen kann – und dazu noch etliche Schmuckketten. Auf ihrem nomadischen Jäger- und Sammlerleben, immer je nach Jahreszeit von einer Nahrungsquelle zur anderen unterwegs, immer zwischen Nahrung und Wasser pendelnd, müssen sie ihre Kleinkinder und ihre Habe mit sich schleppen. Da sie die meisten Materialien zur Erneuerung ihrer Ausrüstung überall im Überfluß vorfinden, haben die !Kung keine Methoden zur dauerhaften Lagerung und Hortung entwickelt und brauchten oder wollten sich auch nicht mit einem Surplus oder mehrfach vorhandenen Ausrüstungsteilen zu belasten. Sie wollen noch nicht einmal alles Notwendige wenigstens in einem Exemplar mit sich tragen. Was sie nicht haben, leihen sie sich aus. Angesichts dieser Leichtigkeit ihrer Lebensumstände haben sie keine Hortung entwickelt; und die Akkumulation von Besitzgegenständen ist nicht mit sozialem Status gekoppelt worden.»[22]

Es ist sinnvoll, die Jäger- und Sammlerproduktion analytisch in zwei Teile aufzugliedern, wie das auch Marshall getan hat. Nahrung und Wasser sind gewiß «bedeutende Ausnahmen», die am besten für sich und ausführlich untersucht werden sollten. Für alles übrige, also den nicht unmittelbar für die Subsistenz wichtigen Sektor, gilt das, was hier von den Buschmännern gesagt wurde, für Jäger und Sammler von der Kalahari bis nach Labrador – oder Tierra del Fuego auf Feuerland, wo Gusinde von den Yahgan berichtet, daß ihre Abneigung, oft gebrauchte Gegenstände in mehr als einem Exemplar zu besitzen, «Ausfluß des *Selbstvertrauens*» sei. «Unsere Feuerländer», schreibt er, «verschaffen und erarbeiten sich ihre Gerätschaften mit einem geringen Müheaufwand.»[23]

Im nicht unmittelbar subsistenzwichtigen Bereich lassen sich die Bedürfnisse der Menschen im allgemeinen leicht befriedigen. Dieser «materielle Reichtum» hängt teilweise von der Leichtigkeit der Produktion und diese wiederum von der Einfachheit der Produktion und den egalitären Eigentumsverhältnissen ab. Die Produkte sind einfach und zweckdienlich, aus simplen Materialien angefertigt, Stein, Knochen, Haut, Holz, die «überall herumliegen». In aller Regel erfordert weder die Gewinnung des Rohstoffs noch dessen Bearbeitung größere Anstrengungen. Der Zugang zu den natürlichen Ressourcen ist typischerweise direkt – «jeder kann sich davon nehmen»; der Besitz der notwendigen Werkzeuge und das erforderliche Produktionswissen ist allgemein. Ähnlich simpel ist die Arbeitsteilung; vorwiegend wird die Arbeit nach Geschlechtszugehörigkeit verteilt. Wenn man noch die hergebrachte Großzügigkeit dazunimmt, für die die Jäger und Sammler bekannt sind, dann kann das ganze Volk ohne Einschränkung am jeweils vorhandenen Wohlstand teilnehmen.

Allerdings eben nur am «jeweils vorhandenen Wohlstand»: Dieser Wohlstand hängt ebensosehr vom objektiv niedrigen Lebensstandard ab. Ausschlaggebend ist, daß die regulären Mengen an Konsumierbarem (wie auch die Zahl der Konsumenten) kulturell auf einem bescheidenen Niveau gehalten wird. Nur wenige Völker geben sich damit zufrieden, ein paar leicht herzustellende Sachen als ihr Lebensglück anzusehen: ein paar dürftige Kleidungsstücke, ziemlich provisorische Wohngelegenheiten (und dies in fast allen Klimazonen)[24], dazu noch ein paar Schmuckstücke, ein paar Feuersteine als Notvorrat und diverse andere Gegenstände wie etwa «Quarzbrocken, welche eingeborene *doctores* ihren Patienten aus dem Leibe gezogen», und schließlich die Felltaschen, in denen die getreue Ehefrau all dies, den «Reichtum des australischen Wilden», durch die Gegend trägt.[25]

Die Tatsache, daß sich die meisten Jäger und Sammler in der nicht unmittelbar mit der Subsistenz verbundenen Sphäre eines solchen Wohlstands ohne Überfluß erfreuen, steht außer Frage. Viel interessanter ist die Frage, warum sie mit so wenigen Besitztümern eigentlich zufrieden sind – denn für sie ist das eine Strategie, eine «geradlinige Folgerichtigkeit», wie Gusinde sagt, und überhaupt kein Grund zur Unzufriedenheit.

Wer nichts will, dem fehlt nichts. Aber sind die Jäger und Sammler vielleicht deshalb so wenig auf materiellen Besitz aus, weil sie von der gebieterischen Notwendigkeit der Nahrungssuche, die «von einer maximalen Zahl Arbeitender ein Maximum an Energie fordert», derart versklavt sind, daß für andere, schönere Seiten des Lebens weder Zeit noch Kraft bleibt? Einige Ethnographen verbürgen sich für das genaue Gegenteil: Daß die Leute den halben Tag nicht zu wissen schienen, was sie treiben sollten. Andererseits ist *Bewegung* die Bedingung erfolgreichen Nahrungserwerbs, einmal mehr, einmal weniger, immer aber genug, um Befriedigung via Besitz rasch wertlos erscheinen zu lassen. Vom Jäger und Sammler läßt sich mit Recht sagen, daß ihm Reichtum eine Last sei. Bei seiner Art zu leben kann Besitz «vergeblichen Kraftaufwand und unnötige Belastung» bedeuten, wie Gusinde beobachtet[26], und zwar um so mehr, je länger sie mitgeschleppt werden. Bestimmte Nahrungssammler haben zwar

Kanus, einige wenige auch Hundeschlitten, aber die meisten tragen allen Luxus, den sie ihr eigen nennen, auf dem Rücken. Genauer gesagt, das, was die Frauen tragen können: Die Männer laufen oft ohne Last, um auf eine plötzliche Möglichkeit zur Jagd oder die Notwendigkeit zur Verteidigung reagieren zu können. Owen Lattimore schrieb in einem ähnlichen Zusammenhang: «*The pure nomad is the poor nomad*» (Der arme Nomade ist der wahre Nomade). Mobilität und Besitz widersprechen einander.

Selbst ein Außenstehender sieht, daß Reichtum für Jäger und Sammler eher zur Last denn zum Segen gereicht. Laurens van der Post machte dieser Widerspruch zu schaffen, als er sich auf den Abschied von befreundeten Buschmännern vorbereitete:

«Die Geschenkfrage gab uns viel zu denken. Wir waren von der Erkenntnis beschämt, wie wenig es gab, was wir den Buschmännern hätten geben können. Fast alles hatten wir im Verdacht, es könnte ihnen das Leben sogar noch schwerermachen, weil es ihnen bei ihren täglichen Wanderungen noch mehr zu tragen gegeben hätte. Sie selbst hatten so gut wie keine Habe; einen Lendengurt, eine Felldecke, eine Ledertasche. Sie hatten nichts, was sie nicht binnen einer Minute hätten einsammeln, in ihren Decken einpacken und auf ihren Schultern tausend Meilen weit tragen können. Sie besaßen keinen Eigentumssinn.»[27]

Eine Notwendigkeit, die selbst dem zufälligen Beobachter so offensichtlich ist, muß den Betroffenen zweite Natur sein. Diese Bescheidenheit der materiellen Bedürfnisse ist institutionalisiert: Sie wird zu einer positiven kulturellen Gegebenheit, die sich in einer Vielfalt ökonomischer Verhaltensweisen niederschlägt.

Lloyd Warner berichtet zum Beispiel, daß die Tragbarkeit in der Wertskala der Murngin einen entscheidenden Punkt bildet. Kleine Dinge werden im allgemeinen mehr geschätzt als große. Was mit einem Gegenstand geschieht, hängt noch vor seiner relativen Seltenheit und den Herstellungskosten davon ab, «wie leicht er zu transportieren ist». Denn der «höchste Wert», schreibt Warner, «ist die Bewegungsfreiheit». Und diesem «Wunsch, von der Bürde und der Verantwortlichkeit für Gegenstände frei zu sein, die der Wanderexistenz der Gesellschaft in die Quere kommen könnten», schreibt Warner den «unentwickelten Eigentumssinn» und das «mangelnde Interesse an der Weiterentwicklung ihrer technologischen Fertigkeiten» zu.[28]

Damit hätten wir die nächste «Eigenheit» der Jäger und Sammler –

ich will zwar nicht behaupten, sie sei allgemein verbreitet, und vielleicht läßt sie sich ebensogut mit mangelnder Sauberkeitserziehung oder einem erworbenen Desinteresse an materieller Akkumulation erklären. Zumindest einige Jäger und Sammler legen eine bemerkenswerte Neigung an den Tag, mit ihrer Habe achtlos umzugehen. Ihnen ist eine Nonchalance eigen, wie sie einem Volk zustünde, das die Produktionsprobleme endgültig gelöst hat. Und zwar so, daß es selbst die Menschen aus den europäischen Wegwerfgesellschaften auf die Palme treibt:

«Man kennt *keine Schonung* für die eigenen Sachen. Sie geordnet und gut gefaltet hinzulegen, sie zu trocknen oder zu reinigen, sie hochzuhängen oder aufzustapeln, kommt niemandem in den Sinn. Im Körbchen wühlt man schonungslos den bunten Kleinkram durcheinander, wenn man ein besonderes Stückchen sucht. Größere Gegenstände, die in der Hütte zu einem Häufchen aufgetürmt werden, zerrt man hierhin oder dorthin, ungeachtet des Schadens, den sie dabei nehmen. Der europäische Beobachter erhält den Eindruck, als ob diese Indianer ihren Gebrauchsgegenständen gar keinen Wert beilegen und als ob sie die Mühen bei deren Herstellung gänzlich vergessen hätten.[29] Wirklich klebt niemand an seinem geringen Hab und Gut, das er sowieso leicht und häufig verliert, aber ebenso bequem sich wieder verschafft. Demgegenüber rückt die schonende Pflege der dinglichen Besitzgüter weit in den Hintergrund; auch dann kümmert sich der Indianer nicht darum, wenn er es sehr bequem tun könnte. Ein Europäer schüttelt leicht den Kopf über die grenzenlose Gleichgültigkeit dieser Leute, die nagelneue Stücke und teure Kleider, frische Lebensmittel und wertvolle Gegenstände durch dicken Schmutz ziehen oder der sofortigen Zerstörung durch Kinder und Hunde überlassen ... Preiswerte Dinge, die man ihnen schenkt, schätzen sie wohl aus Neugierde für einige Stunden; nachher lassen sie alles gedankenlos im Kot und in der Nässe verkommen. Je weniger sie besitzen, um so bequemer reisen sie, und was zugrunde geht, wissen sie gelegentlich zu ergänzen. Demnach ist ihnen jeder gegenständliche Besitz durchaus gleichgültig.»[30]

Der Jäger, so ist man versucht zu sagen, ist der homo inoeconomicus. Mindestens mit Blick auf nicht direkt subsistenznotwendige Dinge ist er das genaue Gegenteil jener immergleichen Witzfigur, die in jeder *Einführung in die Wirtschaftswissenschaften* auf Seite eins verewigt ist. Seine Bedürfnisse sind knapp; und im Verhältnis dazu hat er Mittel übergenug. Ganz folgerichtig ist er also «relativ frei von materiellen Sorgen», hat keinen «Sinn für Besitz», zeigt einen «unentwikkelten Sinn für Eigentum», steht jedem materiellen Zwang «völlig gleichgültig gegenüber» und legt ein «mangelndes Interesse» an der Entwicklung seiner technischen Fähigkeiten an den Tag.

In diesem Verhältnis der Jäger und Sammler zu irdischen Gütern liegt ein wichtiger und genau zu beschreibender Punkt. Aus immanent-ökonomischer Sicht scheint es falsch zu sein, wenn man sagt, daß in dieser Gesellschaft die Bedürfnisse «begrenzt», Wünsche «beschränkt» und der Sinn für Reichtum «zurückgeblieben» seien. Diese Fragestellung setzt den homo oeconomicus und den Kampf des Jägers und Sammlers gegen seine schlechten Triebe voraus, die aber schließlich doch von einem kulturell bedingten Armutsgelübde niedergekämpft und überwunden werden. Sie unterstellt eine Absage an einen Erwerbsfleiß, der sich nie entwickelt hat, die Unterdrückung von Wünschen, die nie bestanden haben. Der homo oeconomicus ist eine bürgerliche Kunstfigur, sie steht nicht hinter, sondern vor uns, wie der moralische Mensch, wie Marcel Mauss sagte. Es ist nicht etwa so, daß die Jäger und Sammler ihre materialistischen Antriebe im nachhinein beschnitten hätten; sie haben schlicht und einfach niemals eine Institution daraus gemacht. «Und wenn es überdies ein großer Segen ist, von einem großen Übel frei zu sein, so sind unsre Wilden (die Montagnais) glücklich; denn jene zwei Tyrannen, welche so vielen von uns Europäern Höllenqual und Pein bereiten, regieren nicht in ihren weitläufigen Wäldern – ich meine Ehrgeiz und Neid . . . Weil sie mit dem bloßen Leben zufrieden, verschreibt sich keiner dem Teufel, um zu Reichtum zu kommen.»[31]

Wir neigen dazu, Jäger und Sammler als *arm* zu betrachten, weil sie nichts haben; besser wäre es vielleicht, sie aus eben diesem Grund als *frei* zu betrachten. «. . . ihr gegenständlicher Besitz geringster Ausdehnung erleichtert ihnen alles Sorgen um das tägliche Notwendige und läßt sie des Lebens froh werden.»[32]

Subsistenz

Als Herskovits seine ‹*Economic Anthropology*› schrieb (1958), war es gängige Praxis der Anthropologie, die Buschmänner oder australischen Ureinwohner «als klassisches Beispiel eines Volkes» zu nehmen, «dessen ökonomische Ressourcen aufs äußerste beschränkt» seien und dessen Lage derart prekär sei, daß «nur die intensivste

Ausnutzung» dieser Ressourcen «das Überleben ermöglicht». Heute läßt sich diese «klassische» Ansicht nahezu in ihr Gegenteil verkehren – und zwar an Hand von Material, das zum großen Teil von eben diesen Völkern stammt. Es läßt sich mit gutem Gewissen sagen, daß die Jäger und Sammler weniger arbeiten als wir und daß der Nahrungserwerb, weit davon entfernt, ständige Plage zu sein, gemächlich zwischendurch erfolgt, daß Freizeit übergenug da ist und daß pro Kopf und Jahr mehr am Tag geschlafen wird als in jeder anderen Gesellschaftsform.

Ein beträchtlicher Teil des Materials, das diese Behauptung für Australien belegt, ist schon in den frühen Quellen vorhanden; wir sind jedoch in der glücklichen Lage, besonders über die quantifizierten Berichte zu verfügen, die 1948 von der amerikanisch-australischen wissenschaftlichen Expedition nach *Arnhem Land* gesammelt wurden. Diese (1960 publizierten) verblüffenden Daten müssen eine Revision der in den letzten hundert Jahren über Australien vorgelegten Berichte und vielleicht sogar die Revision einer weit längeren Ära anthropologischen Denkens provozieren. Die Schlüsseluntersuchung ist eine zeitlich begrenzte Studie von McCarthy und McArthur (1960), die mit einer Analyse des Ernährungsaufkommens durch McArthur gekoppelt ist.

Die Abbildungen 1.1 und 1.2 fassen die wichtigsten Untersuchungsergebnisse zur Jäger- und Sammlerproduktion zusammen. Es handelt sich um Kurzzeituntersuchungen, die in zeremonienfreien Zeiten des Jahres vorgenommen wurden. Der Bericht über Fish Creek umfaßt einen längeren Beobachtungszeitraum (vierzehn Tage) und ist detaillierter als der über Hemple Bay (sieben Tage). Soweit ich weiß, ist nur die Arbeit der Erwachsenen berücksichtigt worden. Die Diagramme zeigen die Daten zur Jagd, zum Pflanzensammeln, zur Nahrungszubereitung und zur Waffenreparatur, wie sie von den Ethologen aufgezeichnet/ermittelt wurden. Die Menschen, die in diesen beiden Lagern lebten, waren frei umherziehende eingeborene Australier, die während der Untersuchung außerhalb der Missionsstationen oder anderer Siedlungen lebten, obwohl sie dies nicht unbedingt immer taten.[33]

Man muß sich ernstlich hüten, aus den Daten der Arnhem-Untersuchung allein allgemeine oder historische Schlüsse zu ziehen. Erstens lief die Studie bei weitem nicht unter den ursprünglichen Lebensumständen der Eingeborenen ab und erstreckte sich über einen zu kurzen Zeitraum; es ist auch möglich, daß bestimmte neuzeitliche

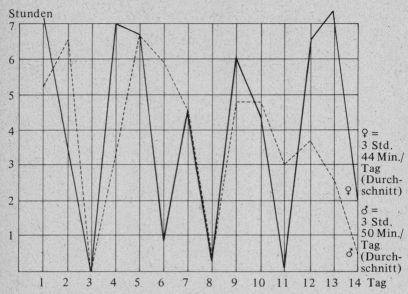

Abbildung 1.1: Ernährungsrelevante Tätigkeiten der Frauen und Männer in Fish Creek in Stunden pro Tag (nach McCarthy und McArthur 1960):

Einflüsse die Produktivität über das normale Niveau der Eingeborenen gehoben haben: Metallwerkzeuge zum Beispiel oder geringerer Druck auf die Nahrungsressourcen der Umgebung durch die Entvölkerung. Und unsere Ungewißheit scheint durch andere Begleitumstände eher noch verdoppelt denn beschwichtigt zu werden, die umgekehrt zu einer Verminderung der ökonomischen Effizienz hätten beitragen können: Diese halbunabhängigen Jäger und Sammler waren beispielsweise wahrscheinlich nicht so erfahren wie ihre Ahnen. Für den Augenblick wollen wir die Schlüsse, die sich aus dieser Untersuchung ergeben, als unter Experimentbedingungen zustande gekommen und insoweit als glaubwürdig betrachten, wie sie von anderen ethnographischen oder historischen Berichten abgestützt werden.

Die offensichtlichste, unmittelbarste Schlußfolgerung ist die, daß diese Menschen nicht hart arbeiteten. Die pro Tag und Person für die Aneignung und Zubereitung von Nahrung verwendete Zeit lag bei vier bis fünf Stunden. Darüber hinaus wurde nicht kontinuierlich

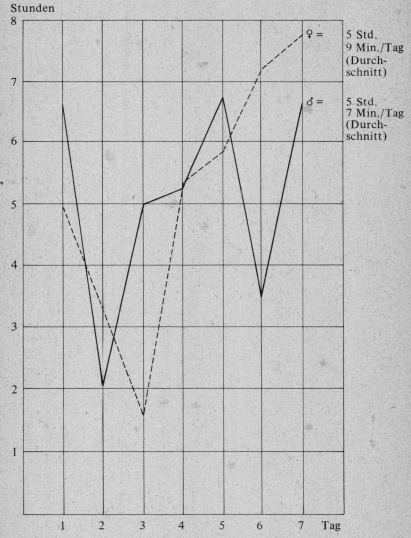

Stunden

♀ = 5 Std.
9 Min./Tag
(Durch-
schnitt)

♂ = 5 Std.
7 Min./Tag
(Durch-
schnitt)

Abbildung 1.2: Ernährungsrelevante Tätigkeiten der Frauen und Männer in
Hemple Bay in Stunden pro Tag (nach McCarthy und McArthur 1960):

gearbeitet. Die auf Subsistenz verwandte Arbeit schwankte stark. Sie wurde auf der Stelle beendet, wenn die Leute genug für den unmittelbaren Bedarf gesammelt oder gejagt hatten; dies ließ ihnen jede Menge Zeit übrig. Sowohl bei der subsistenzbedingten Arbeit wie bei den anderen Produktionssektoren haben wir es eindeutig mit einer Ökonomie der begrenzten, spezifischen Ziele zu tun. Diese Ziele lassen sich mit Jagen und Sammeln nicht immer mit gleicher Regelmäßigkeit erreichen, so daß die Arbeitszeiten entsprechend unregelmäßig ausfallen.

Bei dieser Gelegenheit noch eine dritte Eigenart des Sammelns und Jagens, die sich das Schulwissen ebenfalls nicht hat träumen lassen: Statt die vorhandene Arbeitskraft und die erreichbaren Ressourcen restlos auszunutzen, schienen diese Australier ihre objektiven ökonomischen Möglichkeiten bei weitem nicht auszuschöpfen.

«Die Menge der pro Tag von jeder dieser Gruppe gesammelten Nahrung hätte in jedem Fall erhöht werden können. Obwohl die Nahrungssuche für Frauen eine täglich wiederkehrende Beschäftigung darstellte (vgl. jedoch unsere Abbildungen 1.1 und 1.2), legten sie häufig eine Pause ein und verbrachten die Zeit von Sonnenaufgang bis Sonnenuntergang keineswegs nur mit der Suche und Zubereitung von Nahrung. Die Nahrungssuche der Männer hatte eher sporadischen Charakter, und wenn sie an einem Tag gute Beute gemacht hatten, ruhten sie den folgenden Tag häufig aus . . . Vielleicht wägen sie den Nutzen größerer Nahrungsmengen gegen die Mühe ab, die das Sammeln dieser Nahrung bedeuten würde, vielleicht schätzen sie aber auch ab, was nach ihrer Meinung genug ist, und wenn das gesammelt ist, hören sie auf.»[34]

Viertens folgt, daß der Nahrungserwerb nicht körperlich anstrengend war. Das Tagebuch der Beobachter deutet darauf hin, daß sich die Leute nicht übernehmen und sich Zeit lassen; nur einmal wird ein Jäger als «total erschöpft» geschildert. Und auch die Jäger und Sammler von Arnhem selbst fanden die Aufgabe der Nahrungsbeschaffung nicht schwer. «Sie betrachteten sie mit Sicherheit nicht als unangenehme Arbeit, die man so schnell wie möglich hinter sich bringt und ebensowenig als notwendiges Übel, das man so lange wie möglich hinausschiebt.»[35] In diesem Zusammenhang – und auch mit Blick auf die nur teilweise Ausschöpfung der ökonomischen Ressourcen – ist es bemerkenswert, daß die Leute von Arnhem Land keineswegs nur mit dem «bloßen Überleben» zufrieden gewesen zu sein schienen. Wie anderen Australiern[36] ging ihnen abwechslungs-

arme Kost mit der Zeit auf den Wecker; einen Teil ihrer Arbeitszeit
verwendeten sie anscheinend darauf, den Speisezettel abwechslungs-
reicher zu machen und die Nahrung über die bloße Subsistenz hinaus
aufzubessern.[37]
Auf jeden Fall hatten die Jäger und Sammler von Arnhem Land –
nach den Maßstäben des National Research Council of America
(NRCA) – ausreichend zu essen. Die mittlere tägliche Nahrungsauf-
nahme pro Person in Hemple Bay lag bei 2160 Kalorien (während
einer nur vier Tage dauernden Beobachtungsperiode), in Fish Creek
bei 2130 Kalorien (elftägige Beobachtung). Tabelle 1.1 zeigt die
tägliche Hauptzufuhr verschiedener Nährstoffe, die von McArthur in
Prozent der von der NRCA empfohlenen Mengen umgerechnet
wurden.

Tabelle 1.1: Mittlerer täglicher Verbrauch in Prozent der von der NRCA
empfohlenen Mengen (aus McArthur 1960):

	Kalorien	Protein	Eisen	Kalzium	Vitamin C
Hemple Bay	116	444	80	128	394
Fish Creek	104	544	33	355	47

Was schließlich sagt die Arnhem-Studie über die berühmte Frage
nach der freien Zeit aus? Es scheint, daß Jagen und Sammeln eine
außerordentliche Entlastung von wirtschaftlichen Sorgen bringt. Die
Fish Creek-Gruppe hielt sich einen ungefähr 35 bis 40 Jahre alten,
praktisch von aller anderen Arbeit freigestellten Handwerker. Sein
eigentliches Können scheint jedoch im Faulenzen bestanden zu
haben:
«Er ging überhaupt nie mit den anderen Männern auf die Jagd; nur
an einem Tag fischte er eifrig. Gelegentlich holte er Wildbienen-
Nester aus dem Wald. Wilira war ein handwerklicher Experte, der
Speere und Speerschleudern reparierte, Pfeifen und Flöten anfertigte
und (auf unsere Bitte) auch eine Steinaxt sehr gekonnt mit einem
Stiel versah; von diesen Verrichtungen abgesehen, verbrachte er die
meiste Zeit mit Gesprächen, Essen und Schlafen.»[38]
Wilira war mitnichten eine Ausnahme. Die meiste Zeit, in der nicht
gearbeitet wurde, war im wahrsten Sinn des Wortes Frei-Zeit; sie
wurde mit Ausruhen und Schlafen ausgefüllt (siehe Tabellen 1.2 und
1.3). Die Hauptalternative zur Arbeit, die mit dieser ständig abwech-

selte, war Schlaf:

«Abgesehen von der Zeit, die (meist zwischen definitiver Arbeit und der Essenszubereitung) mit allgemeinem Gesellschaftsleben, Schwätzen, Tratschen usw. ausgefüllt war, wurden einige Stunden des Tages auch mit Schlafen und Ausruhen verbracht. Wenn sich die Männer im Lager aufhielten, schliefen sie in der Regel nach dem Mittagessen zwischen einer und anderthalb Stunden, manchmal auch länger. Auch nach der Rückkehr von der Jagd oder vom Fischen machten sie in der Regel ein Nickerchen, entweder direkt nach der Ankunft im Lager oder während der Fang zubereitet wurde. In Hemple Bay legten sich die Männer hin, wenn sie früh am Tag wieder zurückkamen, nicht jedoch, wenn sie erst nach vier Uhr nachmittags eintrafen. Wenn sie sich den ganzen Tag im Lager aufhielten, schliefen sie unregelmäßig zwischendurch und immer nach dem Mittagessen. Die Frauen schienen bei der Nahrungssuche im Wald noch öfter Pause zu machen als die Männer. Waren sie den ganzen Tag im Lager, schliefen sie ebenfalls immer wieder zwischendurch, manchmal auch recht lange.»[39]

Wenn es die Arnhem-Jäger nicht «zu einer Kultur gebracht» haben, dann liegt das nicht etwa daran, daß ihnen die Zeit dazu gefehlt hätte. Es lag an der Faulheit.

Tabelle 1.2: *Ruhe- und Schlafperioden am Tag in Fish Creek*
(nach McCarthy und McArtur 1960)

Tag	Männer (durchschnittl.)	Frauen (durchschnittl.)
1	2 Std. 15 Min.	2 Std. 45 Min.
2	1 Std. 30 Min.	1 Std.
3	Fast den ganzen Tag	wie die Männer
4	Immer wieder mit kurzen Unterbrechungen	
5	Wie am Vortag; am Spätnachmittag keine Unterbrechungen	
6	Fast den ganzen Tag	wie die Männer
7	Mehrere Stunden	wie die Männer
8	2 Std.	2 Std.
9	50 Min.	50 Min.
10	Nachmittag	Nachmittag
11	Nachmittag	Nachmittag
12	Immer wieder kurze Unterbrechungen, Nachmittag	
13	–	–
14	3 Std. 15 Min.	3 Std. 15 Min.

Tabelle 1.3: *Ruhe- und Schlafperioden am Tag in Hemple Bay*

1	–	45 Min.
2	Fast den ganzen Tag	2 Std. 45 Min.
3	1 Std.	–
4	Immer wieder zwischendurch wie Männer	
5	–	1 Std. 30 Min.
6	Immer wieder zwischendurch wie Männer	
7	wie Vortag	wie Vortag

Soviel zum Leben der Jäger und Sammler in Arnhem Land. Die Buschmänner, die Herskovits den australischen Jägern und Sammlern ökonomisch an die Seite stellt, leben nach zwei ausgezeichneten Berichten von Richard Lee genauso.[40] Lees Forschungen verdienen nicht nur deshalb besondere Aufmerksamkeit, weil sie Buschmänner zum Gegenstand haben, sondern weil es um Dobe aus der Gruppe der !Kung-Buschmänner geht, die zu den Nyae-Nyae gehören, an deren Subsistenz von Marshall – in einem anderen Kontext als dem des «materiellen Überflusses», siehe oben – schwerwiegende Zweifel geltend gemacht worden sind. Die Dobe leben in einem Teil Botswanas, der schon seit mindestens hundert Jahren von !Kung-Buschmännern bewohnt wird. Sie leiden erst seit letzter Zeit unter Dislozierungsschwierigkeiten. (Metall kennen und benutzen die Dobe allerdings schon seit 1880–1890.) Untersucht wurde die Subsistenzproduktion eines Trockenzeitlagers mit einer Population von 41 Menschen; diese Zahl liegt beim statistischen Mittelwert. Die Beobachtung dauerte vier Wochen und fiel in den Übergang von der besseren zur schlechteren Jahreszeit, war daher also für den Stand der durchschnittlichen Subsistenzsituation ziemlich repräsentativ. Trotz sehr geringer jährlicher Niederschlagsdurchschnittsmenge fand Lee im Dobe-Land eine «überraschend vielfältige Vegetation» vor. Es gab übergenug abwechslungsreiche Nahrung, besonders die Mangetti-Nuß – «die in derartiger Überfülle vorhanden war, daß Millionen Nüsse auf dem Boden verrotteten, weil sie niemand aufsammelte»[41]. Die nach seinen Beobachtungen auf Nahrungssuche verwandte Zeit liegt bemerkenswert nahe bei den Werten für die Arnhem-Jäger. Tabelle 1.4 faßt die von Lee gesammelten Daten zusammen. Seine Zahlen lassen den Schluß zu, daß die Arbeitskraft eines Buschmanns genügt, um vier oder fünf Menschen zu ernähren. Rein zahlenmäßig betrachtet ist das Nahrungssammeln der Buschmänner effizienter als die französische Landwirtschaft in der Zeit bis zum Zweiten Weltkrieg, als mehr als 20 Prozent der Bevölkerung mit der Ernährung der übrigen Bevölkerung beschäftigt waren. Zugegebenermaßen führt dieser Vergleich in die Irre; aber er verblüfft doch. Von der gesamten von Lee untersuchten Buschmannpopulation waren 61,3 Prozent (152 von 248) effektive Nahrungsproduzenten; der Rest war entweder zu alt oder zu jung, um wirksam zur Nahrungssuche beitragen zu können. In dem von ihm genauer untersuchten Lager waren 65 Prozent «effektive» Nahrungssammler. Daher ist das Verhältnis von Nahrungsproduzenten zur Gesamtpopulation tatsächlich 3:5 oder 2:3. Das große Aber kommt jedoch erst: Diese 65 Prozent arbeiteten nur «36 Prozent der Zeit, und 35 Prozent der Leute arbeiteten überhaupt nicht!»[42]

Das stellt sich dann für jeden erwachsenen Arbeiter auf zweieinhalb Arbeitstage pro Woche. («Anders gesagt, ernährte jedes produktive Individuum sich und die von ihm Abhängigen und hatte immer noch dreieinhalb bis fünfeinhalb Tage für anderes übrig.») Der «Arbeitstag» bestand aus ungefähr sechs Stunden, also arbeiteten die Dobe annähernd 15 Stunden pro Woche oder durchschnittlich zwei Stunden und neun Minuten pro Tag. Diese Zahl, die sogar noch niedriger liegt als die Zahlen der Arnhem-Studie, enthält jedoch nicht die Zubereitung der Nahrung und die Instandsetzung bzw. Herstellung von Werkzeugen. Alles in allem liegt die Subsistenzarbeit der Dobe wohl ziemlich nahe bei der der australischen Eingeborenen.

Wie die Australier verbringen die Buschmänner die Zeit, die nicht mit subsistenznotwendiger Arbeit ausgefüllt ist, mit Ausruhen. Man trifft auch bei ihnen wieder auf den typischen paläolithischen Rhythmus: Ein oder zwei Tage Arbeit, ein oder zwei Tage Freizeit; die Freizeit wird gemütlich im Lager herumgebracht. Obwohl das Sammeln von Nahrung die wichtigste produktive Tätigkeit darstellt, schreibt Lee: «Den größten Teil ihrer Zeit bringen die Buschmänner mit anderen Dingen zu (vier oder fünf Tage in der Woche), zum Beispiel mit Ausruhen im Lager oder Besuchen in anderen Lagern»[43]:

«Zum Beispiel sammelt eine Frau an einem Tag genug Nahrung, um ihre Familie drei Tage ernähren zu können. Den Rest der Zeit verbringt sie müßig im Lager, sie stickt, besucht andere Lager oder unterhält sich mit Besuchern aus anderen Lagern. Im Lager hat sie pro Tag mit dem Kochen, Nüsseknacken, Holzsammeln und Wasserholen ein bis drei Stunden zu tun. Diesen Rhythmus von gleichmäßi-

Tabelle 1.4: Zusammenfassung der Erhebungen über die Arbeitszeit der Dobe-Buschmänner (aus Lee 1969):

Woche	Mittlere Größe der Gruppe*	Nahrungsertrag umger. auf Ernährungstage pro Person**	Personen-Arbeitstage	Arbeitstage pro Woche und Erwachs.	Index der Subsistenzeffizienz***
1 (6.–12. 7.)	25.6 (23–29)	179	37	2,3	.21
2 (13.–19. 7.)	28.3 (23–37)	198	22	1,2	.11
3 (20.–26. 7.)	34.3 (29–40)	240	42	1,9	.18
4 (27. 7.–2. 8.)	35.6 (32–40)	249	77	3,2	.31
1–4 (6. 7.–2. 8.)	30.9	866	178	2,2	.21
Total (bereinigt) ****	31.8	668	156	2,5	.23

Erläuterungen:

* Größe der Gruppe im Durchschnitt. Die Streuung ist in Klammern angegeben. Die Lager der Buschmänner weisen eine beachtliche und rasche Bevölkerungsfluktuation auf.

** Diese Zahl gibt den Ertrag der Nahrungssuche aus den Personenarbeitstagen wieder, wenn dieser auf die gesamte Population des Lagers (mit Kindern usw.) und die Tage umgelegt wird, die diese Population vom Ertrag der Personenarbeitstage leben kann.

*** Dieser Index wurde von Lee eingeführt, um das Verhältnis zwischen Konsum und der für den Konsum aufzuwendenden Arbeitszeit zu illustrieren: S = W/C, wobei W = Zahl der Personenarbeitstage und C = Ertrag von W pro Ernährungstag und Person bildet (siehe Erl. 2). S = C/W würde angeben, wie viele Menschen mit einem Subsistenzarbeitstag ernährt werden können.

**** Die zweite Woche wurde nicht berücksichtigt, weil der Untersuchende an zwei Tagen zur Ernährung beitrug.

ger Arbeit und täglicher Freizeit behalten die Frauen das ganze Jahr über bei. Die Männer arbeiten etwas häufiger als die Frauen; dafür ist ihr Arbeitsrhythmus etwas ungleichmäßiger. Es ist keineswegs ungewöhnlich, daß ein Mann eine Woche lang eifrig auf Jagd geht und dann zwei oder drei Wochen überhaupt nichts tut. Weil das Jagdglück unvorhersagbar ist und zudem magischer Kontrolle unterliegt, haben die Jäger manchmal eine Pechsträhne und hören einen Monat oder noch länger ganz mit der Jagd auf. Die Hauptbeschäftigung der Männer in diesen jagdfreien Zeiten besteht in Besuchen, Faulenzen und vor allem im Tanz.»[44]

Der durchschnittliche Ertrag der Nahrungssuche pro Kopf und Tag lag bei den Dobe-Buschmännern bei 2140 Kalorien. Wenn man jedoch Körpergewicht, Schwere der Tätigkeit sowie Alters- und Geschlechtszusammensetzung der Dobe-Population in Rechnung stellt, brauchen sie nach den Schätzungen Lees nur 1975 Kalorien pro Kopf und Tag. Ein Teil der überschüssigen Nahrung wurde wohl den Hunden überlassen, die auffraßen, was die Dobe übrigließen. «Es kann der Schluß gezogen werden, daß die Buschmänner keineswegs ein Leben am Rande des Hungers führen, wie allgemein vermutet worden ist.»[45]

Für sich genommen sind die Berichte über die Buschmänner und die australischen Ureinwohner nichts weniger als ein zumindest Verunsicherung stiftender, wenn nicht gar entscheidender Angriff auf die bisher gängige und hartnäckig verteidigte Theorie. Die Arnhem-Studie kann zwar zu Recht wegen ihrer artifiziellen Anlage angezweifelt werden. Aber die Ergebnisse dieser Untersuchung werden in vielen Punkten durch anderswo in Australien gemachte Beobachtungen – und auch bei nichtaustralischen Jägern und Sammlern – bestätigt. Ein großer Teil des Materials über die australischen Ureinwohner stammt aus dem 19. Jahrhundert, und viel davon verdanken wir sorgfältigen und scharfen Beobachtern, die immer wieder betont haben, daß ihre Berichte nicht auf Ureinwohner zuträfen, die bereits mit Europäern zu tun hatten, denn die «Nahrungsversorgung (dieses Eingeborenen sei) beschränkt . . . und er wird in vielen Fällen von den Wasserlöchern vertrieben, welche den Mittelpunkt seiner besten Jagdgründe bilden»[46].

Für die wasserreichen Gebiete Südwestaustraliens liegen die Dinge so oder so klar. Dort waren die Eingeborenen derart reich mit leicht zu fangendem Fisch gesegnet, daß sich ein Siedler in Victoria um 1840 fragte, «wie diese glücklichen Geschöpfe ihre Zeit totschlugen, bevor ihnen die Leute meines Trecks das Rauchen beibrachten». Mit dem Rauchen war wenigstens das drängendste ökonomische Problem – das Nichtstun – vorerst gelöst. «Nachdem sie sich diese Errungenschaft halbwegs angeeignet … verging ihnen die Zeit gleich schneller; ihre Mußestunden galten fortan zwei Zwecken, zum einen, die Pfeife ihrem ureigenen Gebrauche zuzuführen, und zum anderen, meinen Tabak zu schnorren.» Schon etwas ernsthafter versuchte er, die Zeit zu schätzen, die von den Bewohnern des damaligen Port Phillips District auf die Jagd und das Sammeln verwandt wurde. Die Frauen waren etwa sechs Stunden außerhalb des Lagers auf Sammeltour, wobei sie «die Hälfte der Zeit im Schatten oder beim Feuer verdösten»; die Männer verließen das Lager kurz nach den Frauen und kamen ungefähr gleichzeitig mit ihnen wieder zurück. Curr fand die so beigebrachte Nahrung «von keiner sonderlichen Qualität», wohl aber «leicht erworben», die sechs zu diesem Zweck pro Tag verbrachten Stunden «vollauf ausreichend»; das Land hätte sogar «die doppelte Anzahl Schwarzer, die wir dort angetroffen haben, ernähren können». Ganz ähnliche Kommentare finden sich bei einem anderen Zeugen aus der guten alten Zeit, Clement Hodgkinson, über einen ähnlichen Lebensraum im Nordosten von New South Wales. Ein paar Minuten Fischen brächte dort genug, um «den ganzen Stamm» abzufüttern.[47] «In der Tat haben die Schwarzen in allen Küstenstrichen des Ostens niemals solchen Nahrungsmangel gelitten, wie so viele mitleidige Schreiber meinen.»[48] Aber die Völker, die diese fruchtbareren Teile Australiens bewohnten, sind nicht in das heutige Klischee des Eingeborenen eingegangen. Sie wurden schon früh ausgerottet.[49] Das Verhältnis des Europäers zu diesen «Schwarzhäuten» war vom Kampf um die Reichtümer des australischen Kontinents geprägt; den Luxus des Nachdenkens/der Kontemplation leistete man sich bei diesem Zerstörungsprozeß nicht. Für das ethnologische Wissen blieben nur die Brosamen ab: Die Gruppen im Landesinneren, hauptsächlich Wüstenvölker, vor allem die Arunta. Nicht daß es die Arunta so schlecht erwischt hätten – in der Regel war «ihr Leben in keiner Weise erbärmlich oder hart»[50]. Dennoch können die Stämme Inneraustraliens in Hinsicht auf ihre Zahl und ihre ökologische Anpassung an ihren Lebensraum nicht als typisch für die australischen Ureinwohner angesehen werden.[51] Dagegen kann das folgende Bild der ursprünglichen wirtschaftlichen Verhältnisse, das von John Eyre entworfen wurde, der die Südküste bereiste, dabei bis nach Flinders kam und auch den reicheren Murray District besuchte, mit Recht zumindest repräsentativ genannt werden:

«Überall im größten Teile Neu-Hollands, wo es noch keine europäischen Siedler gibt, und stets, wenn frisches Wasser auf Dauer an der Erdoberfläche zu finden ist, hat der Eingeborene das ganze Jahr hindurch auch nicht die mindeste Schwierigkeit, Nahrung in Hülle und Fülle beizuschaffen. Zwar ist es richtig, daß sein Speisezettel je nach der Jahreszeit und der von ihm bewohnten Gegend wechselt, doch geschieht es nur selten, daß ihm jedwede Jahreszeit oder Gegend keine tierische oder pflanzliche Nahrung bietet . . . Von diesen Artikeln (gemeint sind die wichtigsten Nahrungsmittel) finden sich viele nicht nur im Überfluß, sondern zur richtigen Zeit in derart ungeheuerlichen Mengen, um vielen hundert an einem Platze lagernden Eingeborenen auf beträchtliche Zeit einen leichten Lebensunterhalt zu verschaffen . . . An vielen Teilen der Küste und in den größeren Flüssen des Landesinneren finden sich Fische bester Sorte in großem Überfluß. Am Victoriasee habe ich sechshundert Eingeborene angetroffen, die sich zu einem großen Lager zusammengefunden; zu jener Zeit lebten sie allesamt vom Fisch aus diesem Gewässer und hinzu vielleicht noch von den Blättern der Mittagsblume. Niemals nahm ich – auch bei näherer Betrachtung – in ihren Lagern auch nur den geringsten Mangel wahr . . . Wenn in Moorunde der Murray-Fluß alljährlich die Ebene überflutet, kommt der Panzerkrebs in solch gewaltiger Zahl an die Oberfläche, daß ich gesehen habe, wie vierhundert Eingeborene über Wochen gemeinschaftlich von jenem Tiere zehrten; und die Zahl der verdorbenen oder weggeworfenen Krebse hätte auch noch für hundert Eingeborene mehr gereicht . . . Auch läßt sich im Murray zu Beginn des Dezember Fisch in Hülle und Fülle fangen . . . Die Zahl der innerhalb weniger Stunden gefangenen Fische ist ganz unglaublich . . . Ein weiteres hochgeschätztes Lebensmittel, welches im östlichen Teile des Kontinents zu einer bestimmten Zahl des Jahres im gleichen Überflusse vorkommt, ist eine Nachtfalterspezies, welche die Eingeborenen in den Höhlen und Spalten der Berge bestimmter Gegenden gewinnen . . . Spitze, Blatt und Stengel einer Art Kresse, zur rechten Jahreszeit gesammelt, ergibt ein beliebtes und nahezu unerschöpfliches Nahrungsreservoir für eine unbegrenzte Zahl von Eingeborenen . . . Bei den Eingeborenen ist noch eine ganze Anzahl weiterer Speisen im Schwange, welche ebenso reichlich und nahrhaft sind wie die von mir aufgeführten.»[52]

Sowohl Eyre wie Sir George Grey, dessen pointiertes Urteil über die ursprüngliche wirtschaftliche Lage der australischen Ureinwohner wir bereits vermerkt haben («Ich habe in ihren Hütten immer den größten Überfluß angetroffen»), haben genaue Schätzungen der Subsistenzarbeitszeit der Australier hinterlassen. (Die Schätzungen Greys schließen dabei auch die Bewohner der unwirtlichen Gegenden Westaustraliens ein.) Das Zeugnis dieser ehrenwerten Gentlemen und Forschungsreisenden stimmt weitgehend mit den Ergebnissen der Arnhem-Studie von McArthur und McCarthy überein. «Bei gewöhnlicher Witterung» (das heißt, wenn die Menschen nicht von schlechtem Wetter gezwungen waren, in ihren Hütten zu bleiben) «erlangen sie in *zwei oder drei Stunden* genug an Nahrung für den ganzen Tag; ihre übliche Gewohnheit und Sitte ist es jedoch, gemütlich von Fleck zu Fleck zu ziehen und, wie sie so ihres Weges wandern, in Muße Nahrung zu sammeln.»[53] (Vol. II., S. 263 Hervorhebung von mir.) Ähnlich stellt Grey fest: «In beinah jedem Teil des Kontinents, welchen ich besucht habe, wo die Gegenwart von Europäern oder deren Weidevieh die ursprünglichen Nahrungsquellen der Eingeborenen noch nicht beschnitten oder gar vernichtet hat, habe ich gefunden, daß die Eingeborenen in *drei oder vier Stunden* genug Nahrung für den ganzen Tag beschaffen konnten, und dies ohne schwere Arbeit oder Mühewaltung.» (1845, S. 254–255, Hervorhebung von mir.)[54]

Dieselbe Diskontinuität der Subsistenzarbeit, die von McArthur und McCarthy berichtet wird, das Muster von abwechselndem Schlafen und Arbeiten, wird darüber hinaus von frühen wie späten Arbeiten über alle möglichen Gegenden Australiens bestätigt.[55] Basedow sah in diesem Muster einen ganz allgemeinen Brauch des Eingeborenen: «Wenn seine Geschäfte harmonisch laufen, wenn Wild zu finden und Wasser vorhanden ist, macht sich der Eingeborene sein Leben so leicht wie möglich, und dem Außenstehenden mag er sogar faul erscheinen.»[56]

Auch die afrikanischen Hadzas hatten lange ein relativ leichtes Auskommen; ihre für die Subsistenz unabdingbare Arbeitslast lag stundenmäßig auch nicht höher als die der Buschmänner oder der australischen Ureinwohner.[57] In einer Gegend in der Nähe des Eyasi-Sees in «außerordentlicher Fülle» von Tieren und eßbaren Pflanzen lebend, scheint den Hadza-Männern das Spielglück weitaus mehr Sorgen zu machen als das Jagdglück. Besonders während der langen Trockenzeit verbringen sie den größten Teil des Tages im Spiel, wobei sie dann oft die Metallspitzen ihrer Pfeile verlieren, die sie später bei der Großwildjagd gut gebrauchen könnten. Jedenfalls verhält es sich so, daß viele Männer «gar nicht darauf vorbereitet oder unfähig» sind, «Großwild zu jagen, selbst wenn sie die dafür notwendigen Pfeile besitzen». Nur eine kleine Minderheit, schreibt Woodburn, sind aktive Großwildjäger, und wenn die Frauen beim Gemüsesammeln in der Regel fleißiger sind als ihre Männer bei der Jagd, dann immer noch in aller Gemütlichkeit und ohne überlange Arbeitszeiten.[58] Trotz ihres lässig-gemütlichen Lebenswandels und einer nur geringen Arbeitsteilung haben die Hadza «ohne großen Einsatz dennoch genug» zu essen. Woodburn kommt zu folgender «ziemlich grober Schätzung» der nötigen Subsistenzarbeitszeit: «Wenn man das ganze Jahr zugrunde legt, wird auf die Beschaffung von Nahrung eine Durchschnittsarbeitszeit von weniger als zwei Stunden pro Tag verwandt.»[59]

Interessanterweise lehnen die Hadza, die nicht bei der Anthropologie, sondern beim Leben zur Schule gegangen sind, die neolithische Revolution ab, *um weiter eine ruhige Kugel schieben zu können.* Obwohl sie inmitten von Ackerbauern leben, haben sie sich bis vor kurzem geweigert, selber Landwirtschaft zu treiben, und zwar «hauptsächlich deswegen, weil dies zu viel harte Arbeit bedeuten würde»[60]. In diesem Punkt halten sie es wie die Buschmänner, die auf die typisch neolithische Frage, warum sie denn nichts anbauten, mit der Gegenfrage reagieren: «Warum sollen wir etwas anpflanzen, wo es doch so viele Mongo-Mongo-Nüsse auf der Welt gibt?»[61] Woodburn gelangte überdies zu der – allerdings noch nicht belegten – Vermutung, daß die Hadza wirklich weniger Energie und wahrscheinlich auch weniger Zeit als ihre landbestellenden ostafrikanischen Nachbarn für die Subsistenz aufwenden müssen.[62] In Südamerika sieht es nicht anders aus. Auch das erfolgreiche wirtschaftliche Abschneiden des südamerikanischen Jägers und Sammlers mutet den europäischen Outsider wie eine unheilbare «Naturveranlagung» an: «Außerdem ist beachtenswert, daß die Yamana zu anhaltender Regelmäßigkeit einer anstrengenden Tagesarbeit nicht fähig sind, zum Leidwesen der europäischen Farmer und Auftraggeber, in deren Dienst sie sich öfters stellen. Ihr *Arbeiten* ist mehr ruckweise, und sie können bei diesen gelegentlichen Stößen gewisse Zeit hindurch ansehnliche Kraft entfalten; danach aber macht sich ein unberechenbar langes Ruhebedürfnis geltend, währenddessen sie untätig herumliegen, ohne schwere Ermattung zu erkennen zu geben . . . Daß dergleichen oft wiederholte Unregelmäßigkeiten den europäischen Auftraggeber zur Verzweiflung bringen, liegt nahe. Aber der Indianer

kann infolge seiner natürlichen Veranlagung nicht anders . . .»[63]
Die Haltung der Jäger und Sammler zum Ackerbau führt uns schließlich zu einigen besonderen Zügen ihres Verhältnisses zur Nahrungsfrage. Wieder einmal müssen wir uns in den Bereich der Binnenstruktur dieser Wirtschaftsform vorwagen, einen Bereich, der manchmal von den eigenen subjektiven Vorstellungen verzerrt, immer aber schwer zu verstehen ist; einen Bereich, in dem die Jäger überdies bewußt dazu zu neigen scheinen, unsere Verständnisfähigkeit durch Bräuche zu überfordern, die so fremdartig sind, daß sie die extreme Interpretation: es handle sich bei ihnen entweder um Schwachsinnige oder sie hätten tatsächlich nicht die geringsten Sorgen, geradezu herausfordern. Ersteres wäre die wahrhaft logische Schlußfolgerung, die man aus der Unbekümmertheit des Sammlers und Jägers ziehen könnte – unter der Voraussetzung, daß es ihm wirtschaftlich tatsächlich dreckig ginge. Wenn der Lebensunterhalt jedoch in aller Regel leicht, rasch und offensichtlich erfolgreich zu sichern ist, dann kann man die scheinbare Unvorsichtigkeit dieser Menschen nicht mehr als solche interpretieren. In einem 1947 erschienenen Aufsatz über die Institutionalisierung der Knappheit und andere typische Erscheinungen der Marktwirtschaft schrieb Karl Polanyi, daß «unsere animalische Abhängigkeit von der Nahrung [durch die Marktwirtschaft; d. Ü.] bloßgelegt (worden ist) und die nackte Furcht vor dem Verhungern konnte sich uneingeschränkt ausbreiten. Unsere demütigende Versklavung an das Materielle, die alle Kultur zu mildern sucht, wurde auch noch absichtlich verschärft.»[64] Aber unsere Probleme haben die Jäger und Sammler nun eben nicht. Statt der Verzweiflung über die Unzulänglichkeit der Mittel des Menschen ist ihre Produktionsweise von einem ursprünglichen Wohlstand, vom Glauben an die Unerschöpflichkeit der Natur gefärbt. Durch dieses Vertrauen – und darum geht es mir hier – werden sonst befremdende heidnische Bräuche verständlich, ein Vertrauen, das vernünftiger Ausdruck einer im allgemeinen erfolgreichen Wirtschaft ist.[65]
Man betrachte zunächst das rastlose Umherziehen von einem Lager zum andern. Diesem Nomadismus, der von uns oft als Zeichen ständiger Rastlosigkeit gedeutet wird, überlassen sich die Jäger und Sammler mit einer gewissen Sorglosigkeit. Smyth berichtet, daß die (westaustralischen) Eingeborenen «faule Reisende» sind. *«Sie sehen überhaupt keinen Anlaß, sich zu einem schnelleren Vorwärtskommen drängen zu lassen.* Im allgemeinen begeben sie sich erst am späten Vormittag auf die Wanderschaft, und auf dem Wege gibt es mancher-

lei Aufenthalt.»[66] (Hervorhebung von mir.) Der gute alte Pere Biard
fährt in seinen ‹*Relationes*› aus dem Jahre des Herrn 1616 nach einer
begeisterten Schilderung der Nahrung, die den Micmac in der besseren Zeit des Jahres zur Verfügung steht («Niemals hat Salomon sein
Haus besser bestellt und mit Atzung und Speise versehen»), im
selben Ton fort:

«Zu dem Zwecke, dieses Ihrige nach Kräften zu genießen, machen
sich unsere Wäldler mit einer solchen Freude zu ihren verschiedenen
Lagerplätzen auf, als gingen sie lustwandeln oder auf einen Ausflug;
durch ihren kunstvollen Gebrauch des *Kanoe* und dessen große Bequemlichkeit fällt ihnen das Reisen leicht; ihre *Kanoes* lassen sich so
schnell rudern, daß man mit ihnen bei gutem Wetter dreißig, wenn
nicht gar vierzig Ligen zurückzulegen vermag; doch sehen wir trotz
alldem die Wilden niemals mit dieser Schnelligkeit dahineilen, denn
alle ihre Tage sind nichts als Muße. Niemals sind sie in Eile. Dies in
gänzlichem Unterschiede zu uns, die wir ohne Hast und Sorgen
niemals etwas zu tun imstande sind.»[67]

Gewiß geben die Jäger und Sammler ein Lager auf, weil die Nahrungsressourcen der Umgebung erschöpft sind. In diesem Nomadismus jedoch nur eine Flucht vor dem Hunger zu sehen, heißt nur die
Hälfte dieser Erscheinung zu verstehen: Man will nicht zur Kenntnis
nehmen, daß die Hoffnung dieser Menschen, anderswo eine üppigere
Weide zu finden, in der Regel nicht enttäuscht wird. Kein Wunder
also, daß ihre Wanderungen – weit davon entfernt, unter dem Zeichen der Angst zu stehen – eher die Züge eines Picknicks irgendwo
am Fluß oder See tragen.

Da ist die Frage des häufig – und mit einer gewissen Indignation –
berichteten «Mangels an Vorsorge» bei Jägern und Sammlern schon
ernster zu nehmen. Auf Dauer am Heute orientiert, ohne «den
geringsten Gedanken, ohne die geringste Sorge darüber, was der
nächste Tag wohl bringen mag»[68], scheint der Jäger nicht gewillt,
Vorräte anzulegen, scheint er einer durchdachten Antwort auf den
ihn – vermeintlich – so sicher erwartenden Untergang unfähig zu
sein. Statt dessen nimmt er eine Haltung nachgerade geübter Sorglosigkeit ein, die sich in zwei komplementären ökonomischen Verhaltensweisen niederschlägt.

Erstens, Verschwendungssucht: Der Hang, alle im Lager vorhandene
Nahrung auf einen Schlag zu verschmausen, selbst in objektiv schwie-
rigen Zeiten, «als ob», wie LeJeune von den Montagnais sagte, «das
Wild, welches sie doch erst zu erjagen hatten, in einem Pferche schon

eingeschlossen bereitstünde». Basedow schrieb über die australischen Eingeborenen, ihr Motto könne «dahingehend zusammengefaßt werden, daß heute ja sowieso genug da (sei) und man sich über den nächsten Tag keine Sorgen machen» müsse. «Aus diesem Grund neigt der Eingeborene dazu, seine Nahrung lieber auf einmal zu verprassen, als Tag für Tag ein bescheidenes Mahl zu verzehren.»[69] LeJeune sah seine Montagnais durch diese Extravaganz gar an den Rand der Katastrophe geraten:

«In der Hungerzone, durch welche wir passierten, fand, hatte mein Gastgeber zwei, drei oder auch vier Biber erlegt, sei es am Tage oder in der Nacht, sogleich ein Festmahl für alle Wilden der Nachbarschaft statt. Und hatten jene einen Fang getan, so gaben auch sie zur gleichen Zeit ein Gelage, so daß, hatte man sich von der einen Tafel erhoben, man sogleich zur nächsten schritt, und manchmal gar zu einer dritten oder vierten. Ich sagte ihnen, daß sie sich nicht sonderlich klug verhielten und daß es besser wäre, sich dieser Genüsse für kommende Tage zurückzuhalten; und wenn sie dies täten, säße ihnen der Hunger nicht so sehr im Genick. Sie lachten mich aus. ‹Morgen›, so sagten sie, ‹werden wir mit dem, was wir gefangen, wieder einen Festschmaus anrichten.› Ja, doch öfter fangen sie nur Kälte und Wind.»[70]

Wohlmeinende Autoren haben sich bemüht, diesen scheinbaren Widersinn zu rationalisieren. Vielleicht, meinten sie, sei diesen Menschen vor lauter Hunger die Vernunft abhanden gekommen: Weil sie so lange ohne Fleisch hätten auskommen müssen, brächten sie es fertig, den ersten besten Fang auf der Stelle hinunterzuschlingen – und aller Wahrscheinlichkeit nach würden sie es beim nächstenmal wieder so halten. Möglicherweise auch komme ein Mann durch die Verschleuderung seiner Nahrungsmittel mittels eines allgemeinen Festessens nur bindenden sozialen Verpflichtungen nach, dem verpflichtenden Imperativ des Teilens. Beide Meinungen können mit den Beobachtungen LeJeunes gerechtfertigt werden; aber sie legen auch eine dritte Möglichkeit nahe: Genauer gesagt, die Erklärung der Montagnais. Die Jäger sorgen sich deshalb nicht um den nächsten Tag, weil er ihnen eben das gleiche oder noch mehr bringen wird, «noch einen Festschmaus» nämlich. Welchen Wert die anderen Interpretationen auch haben mögen: Dieses Selbstvertrauen muß mit der vermeintlichen Verschwendungssucht der Jäger und Sammler in enger Beziehung stehen. Es muß darüber hinaus eine objektive Basis haben, denn wenn die Jäger und Sammler die Freßsucht wirklich über die wirtschaftliche Vernunft stellen würden, wären sie schon längst ausgestorben, bevor sie zu den Propheten dieser neuen Religion hätten werden können.

Die zweite, komplementäre Verhaltensweise ist eigentlich nur die negative Seite dieser Verschwendungssucht: Die Unfähigkeit, Nahrungsvorräte zu schaffen, zum Horten überzugehen. Der Nachweis, daß viele Jäger und Sammler aus technischen Gründen keine Nahrung horten können, ist wohl kaum zu führen; ebensowenig ist erwiesen, daß sie sich dieser Möglichkeit nicht bewußt sind.[71] Statt dessen ist zu untersuchen, was diesen Versuch in der spezifischen Situation des Jägers und Sammlers von vornherein ausschließt. Gusinde stellte sich diese Frage und fand die Antwort – für die Yamana – in eben ihrem berechtigten Optimismus:

Hortung sei «überflüssig, weil das Meer während des ganzen Jahres mit fast uneingeschränkter Freigiebigkeit allerhand Tiere dem jagenden Manne und der sammelnden Frau zur Verfügung stellt. Von diesen Dingen wird eine Familie höchstens einige Tage durch Sturm oder Unfall ferngehalten, für gewöhnlich braucht niemand mit Hungergefahr rechnen und jedermann findet überall reichlich das, was er benötigt. Wozu also sollte sich jemand für die Zukunft noch Nahrungssorgen machen! . . . Unsere Feuerländer wissen sich grundsätzlich außer Gefahr für die Zukunft, deshalb häufen sie gar keine Vorräte auf. *Sorglos* können sie den folgenden Tag erwarten, jahraus, jahrein.»[72]

Dieser Erklärungsversuch ist gar nicht einmal so schlecht, aber doch wohl unvollständig. Hier scheint ein komplexeres und subtileres ökonomisches Kalkül im Spiel – ein Kalkül, das gleichwohl von einer äußerst simplen sozialen Arithmetik realisiert wird. Die Vorteile der Nahrungsbevorratung müssen gegen den Rückgang der Erträge des Jagens und Sammelns in einem beschränkten Raum abgewogen werden. Die unkontrollierbare Tendenz zur Überausbeutung – und damit zur Verringerung des Nahrungsaufkommens – in der unmittelbaren und mittleren Umgebung rund um das jeweilige Lager ist eine fundamentale Eigenschaft der Jäger und Sammler: eine grundlegende Bedingung ihrer Produktion und Hauptgrund ihres ständigen Umherziehens. Der potentielle Nachteil der Nahrungshortung liegt für den Jäger und Sammler ja gerade darin, daß er den Widerspruch zwischen Reichtum und Mobilität ins Spiel bringt. Nahrungshortung würde das Lager an ein Gebiet fesseln, das seiner natürlichen Ressourcen bald entkleidet wäre. Im Vergleich zum Weiterziehen in

andere Jagdgründe, wo die Natur sozusagen von sich aus beträchtliche Vorräte angelegt hat, würden die Jäger und Sammler durch das
Anlegen von Nahrungsvorräten unter einer Unbeweglichkeit leiden.
Und die von der Natur angelegten «Vorräte» anderswo sind zudem
womöglich im Blick auf Vielfalt und Menge begehrenswerter als
alles, was sich diese Menschen vom Munde absparen können. Aber
diese schlaue Rechnung – die übrigens auf jeden Fall auf Symbolebe-
ne unmöglich wäre (vgl. Codere 1968) – läßt sich mit gesellschaftlichen Begriffen wie dem Gegensatzpaar «Liebe» und «Haß» viel
einfacher ausdrücken. Wie Richard Lee[73] bereits anmerkt, ist die
technisch gesehen neutrale Tätigkeit der Akkumulation von Nahrung oder Bevorratung, moralisch betrachtet, wieder etwas ganz
anderes; nämlich eine Form des Vorenthaltens, der Wegnahme, ist
«Hortung». Der erfolgreiche nahrungsakkumulierende Jäger und
Sammler täte dies auf Kosten von seinesgleichen; im anderen Fall
würde er die hortbare Nahrung verschenken, und dann wäre seine
Anstrengung völlig überflüssig. Es liefe also letztlich darauf hinaus,
daß der Versuch der Vorratsbildung letzten Endes wohl nur das
gesamte Produktionsaufkommen einer Jägerhorde vermindern würde, weil die fauleren Hordenmitglieder schnell darauf verfallen würden, einfach im Lager zu bleiben und sich mit den von den fleißigeren
zusammengerafften Lebensmitteln einen Lenz zu machen. Nahrungsbevorratung wäre also technisch zwar machbar, aber ökonomisch unerwünscht und sozial unerreichbar.

Wenn Nahrungsbevorratung bei Jägern und Sammlern also selten
und in geringem Maß vorkommt, dann ist ihr in jenen seligen Zeiten
entstandenes ökonomisches Selbstvertrauen, als alle menschlichen
Bedürfnisse leicht zu befriedigen waren, zur dauerhaften Institution
geworden, die sie frohgemut durch Zeiten bringt, die selbst das Herz
eines Jesuiten so bedrücken und erweichen konnten, daß er – wie ihn
die Indianer warnten – in Gefahr stand, krank zu werden:

«Ich sah sie bei aller Not und Mühsal fröhlich dulden . . . Ich fand
mich mit ihnen von großem Leiden bedroht: Sie aber sprachen zu
mir: ‹Wir haben manches Mal zwei, manches Mal auch drei Tage
nichts zu essen, weil nichts zu finden ist. Fasse Mut, Chihiné, laß Dein
Herz stark sein, um Leiden und Nöte zu bestehen; hüte Dich vor dem
Traurigsein, sonst wirst Du krank; sieh, wie wir nicht aufhören zu
lachen, wiewohl wir wenig zu essen haben.»[74]

Ein neues Bild der Sammler und Jäger

«Ständig unter dem Druck der Bedürfnisse und doch – durch ihr
beständiges Umherwandern – in der Lage, das Nötige beizuschaffen,
mangelt es ihrem Leben weder an Aufregungen noch an Vergnügen.»[75]
Das Bild, das man sich bisher von der Ökonomie der Jäger und
Sammler gemacht hat, muß also ganz offensichtlich noch einmal
gründlich überdacht werden; und zwar so sehr mit Blick auf ihre
wirkliche Leistungsfähigkeit wie ihre faktischen Grenzen. Der me-
thodische Fehler der klassischen Einschätzung dieser Völker lag
darin, daß von den materiellen Lebensumständen auf die Struktur
der Ökonomie geschlossen wurde; die äußerste Gefährdetheit dieses
Lebens wurde aus seiner äußersten Armut abgeleitet. Aber die Form
der Kultur verhält sich in ihrem dialektischen Verhältnis zur Natur
immer relativ frei. Solange die Kultur den ökologischen Grenzen und
Zwängen nicht entgehen kann, hätte sie diese zu negieren, so daß das
System gleichzeitig den Stempel der Naturbedingungen wie die Ori-
ginalität der gesellschaftlichen Antwort auf diese trägt – in der Armut
der Jäger und Sammler, die für sie eine Art von Überfluß bedeutet.
Wo im Leben der Jäger und Sammler liegen die Schattenseiten? Auf
keinen Fall in der «niedrigen Arbeitsproduktivität», wenn das vorliegende Material überhaupt zu irgend etwas gut sein soll. Statt dessen ist
die Ökonomie der Jäger und Sammler von der *ständig drohenden
Möglichkeit des Rückgangs ihrer Nahrungsquellen* gefährdet. Begin-
nend bei der Subsistenz bis hin zu jedem anderen Faktor scheint die
anfängliche Ertragsstärke nur in der Wahrscheinlichkeit zu münden,
daß weitere Anstrengungen immer geringeren Nutzen abwerfen. Damit
wäre schon der typische Verlauf des Nahrungsaufkommens innerhalb
der jeweiligen näheren Umgebung eines Lagers beschrieben. Schon
eine kleine Population reduziert den Ertrag in diesem Bereich ziemlich
schnell. Die Horde kann nur dann noch am bisherigen Lagerplatz
bleiben, wenn sie einen höheren Arbeitsaufwand oder aber den realen
Rückgang des Nahrungsaufkommens hinnimmt. Höherer Arbeitsaufwand würde eine Entscheidung für immer ausgedehntere Jagdzüge und
Sammeltouren bedeuten; Rückgang des Ertrags würde die Hinnahme
einer geringeren Versorgung oder schlechteren Ernährung aus den
Erträgen der unmittelbaren Lagerumgebung bedeuten. Die Lösung
angesichts dieser beiden Alternativen besteht natürlich im Weiterziehen. Daher die erste und entscheidende Einschränkung des Jäger- und

Sammlerlebens: Es fordert Beweglichkeit, ständiges Umherziehen zur Aufrechterhaltung einer angemessenen Produktion.

Aber dieses je nach den spezifischen Verhältnissen häufige oder weniger häufige Umherziehen über unterschiedliche Entfernungen verschiebt die Erscheinung der Verminderung der materiellen «Vergütung» nur von der Subsistenzproduktion auf die übrigen weniger wichtigen Produktionssphären. Die Herstellung von Werkzeugen, Kleidung, nützlichem Krimskrams und Schmuck wird – egal wie leicht sie fällt – sinnlos, wenn diese Dinge eher Last als Erleichterung bedeuten. Nützlichkeit stößt dann schnell an die Grenze der Transportfähigkeit. Auch der Bau fester Behausungen wird absurd, wenn diese doch bald wieder aufgegeben werden müssen. Daher die überaus asketischen Vorstellungen des Jägers und Sammlers von materiellem Wohlstand; er hat nur Interesse an einer simplen Ausrüstung, wenn überhaupt, er gibt den kleinen Dingen Vorrang vor den größeren, er zeigt Desinteresse am Besitz zweier oder mehrerer gleicher Gegenstände (jedenfalls meistens) usw. Wenn man ihn buchstäblich auf dem Buckel spürt, nimmt der ökologische Druck eine seltene Form der Konkretheit an. Wenn das Gesamtprodukt im Vergleich zu anderen Gesellschaften sogar noch gedrückt wird, ist es nicht die mangelnde Produktivität des Jägers und Sammlers, die daran Schuld trüge, sondern seine Mobilität.

Fast dasselbe läßt sich für die demographischen Beschränkungen des Jagens und Sammelns sagen. Dieselbe Entlastungsstrategie ist auf der Ebene der Population im Spiel, in ähnlichen Begriffen zu umschreiben und ähnlichen Ursachen zuzuschreiben. Nüchtern gesagt heißt das: Rückgang des Ertrags bei Rückgang der Beweglichkeit oder Transportfähigkeit, Ausschluß von Überflüssigem usw., also Kindermord, Altenmord, sexuelle Enthaltsamkeit in der Stillzeit usw., Praktiken, für die viele nahrungssammelnde Völker bekannt sind. Die Vermutung, daß diese Maßnahmen der Unfähigkeit zum Unterhalt einer größeren Pupulation geschuldet sind, trifft wohl zu – wenn man «Unterhalt» eher im Sinn von «Transport» als im Sinn von «Essen» versteht. Die Opfer dieser Praktiken sind, wie Jäger und Sammler immer wieder traurig sagen, genau diejenigen, die sich nicht mehr effektiv fortbewegen können und die Bewegungsfähigkeit der Sippe und des Lagers behindern. Die Jäger sind wohl gezwungen, Menschen in diesem Fall wie Dinge zu behandeln; die drakonische Bevölkerungspolitik scheint Ausdruck derselben Ökologie zu sein wie die asketische Ökonomie. Darüber hinaus bildet die demographische Selbstbeschränkung selbst nur einen Teil einer umfassenden

Strategie des Gegensteuerns gegen den Rückgang des unbedingt subsistenznotwendigen Ertrags. Die einzelne Jäger- und Sammlerhorde ist für zurückgehende Erträge – und damit erhöhten Zwang zur Fortbewegung oder Teilung der Gruppe – im Verhältnis zu ihrer Größe anfällig. Insoweit die Menschen die örtliche Produktion auf einem günstigen Standard halten und eine gewisse physische und soziale Stabilität aufrechterhalten wollen, sind ihre malthusianischen Praktiken grausam, aber konsequent. Die heutigen Jäger und Sammler, die – was betont werden muß – ihren Lebensunterhalt in minderwertigen Lebensräumen zusammenkratzen müssen, verbringen den größten Teil des Jahres in kleinen, weitverstreuten Gruppen. Aber dieses demographische Verhaltensmuster ist letztlich nicht so sehr als Signal für Unterproduktion, als Folge der Armut, zu begreifen denn als Preis für ein halbwegs gutes Leben.

Alle Stärken des Jagens und Sammelns sind zugleich auch dessen Schwächen. Die periodischen Wanderungen und die Beschränkung des materiellen Wohlstands sind einmal gebieterische Forderungen der ökonomischen Praxis, zum anderen aber auch Beweis der kreativen Anpassung an diese Bedingungen, die Art von Notwendigkeiten, aus denen Tugenden gemacht werden. Und in eben diesem Rahmen wird der Wohlstand der Jäger und Sammler erst möglich. Mobilität und materielle Beschränkung bringen Produktionsziele und technische Mittel des Jägers und Sammlers in das richtige Verhältnis. Eine unentfaltete Produktionsweise wird so hocheffektiv. Das Leben des Jägers und Sammlers ist keineswegs so schwierig, wie es von außen scheint. In mancher Hinsicht spiegelt seine Ökonomie eine erbarmungslose Ökologie, in manch anderer die völlige Umkehrung dieser Ökologie.

Die Berichte über Jäger und Sammler der ethnologischen Gegenwart – besonders die Arbeiten über Völker, die unter Marginalisierungsbedingungen leben – lassen auf eine tägliche Durchschnittsarbeitszeit von drei bis fünf Stunden pro Erwachsenen für die Nahrungsbeschaffung schließen. Die Jäger und Sammler lassen es also gemütlich angehen, bemerkenswert gemütlicher als die heutigen (gewerkschaftlich organisierten) Industriearbeiter, denen eine 21- bis 35-Stundenwoche mit Sicherheit auch nicht schlecht gefallen würde. Ein weiterer interessanter Vergleich wird durch neuere Studien über die Arbeitszeit bei Ackerbauern des neolothischen Typs möglich. Der durchschnittliche Erwachsene bei den Hanunoo zum Beispiel – egal ob Mann oder Frau – verbringt mit dem Brandrodungsbau 1200

Stunden pro Jahr[76], also umgerechnet im Schnitt drei Stunden und zwanzig Minuten täglich. Das Einbringen der Nahrung, Tieraufzucht, Kochen und andere direkte Subsistenzarbeit dieses philippinischen Stammes enthält diese Zahl jedoch nicht. Vergleichbare Daten werden hier und da jetzt auch in Berichten über primitive Ackerbaukulturen aus vielen Teilen der Erde mitgeteilt. Der Schluß aus diesen Zahlen gerät konservativ, wenn man ihn negativ formuliert: Die Jäger und Sammler müssen auch nicht mehr arbeiten als primitive Ackerbauer. Wenn man von den Berichten der Ethnologen auf die Frühgeschichte extrapoliert, ließe sich für das Neolithikum dasselbe sagen, was John Stuart Mill über alle arbeitssparenden Erfindungen gesagt hat: Daß nie eines erfunden worden sei, das auch nur einem einzigen Menschen eine Minute Arbeit erspart hätte. Der pro Kopf erforderliche Zeitaufwand zur Sicherung der Subsistenz hat sich im Neolithikum nicht sichtlich verringert; wahrscheinlich mußten die Menschen mit der Heraufkunft der Landbestellung sogar mehr arbeiten als zuvor.

Auch für die landläufige Meinung, den Jägern und Sammlern bliebe vor lauter Arbeit um die bloße Überlebenssicherung kaum freie Zeit, gibt es keinen Beleg. Mit diesen Mußmaßungen über die angeblich fehlende freie Zeit werden in der Regel die Unzulänglichkeiten des Paläolithikums erklärt; das Neolithikum dagegen wird wegen der in ihm angeblich aufgekommenen Freizeit von allen Seiten mit Lob überschüttet. Die traditionellen Formeln wären jedoch richtiger, wenn man sie auf den Kopf stellte: Die Arbeitszeit (pro Kopf und Jahr) nimmt mit der Entfaltung der Kultur zu, die freie Zeit nimmt ab. Die Subsistenzarbeit der Jäger und Sammler ist charakteristisch von Pausen durchzogen; einen Tag wird gearbeitet, am nächsten nicht, und zumindest die heutigen Jäger und Sammler neigen dazu, die freie Zeit mit einem Mittagsschläfchen oder ähnlichem zu verbringen. In den tropischen Lebensräumen, die von vielen dieser noch lebenden Jäger und Sammler bewohnt werden, ist das Pflanzensammeln ertragsstabiler als die Jagd. Daher arbeiten die Frauen, denen das Sammeln obliegt, regelmäßiger als die Männer und tragen den größeren Teil zur Ernährung bei. Dafür arbeiten die Männer häufiger und unregelmäßiger; es ist nicht abzusehen, wann ihre Arbeit notwendig wird. Wenn es den Männern an Muße fehlt, dann eher im Sinn der Aufklärung als im Wortsinn. Als Condorcet die Rückständigkeit des Jägers und Sammlers dem Mangel an Muße zuschrieb, «in welcher er seinen Gedanken nachhängen und sein Verständnis mit neuen Ideenkombinationen bereichern kann», erkannte er zugleich, daß seine Ökonomie einen «notwendigen Zyklus von angestrengtester Tätigkeit und vollkommenstem Müßiggang» bildet. Ihm schien, dem Jäger fehle das, was die *gesicherte* Ruhe des aristokratischen *philosophe* war.

Trotz der Härten, denen sie hin und wieder ausgesetzt sind, sind und bleiben die Jäger und Sammler glühende Verfechter ihrer Ökonomie. Vielleicht müssen sie manchmal gerade deswegen schlechte Zeiten über sich ergehen lassen, weil sie derart glühende Verfechter ihrer angestammten Lebensweise sind. Mag sein, daß ihr Selbstvertrauen sie zu einer derartigen Verschwendung ermutigt, daß ihr Lager dem ersten besten unvorhergesehenen Umstand zum Opfer fällt. Trotz meiner Behauptung, die Gesellschaft der Jäger und Sammler sei eine Wohlstandsgesellschaft, leugne ich nicht etwa, daß bestimmte Jäger und Sammler gelegentlich in der Patsche sitzen. Manche Jäger und Sammler finden es «unvorstellbar», daß der Mensch Hungers sterben könne, manche finden es sogar unverständlich, daß man seinen Hunger länger als einen, höchstens zwei Tage nicht stillen könne.[77] Andere, vor allem besonders periphere Jäger und Sammler leben, in kleinen Gruppen verstreut, in einem extremen Lebensraum und leiden periodisch unter ungünstigen Umständen, die das Weiterziehen oder das Aufspüren jagdbaren Wildes unmöglich machen. Sie leiden – aber nur zum Teil, weil die Knappheit vor allem die Familien oder Sippen in Mitleidenschaft zieht, die durch die bereits genannten Gründe immobilisiert sind; die Gesellschaft als ganze leidet jedoch kaum.[78]

Doch selbst dann, wenn man diese Anfälligkeit zugesteht und auch die allerärmsten Jäger der Gegenwart in den Vergleich einbezieht, fiele es immer noch schwer, den Nachweis zu führen, daß Armut und Mangel die *specifica differentia* dieser Gesellschaften seien. Nahrungsknappheit ist – im Vergleich zu anderen – keineswegs die kennzeichnende Eigentümlichkeit dieser Produktionsweise; nicht sie ist es, die die Jäger und Sammler als Klasse oder allgemeines Stadium der Evolution bezeichnet.

Lowie fragt: «Wie aber steht es mit den primitiven nomadisierenden Viehzüchtern, deren Lebensunterhalt immer wieder von Seuchen gefährdet wird – die, wie einige Lappenstämme des 19. Jahrhunderts gezwungen waren, auf das Fischen auszuweichen? Was ist mit den primitiven Ackerbauern, die den Boden roden und ohne Düngung bestellen, das Feld erschöpfen und dann zum nächsten ziehen, und bei jeder Dürre vom Hunger bedroht sind? Haben sie die von der Natur verursachten Wechselfälle besser im Griff als die Jäger und Sammler?»[79]

Und vor allem: Wie sieht es denn in der Welt von heute aus? Ein Drittel, vielleicht sogar die Hälfte der Menschheit geht unseres Wissens jeden Abend hungrig zu Bett. In der älteren Steinzeit muß dieser Anteil viel geringer gewesen sein. Unsere Zeit ist die Ära nie gekannten Hungers. Heute, in einer Zeit gewaltiger technischer Möglichkeiten, ist der Hunger zur Institution geworden. Es wäre also noch ein ehrwürdiger Glaubenssatz auf den Kopf zu stellen: Mit der kulturellen Evolution nimmt der Hunger relativ und absolut zu.

Nur um dieses Paradox geht es mir hier. Die Jäger haben unter dem Zwang ihrer Lebensverhältnisse nur einen relativ geringen Lebensstandard. Diesen geringen Lebensstandard aber einmal als ihr *Ziel* genommen und die zur Erreichung dieses Ziels angemessenen Mittel in Rechnung gestellt, sind die materiellen Bedürfnisse dieser Menschen leicht zu befriedigen. Die Evolution der Ökonomie enthält also zwei widersprüchliche Bewegungen: Bereicherung, die zugleich Verarmung bedeutet, und Aneignung der Natur, die Enteignung des Menschen ist. Der fortschrittliche Aspekt dieser Entwicklung ist natürlich die Technologie. Sie hat allemal Lob gefunden: Zunahme der Masse der bedürfnisbefriedigenden Güter und Dienstleistungen; Zunahme der in den Dienst der Kultur gestellten Energie; Produktivitätszuwachs; Zunahme der Arbeitsteilung; zunehmende Unabhängigkeit von Natur- und Umwelteinflüssen. Dieser letzte Punkt ist für das Verständnis der frühesten Stufen des technischen Fortschritts in einem bestimmten Sinn besonders nützlich. Die Landwirtschaft hat die Gesellschaft nicht nur über die bloße Verteilung natürlicher Nahrungsressourcen hinausgehoben; sie hat es den neolothischen Gesellschaften auch erlaubt, ein hohes Maß sozialer Ordnung auch dort aufrechtzuerhalten, wo die Existenz der Menschen von der Natur nicht von vornherein garantiert war. Die Ernte bestimmter Jahreszeiten reichte aus, um die Menschen auch in der Zeit zu ernähren, in der gar nichts wuchs; die daraus folgende Stabilität des sozialen Lebens war für dessen materielle Verbesserung entscheidend. Seitdem schritt die Kultur von Triumph zu Triumph, in einer Art zunehmender Widerlegung des biologischen Gesetzes des Minimums, bis sie schließlich sogar bewiesen hat, daß sie selbst im Weltraum Leben erhalten kann, wo es nicht einmal Schwerkraft und Sauerstoff gibt.

Gleichzeitig starben andere Menschen auf den Märkten Asiens den Hungertod. Es handelte sich um eine Evolution der Strukturen wie der Technologien, in diesem Aspekt der mythologischen Straße ähnlich, auf der sich das Ziel um zwei Schritte weiterbewegt, wenn der Wanderer nur einen Schritt macht. Betroffen waren politische wie ökonomische, Macht- wie Eigentumsstrukturen. Diese Strukturen entwickelten sich erst in, später zunehmend zwischen Gesellschaften. Zweifellos waren diese Strukturen funktionale, notwendige Ordnungsformen des technischen Fortschritts; aber innerhalb der Gesellschaften, die sie so bereichern geholfen haben, führten sie zu einer ungleichen Besitzverteilung und zu einer Differenzierung des Lebensstils. Die primitivsten Menschen der Welt haben nur wenige Besitztümer, *aber sie sind nicht arm.* Armut – das ist nicht etwa gleichbedeutend mit «wenig haben», und ebenso wenig nur ein Verhältnis zwischen Mittel und Zweck: Armut ist vor allem ein Verhältnis zwischen Menschen. Armut ist ein sozialer Status und als solcher eine Erfindung der Zivilisation. Die Armut ist mit der Zivilisation gewachsen, einmal als niederzeugender Unterschied zwischen den Klassen, zum anderen – und wichtiger noch – als Verteilungsrelation, die die landbestellenden Bauern für Naturkatastrophen noch anfälliger machen kann als jedes Winterlager der Alaska-Eskimos.

Die gesamte vorausgehende Darstellung nimmt sich die Freiheit, die Jäger und Sammler unserer Zeit unter dem Aspekt ihrer Geschichte zu deuten, als eine Grundlinie der Evolution. Diese Freiheit darf nicht auf die leichte Schulter genommen werden. Sind randständige Jäger und Sammler – wie die Buschmänner der Kalahari – für die Zustände im Paläolithikum in irgendeiner Hinsicht repräsentativer als die Indianer Kaliforniens oder der Nordwestküste? Vielleicht nicht. Vielleicht sind sogar nicht einmal die Buschmänner der Kalahari für marginalisierte Jäger und Sammler repräsentativ. Die große Mehrheit der überlebenden Jäger und Sammler führt ein Leben, das im Vergleich zu einigen wenigen anderen Stämmen seltsam kopflos und extrem träge wirkt. Diese wenigen anderen Stämme sind ganz und gar anders. Zum Beispiel die Murngin: «Der erste Eindruck, den der Fremde in einem voll funktionierenden Lager in Arnhem Land erhalten muß, ist der des Fleißes . . . Und er muß von der Tatsache beeindruckt sein, daß – von den Kleinkindern abgesehen – niemand müßiggeht.»[80]

Nichts deutet darauf hin, daß sich diesen Menschen das Problem des Lebensunterhalts schwieriger stellt als für andere Jäger und Sammler.[81] Der Anreiz für ihre ungewöhnliche Regsamkeit liegt woanders: in einem «wohlausgebildeten und genau einzuhaltenden zeremoniellen Leben», besonders jedoch in einem komplizierten zeremoniellen Übertragungsvorgang, der dem Handwerk und dem Handel einen hohen gesellschaftlichen Rang zuweist.[82] Die meisten anderen Jäger und Sammler haben keinen solchen Ehrgeiz. Ihr Leben ist vergleichsweise farblos und einzig auf gutes Essen und müßige Verdauung gerichtet. Ihre Kultur ist nicht etwa dionysisch oder apollinisch, sondern «gastrisch» orientiert, wie Julian Steward von den Shoshoni gesagt hat. Dann aber mutet diese Kultur gelegentlich doch wieder dionysisch oder besser gesagt bacchanalisch an: «Das Schmausen steht bei den Wilden im selben Ansehen wie das Pokulieren bei den Trunkenbolden Europas. Jene trockenen und ewig durstigen Seelen würden ihr Leben mit Freuden in einem Malvasierfasse enden, und die Wilden in einem Fleischtopfe; die einen schwätzen nur vom Trinken, und die andern nur vom Essen.»[83]

Es ist, als ob der Überbau dieser Gesellschaften abgetragen, weggeschwemmt, abgeschliffen worden und nur der bare Felsen der Subsistenz übriggeblieben sei; und weil die Produktion leicht zu bewältigen ist, haben die Menschen genug Zeit, um zusammenzuhocken und über das Essen zu reden. Ich möchte die Möglichkeit zu bedenken geben, daß das ethnographische Material über Jäger und Sammler weithin aus Berichten über unvollständige Kulturen besteht. Zerbrechliche Ritual- und Austauschzyklen können spurlos verschwunden sein, in den ersten Stadien des Kolonialismus verlorengegangen, als die Beziehungen zwischen den verschiedenen Horden, Sippen, Stämmen und Gesellschaften, die sie vermittelten, angegriffen und zerstört wurden. Wäre dem so, dann müßte die «ursprüngliche» Wohlstandsgesellschaft noch einmal auf ihre Ursprünglichkeit überdacht werden, müßten die Schemata der Evolution noch einmal revidiert werden. Jedenfalls bliebe an geschichtlicher Erkenntnis aus den Studien über die heutigen Jäger und Sammler: Das «Problem Ökonomie» läßt sich mit paläolithischen Mitteln leicht lösen. Aber erst, seit sich die Kultur dem höchsten Gipfel materieller Leistungsfähigkeit nähert, hat sie dem Unerreichbaren, den *unbegrenzten Bedürfnissen* einen Schrein gestiftet.

(Übersetzung aus dem Amerikanischen von Walle Bengs)

Anmerkungen

1 Marx, Kapital Bd. I, MEW Bd. 23, S. 677. Berlin (DDR) 1969.

2 Herskovits, 1958, S. 68 f.

3 (Steward und Faron, 1959, S. 60; vergleiche auch Clark, 1953, S. 27; Haury 1962, S. 113; Hoebel 1958, S. 188; Redfield 1953, S. 5; White 1959.)

4 Dieses neolithische Vorurteil gegen die Jäger und Sammler geht jedoch mindestens bis auf Lukrez zurück. Vergleiche Lukrez (Titus Lucretius Carus), *Welt aus Atomen,*, Zürich 1956, Leipzig 1901, S. 250–251, und Harris, 1968, S. 26–27.

5 Anm. d. Übersetzers: 1. Mose 28, 14. Der Verkauf des Erstgeburtsrechts findet sich 1. Mose 25, 29–34. Kurz vor dieser Stelle heißt es über Jakob und Esau: «Und da nun die Knaben groß wurden, ward Esau ein Jäger und streifte auf dem Felde, Jakob aber ein sanfter Mann und blieb in den Hütten», a. a. O., 27.

6 Vgl. dazu Polanyi, 1947, 1957, 1959; Dalton, 1961.

7 Zu den besonderen historischen Bedingungen dieses Kalküls siehe Codere, 1968, besonders die Seiten 574–575.

8 Über die damit einhergehende Institutionalisierung der «Knappheit» unter den Bedingungen der kapitalistischen Produktionsweise siehe Gorz, André, *Der schwierige Sozialismus*, Frankfurt/Main 1968, S. 35–36.

9 Es sollte auch nicht unerwähnt bleiben, daß sich die zeitgenössische europäisch-marxistische Theorie über die Armut der Jäger und Sammler oft mit der bürgerlichen Wirtschaftswissenschaft einig ist. Vergleiche Bucharin, Nikolaj I., *Theorie des Historischen Materialismus*, Hamburg/Moskau 1922 (in der deutschen Übersetzung von Frida Rubiner); Mandel, Ernest, *Einführung in die marxistische Wirtschaftstheorie*, Band I, Frankfurt/Main 1970, sowie das wirtschaftliche Grundstudienbuch der Lumumba-Universität.

10 Elman Service hat lange Zeit als einziger Ethnologe gegen die traditionelle Ansicht von der Armut der Jäger und Sammler angekämpft. Der vorliegende Aufsatz verdankt den Forschungen von Service über die Freizeit bei den Arunta (1963, S. 9) ganz wesentliche Anregungen; dasselbe gilt für meine persönlichen Kontakte mit diesem Autor.

11 Lowie, 1946, S. 13.

12 Braidwood, 1952, S. 5; vgl. Boas, 1940, S. 285.

13 Leslie White, 1949, S. 372.

14 Ebd., S. 369.

15 Der offensichtliche Fehler des Whiteschen Evolutionsgesetzes liegt darin, daß es von der Energie pro Individuum ausgeht. Die neolithischen Gesellschaften kommen vor allem wegen der größeren Zahl energieliefernder Menschen, die durch das Seßhaftwerden ernährt werden kön-

nen, auf eine *höhere Gesamtenergiemenge* als vorbäuerliche Gesellschaften. Dieser allgemeine Anstieg des Sozialprodukts wird jedoch nicht notwendigerweise von einer erhöhten Arbeitsproduktivität bewirkt, die nach der Ansicht Whites mit der neolithischen Revolution ebenfalls einherging. Die heute verfügbaren ethnographischen Daten – siehe weiter unten – deuten eher darauf hin, daß primitive Ackerbaugesellschaften thermodynamisch nicht effizienter sind als Sammler- und Jägergesellschaften; das heißt mit Blick auf den Energiebetrag pro Einheit menschlicher Arbeit. In der Folge hat ein Teil der Archäologie den Fortschritt, der mit dem Neolithikum verbunden war, eher mit der Seßhaftigkeit als mit der Arbeitsproduktivität zu erklären versucht (vgl. Braidwood und Wiley, 1962).

16 Vgl. Herskovits, 1958, a. a. O.

17 Grey, 1841, Vol. II, S. 259–262, Hervorhebungen von mir; vgl. auch Eyre, 1845, Vol. II, S. 244 f. Ein ähnlicher Kommentar findet sich auch bei Hodgkinson zu der irrigen Interpretation des Bluttrinkens zu Heilungszwecken in Ostaustralien seitens der Missionare (1945, S. 227).

18 Vgl. Eyre, 1845, Vol. II, S. 250, 254 f.

19 Die ursprünglichen Lebensbedingungen der primitiven Jägervölker dürfen, wie Carl Sauer bemerkt, nicht an «ihren heutigen Nachfahren» gemessen werden, die «heute auf die unwirtlichsten Gebiete der Erde beschränkt sind, wie das Innere Australiens, das große amerikanische Becken (Amazonas) und die arktische Tundra und Taiga. Die früheren Lebensräume boten einen Nahrungsüberfluß» (zitiert nach Clark und Haswell, 1964, S. 23). Durch den Filter der Akkulturation kann man nur noch ahnen, was das Jagen und Sammeln in einer angemessenen Umgebung einmal gewesen sein muß, in einem Lebensraum etwa, wie ihn Alexander Henry schildert, der bei den Chippewa im nördlichen Michigan lebte (vgl. Quimby, 1962).

20 Vgl. Service, 1962.

21 Lee und DeVore, 1968.

22 Marshall, 1961, S. 243 f; Hervorhebungen von mir, M. S.

23 Gusinde, 1937, S. 511; Hervorhebungen von Gusinde. Turnbull schreibt ähnliches über die Kongo-Pygmäen: «Die Materialien zur Herstellung von Schutzhütten, Kleidung und allen anderen notwendigen Utensilien sind im Handumdrehen zu sammeln.» Und auch bei der Subsistenz sind in dieser Hinsicht keine Abstriche zu machen: «Das ganze Jahr bietet ohne Ausnahme übergenug jagdbares Wild und Früchte» (1965, S. 18).

24 Bestimmte Nahrungssammler, von deren architektonischen Fähigkeiten bisher nichts bekannt war, scheinen haltbare Unterkünfte gebaut zu haben, bevor sie von den Europäern zum Nomadisieren gezwungen wurden. Vergleiche Smyth, 1871, Vol. I, S. 125–128.

25 Grey, 1841, Vol. II, S. 266.

26 Gusinde, 1937, S. 368.

27 Laurens van der Post, 1958, S. 276.

28 Warner, 1964, S. 136 f.

29 Man erinnere sich dabei aber an Gusinde: «Unsere Feuerländer verschaffen und erarbeiten sich ihre Gerätschaften mit einem geringen Müheaufwand» (1937, S. 511).

30 Gusinde, 1937, S. 424 f.

31 LeJeune, 1897, S. 231.

32 Gusinde, 1937, S. 365.

33 Fish Creek lag im Binnenland und bestand aus sechs erwachsenen Männern und drei erwachsenen Frauen. Hemble Bay war ein Lager auf Groote Eyland, also ein Küstenlager, und bestand aus vier erwachsenen Männern, vier erwachsenen Frauen sowie fünf Halbwüchsigen und Kleinkindern. Fish Creek wurde gegen Ende der Trockenzeit beobachtet, als die Versorgung mit pflanzlicher Nahrung gering war; die Jagd auf Känguruhs war im Vergleich dazu relativ erfolgreich, obwohl die Tiere bei der dauernden Bejagung immer scheuer wurden. In Hemple Bay gab es reichlich pflanzliche Nahrung, das Fischen brachte unterschiedliche Ausbeute; im Vergleich mit anderen Küstenlagern, die von der Expedition besucht wurden, stand sich das Lager jedoch insgesamt recht gut. Die Versorgungsbasis von Hemple Bay war besser als die von Fish Creek. Der größere Zeitaufwand für die Nahrungssuche in Hemple Bay stellt möglicherweise den zusätzlich notwendigen Aufwand für die Ernährung der Kinder dar; andererseits leistete sich die Fish Creek-Gruppe einen Handwerker, der von der übrigen Subsistenzarbeit freigestellt war; das Gefälle zwischen den beiden Gruppen spiegelt wohl auch die normale Differenz Binnenland–Küste wider. Die Jagd im Binnenland ergibt tendenziell weniger oft eine große Ausbeute; tritt der Fall aber ein, dann reicht die Beute eines Arbeitstages für zwei oder mehr Tage. Die Kombination von Sammeln und Fischen produziert dagegen vielleicht kleinere, dafür aber regelmäßigere Ergebnisse, erfordert andererseits regelmäßigeres und etwas längeres Arbeiten.

34 McArthur, 1960, S. 92.

35 Ebd. Zumindest einige Australier, so zum Beispiel die Yir-Yiront, machen zwischen Arbeiten und Spielen keinen linguistischen Unterschied (Sharp, 1958, S. 6).

36 Worsley, 1961, S. 173.

37 McCarthy und McArthur, 1960, S. 192.

38 Ebd.

39 Ebd., S. 193.

40 Richard Lee, 1968, 1969.

41 Alle Nachweise aus Lee, 1969, S. 59.
    Diese Einschätzung der örtlichen Nahrungsvorkommen ist um so bemerkenswerter, wenn man berücksichtigt, daß die Untersuchung in das

zweite und dritte Jahr «einer der schlimmsten Dürren in der Geschichte Südafrikas» fiel (Lee, 1968, S. 39; 1969, S. 73f).

42 Lee, 1969, S. 67.

43 Ebd., S. 74.

44 Ebd., 1968, S. 37.

45 Ebd., 1969, S. 73.

46 Spencer und Gillen, 1899, S. 50.

47 Hodgkinson, 1845, S. 223; vgl. auch Hiatt, 1965, S. 103f.

48 Ebd., S. 227.

49 Wie die Tasmanier, von denen Bonwick berichtete:
    «Die Aborigines litten niemals Nahrungsmangel, obwohl Mrs. Somerville es sich in ihrer ‹Physical Geography› nicht hat nehmen lassen zu behaupten, daß diese ‹in einem Lande, wo die Existenzmittel so spärlich sind, wahrhaftig ein erbarmungswürdiges Los› getroffen hätten. Dr. Jeannett, der frühere Protektor, hat dagegen einmal geschrieben: ‹Sie müssen übergenug Nahrung gehabt und kaum Mühe oder Fleiß benötigt haben, um sich durchzubringen›» (Bonwick, 1870, S. 14).

50 Spencer und Gillen, 1899, S. 7.
    Dies im Gegensatz zu Stämmen weiter im Innern der zentralaustralischen Wüste, und besonders unter «außergewöhnlichen Umständen», nicht aber bei langanhaltenden Dürren, wenn er «Hungers leiden muß» (Spencer und Gillen, 1899, S. 7).

51 Vgl. Meggitt, 1964.

52 Eyre, 1845, Vol. II, S. 250–254.

53 1841, Vol. II, S. 263.

54 1845, S. 254f (Hervorhebung M.S.).

55 (Eyre, 1845, Vol. II., S. 253–254, Bulmer zitiert bei Smyth, 1878, Vol. I., S. 142, Mathew, 1910, S. 84, Spencer und Gillen, 1899, S. 32; Hiatt, 1965, S. 103–104.)
    Im weiteren entschuldigt Basedow die Faulheit der Eingeborenen mit übermäßiger Nahrungsaufnahme; diese wiederum erklärt er mit den Hungerzeiten, die die Eingeborenen immer wieder durchzumachen haben; die Hungerzeiten erklärt er schließlich mit den periodischen Dürren, die es in Australien schon seit altersher gebe und die durch die Ausbeutung des Landes durch die Weißen noch verschlimmert würden.

56 Basedow, 1925, S. 116.

57 Woodburn, 1968.

58 Woodburn, 1966, S. 5.

59 Woodburn, 1968, S. 54.

60 Diese Phrase taucht in einem Diskussionsbeitrag auf, der an die Teilnehmer des Wenner-Gren-Symposiums über den «Menschen als Jäger» verteilt wurde. Im veröffentlichten Tagungsbericht wird sie nur verkürzt wiederholt (1968, S. 55).

61 Lee, 1968, S. 33.

62　«In der Tat ist der Ackerbau die erste Erscheinungsform knechtischer Arbeit in der Menschheit.» Lafargue, Paul, *Das Recht auf Faulheit*, Frankfurt/Main 1966 (Hg. I. Fetscher), S. 20.

Es ist im übrigen bemerkenswert, daß sowohl die ackerbautreibenden Nachbarn der Hadza wie der Buschmänner schnell wieder zu – naturabhängigeren – Jägern und Sammlern werden, wenn Dürre eintritt und die Gefahr einer Hungersnot droht (Woodburn, 1968, S. 54, Lee, 1968, S. 39–40).

63　Gusinde, 1937, S. 383 f.

Dieser allgemeine Widerwille gegen lange Arbeit, der von «primitiven» Völkern an den Tag gelegt wird, die für Weiße arbeiten, ein Widerwille zudem, der sich nicht nur auf Jäger und Sammler beschränkt, hätte die Anthropologie doch eigentlich auf die Tatsache stoßen müssen, daß die traditionelle Ökonomie dieser Völker nur bescheidene Produktionsziele kannte, die so leicht zu erreichen waren, daß sie außerordentlich wenig Einsatz erforderten und damit eine weitgehende Entlastung von der «Sorge um das tägliche Brot» mit sich brachten.

Die Ökonomie der Jäger und Sammler wird weithin auch in Hinsicht auf ihre Fähigkeit zu differenzierter Produktion unterschätzt. Vergleiche Sharp, 1934, S. 35, 37; Radcliffe-Brown, 1948, S. 43; Spencer, 1959, S. 155, 196, 251; Lothrup, 1928, S. 71; Steward, 1938, S. 44. Wenn es keine Spezialisierung gibt, dann nicht wegen Zeitmangels, sondern ganz eindeutig wegen eines fehlenden «Markts».

64　Polanyi, 1947, S. 115.

65　Zur selben Zeit, als die bürgerliche Knappheitsideologie auf die Menschheit losgelassen wurde – mit dem unumgänglichen Nebeneffekt der Verleumdung der älteren Kulturen –, wurde in der Natur auch das ideale Modell gesucht und gefunden, dem der Mensch (oder doch wenigstens der arbeitende Mensch) nachzueifern hätte, wenn sich sein Geschick jemals zum Besseren wenden sollte: die Ameise, die fleißige Ameise. Damit tat die Ideologie jedoch wohl den gleichen Fehlgriff wie bei den Jägern und Sammlern: In den *Ann Arbor News* vom 27. Januar 1971 erschien folgender Artikel: «Zwei Wissenschaftler behaupten: Ameisen sind ziemlich faul». Weiter heißt es: ««Ameisen sind überhaupt nicht so, wie man immer meint›, sagen Dr. George und Jeanette Wheeler.

Das Forscherehepaar hat sich jahrelang mit diesen Lebewesen beschäftigt, die in den Fabeln immer als Symbole des Arbeitsfleißes fungieren. ‹Wenn wir einen Ameisenhügel betrachten, haben wir immer den Eindruck ungeheurer Geschäftigkeit. Aber das kommt nur daher, daß auf dem Ameisenhügel so viele Ameisen herumkrabbeln, die alle gleich aussehen›, sagen die Wheelers.

‹Die einzelnen Ameisen verbringen die meiste Zeit mit purem Gammeln. Und was noch schlimmer ist: Die Arbeitsameisen, alles Weibchen übrigens, verwenden sehr viel Zeit auf Schönheitspflege.›»

66 1878, Vol. II, S. 125.
67 Biard, 1897, S. 84–85.
68 Spencer und Gillen, 1899, S. 53.
69 LeJeune, 1925, S. 116.
70 LeJeune, 1887, S. 281–283.
71 Woodburn, 1968, S. 53.
72 Gusinde, 1937, S. 594, 596. Hervorhebungen von Gusinde.
73 Lee, 1969, S. 75.
74 LeJeune, 1897, S. 283; vgl. Needham, 1954, S. 230.
75 Smyth, 1878, S. 123.
76 Conklin, 1957, S. 151.
77 Woodburn, 1968, S. 51.
78 Vgl. Gusinde, 1937, S. 368–369.
79 Lowie, 1938, S. 286.
80 Thomson, 1949 a, S. 33–34.
81 Vgl. Thomson, 1949 b.
82 Thomson, 1949 a, S. 26, 28, 34 f, 87 passm.
83 LeJeune, 1897, S. 249.

Literatur

Anonymus, *Apercu d'histoire et d'économie: Vol. I., Formations précapitalistes.* Moskau, o. J.

Basedow, Herbert, *The Australian Aboriginal,* Adelaide 1925.

Biard, le Père Pierre, hier zitiert nach R. G. Thwaites (Hrsg.) *The Jesuit Relations and Allied Documents,* Vol. III., Cleveland 1897 (Erste französische Ausgabe 1616).

Die Bibel oder die ganze Heilige Schrift, in der Übersetzung D. Martin Luthers, Privilegierte Württembergische Bibelanstalt Stuttgart o. J.

Boas, Franz, *The Central Eskimo* (Eskimodialekt des Cumberland-Sundes), 1884/85, Smithsonian Institution, Bureau of American Ethnology, Anthropological Reports 6: 399–699; *Race, Language and Culture,* New York 1940.

Bonwick, James, *Daily Life and Origin of the Tasmanians,* London 1870.

Bucharin, Nikolaj I., *Theorie des Historischen Materialismus,* Hamburg/Moskau 1922 (deutsch von Frida Rubiner).

Braidwood, Robert J., *Prehistoric Men,* Dritte Auflage, Chikago Natural History Museum Popular Series, Anthropology Nr. 37, 1957.

Braidwood, Robert J. und Gordon R. Willey (Hrsg.), *Courses Toward Urban Life,* Chikago 1962.

Clark, Colin und Margaret Haswell, *The Economics of Subsistence Agriculture,* London 1964.

Clark, Graham, *From Savagery to Civilization*, New York 1953.

Codere, Helen, *Fighting With Property*, American Ethnological Society Monograph 18, New York o. J.

Conklin, Harold C., *Hanunoo Agriculture*, FAO, Rom 1957; *The Study of Shifting Cultivation*, in: Current Anthropology 2: 27, 1961.

Curr, E. M., *Recollections of Squatting in Victoria, then Called the Port Phillip District, from 1841–1851*, Reprint Melbourne 1965 (Erstausgabe 1883).

Dalton, George, *Economic Theory and Primitive Society*, American Anthropologist 63: 1–25, 1961.

Eyre, Edward John, *Journals of Expeditions of Discovery into Central Australia, and Overland from Adelaide to King George's Sound, in the Years 1840–41*, 2 Bde., London 1845.

Gorz, André, *Der schwierige Sozialismus*, Frankfurt/Main 1968.

Grey, Sir George, *Journals of Two Expeditions of Discovery in North-West and Western Australia, During the Years 1837, 38, and 39 . . .*, 2 Bde., London 1841.

Gusinde, Martin, *Die Feuerlandindianer. Ergebnisse meiner vier Forschungsreisen . . . in drei Bänden*, Mödling bei Wien (1931), alle Zitate aus Band II., (1937): *Die Yamana*.

Harris, Marvin, *The Rise of Anthropological Theory*, New York 1968.

Haury, Emil W., *The Greater American Southwest*, zitiert nach Braidwood, J. und R. Willey (Hrsg.), *Courses Toward Urban Life*, Chikago 1962.

Herskovits, Melville J., *Economic Anthropology*, New York 1952.

Hiatt, L., *Kinship and Conflict*, Canberra 1965.

Hodgkinson, Clement, *Australia, from Port Macquarie to Moreton Bay, with Descriptions of the Natives*, London 1845.

Hoebel, E. Adamson, *Man in the Primitive World* (2. Aufl.), New York 1958.

Lafargue, Paul, *Das Recht auf Faulheit*, Frankfurt/Main und Wien 1966.

Lee, Richard, *What Hunters Do for a Living, or, How to Make Out on Scarce Ressources*, erschienen in R. Lee und I. DeVore, (Hrsg.), *Man the Hunter*, Chikago 1968; *!Kung Busman Subsistence: An Input-Output Analysis*, erschienen in A. Vayda (Hrsg.) *Environment and Cultural Behavior*, New York 1969.

Lee, Richard B., und Irven DeVore (Hrsg.), *Man the Hunter,* Chikago 1968.

LeJeune, le Père Paul, (Jesuitenrelationen), hier zitiert nach Thwaites, R. G. (Hrsg.), *The Jesuit Relations and Allied Documents*, Bd. VI., Cleveland 1897 (Erstausgabe Frankreich 1635) Lowie, Robert H., *Subsistence*, erschienen in Boas, F., *General Anthropology*, Boston 1938; *An Introduction to Cultural Anthropology* (2. Aufl.), New York 1946.

Lukrez (Titus Lucretius Carus), *Welt aus Atomen*, (Übers. v. K. Büchner), Zürich 1956.

McArthur, Margaret, *Food Consumption and Dietary Levels of Groups of Aborigines Living on Naturally Occurring Foods*, erschienen in Mountford, C. P. (Hrsg.), *Records of the Australian-American Scientific Expedition to Arnhem Land, Vol. II., Anthropology and Nutrition*, Melbourne 1960.

McCarthy, Frederick D. und Margaret McArthur, *The Food Quest and the Time Factor in Aboriginal Life*, erschienen in Mountford, C. P. (Hrsg.), *Records of the Australian-American Scientific Expedition to Arnhem Land, Vol. II., Anthropology and Nutrition*, Melbourne 1960.

Mandel, Ernest, *Einführung in die marxistische Wirtschaftstheorie*, Bd. I, Frankfurt/Main 1970.

Marshall, Lorna, *Sharing, Talking, and Giving: Relief of Social Tensions Among !Kung Bushmen*, in: Africa 31: 231–49.

Marx, Karl, *Das Kapital*, Bd. I, zit. nach Marx/Engels, *Werke* (MEW), Bd. 23, Berlin (DDR) 1969.

Mathew, John, *Two Representative Tribes of Queensland*, London 1910.

Meggit, Mervyn, *Indigenous Forms of Government Among the Australian Aborigines*, in: Bijdragen tot de Taal- Land- en Volkenkunde 120: 163–80.

Needham, Rodney, *Siriono and Penan: A Test of Some Hypotheses*, in Southwestern Journal of Anthropology; 10: 228–32.

Polanyi, Karl, *Our Obsolete Market Mentality*, in Commentary 3: 109–17 (1947); *The Economy as Instituted Process*, in K. Polanyi, C. Arensberg und H. Pearson (Hrsg.), *Trade and Market in the Early Empires*, Glencoe 1957; *Anthropology and Economic Theory*, in M. Fried (Hrsg.), *Readings in Anthropology*, Vol. II., New York 1959.

Quimby, George I., *A Year with a Chippewa Family, 1763–1764*, in Ethnohistory 9: 217–39.

Redfield, Robert, *The Primitive World and its Transformations*, Ithaca (N. Y.) 1953.

Service, Elman R., *Primitive Social Organization*, New York 1962; *Profiles in Ethnology*, New York 1963.

Sharp, Lauriston, *People without Politics*, erschienen in V. F. Ray, *Systems of Political Control and Bureaucracy in Human Societies*, Seattle 1958.

Smyth, R. Brough, *The Aborigines of Victoria*, (2 Bde.), Melbourne 1878.

Spencer, Baldwin und F. J. Gillen, *The Native Tribes of Central Australia*, London 1899; *The Arunta* (2 Bde.), London 1927.

Steward, Julian H. und Louis C. Faron, *Native Peoples of South America*, New York 1959.

Thomson, Donald F., *Economic Structure and the Ceremonial Exchange Cycle in Arnhem Land*, Melbourne 1949 (a); *Arnhem Land: Explorations Among an Unknown People*, in *The Geographical Journal* 113: 1–8, 114: 54–67.

Thurnbull, Colin, *Wayward Servants*, Garden City (N. Y.) 1965.

Van der Post, Laurens, *The Lost World of the Kalahari*, New York 1958.

Warner, W. Lloyd, *A Black Civilization*, Reprint New York 1964, erstmals erschienen 1937.

White, Leslie A., *The Science of Culture*, New York 1949; *The Evolution of Culture*, New York 1959.

Woodburn, James, *An Introduction to Hadza Ecology*, erschienen in R. lee und I. DeVore (Hrsg.), *Man the Hunter*, Chikago 1968.

Worsley, Peter M., *The Utilization of Food Ressources by an Australian Aboriginal Tribe*, in Acta Ethnographica 10: 153–90.

Richard Titmuss
Die Blutspende oder die Ökonomie des Schenkens

Einleitung: Menschliches Blut und Sozialpolitik

Der Ausgangspunkt dieser Arbeit ist das menschliche Blut: die wissenschaftlichen, sozialen, ökonomischen und ethischen Probleme, die mit seiner Beschaffung, Verarbeitung, Verteilung, seinem Nutzen und seiner Verwendung in England, den Vereinigten Staaten, der UdSSR, Südafrika und anderen Ländern zusammenhängen. Dieses Buch untersucht also Meinungen, Haltungen und Werteinstellungen, die mit dem Blut und seinem Besitz, seiner Vererbung, seiner Verwendung und seinem Verlust in verschiedenen Gesellschaften der Gegenwart und Vergangenheit verbunden gewesen sind und zieht dazu historisches, religiöses und soziologisches Material heran. Es untersucht mit einer Vielzahl von Methoden die Charakteristika derjenigen, die Blut spenden, liefern oder verkaufen und vergleicht Bluttransfusions- und -spendesysteme und nationale Statistiken von Angebot, Nachfrage und Verteilung besonders in England und den Vereinigten Staaten. Kriterien der sozialen Bewertung, Kosteneffizienz, biologischer Wirksamkeit, Sicherheit und Reinheit werden an öffentliche und private Blutversorgungsmärkte und an freiwillige und kommerzielle Systeme angelegt, die die steil ansteigende Nachfrage nach Blut und Blutprodukten von seiten der Medizin befriedigen sollen.

Die Untersuchung ging nach vielen Jahren der Beobachtung aus einer Reihe von Wertfragen hervor, die sich im Zusammenhang mit den Versuchen stellten, das «Soziale» vom «Ökonomischen» in der öffentlichen Politik und in den sozialpolitischen Institutionen und Dienstleistungen unterscheiden zu können. Konnten solche Unterscheidungen denn überhaupt getroffen und der Aufgabenbereich der Sozialpolitik zumindest grob skizziert werden, ohne das Problem der gesellschaftlichen Moral oder der gegenseitigen menschlichen Rücksichtnahme oder Rücksichtslosigkeit aufzuwerfen? Warum sollten die Menschen sich nicht freimachen von der Berücksichtigung des «Sozialen» und zu ihrem eigenen unmittelbaren Vorteil handeln?

Warum Fremden etwas spenden? – Eine Frage, die ein noch viel grundlegenderes moralisches Problem aufwirft: wer ist in einer relativ im Überfluß lebenden, akquisitiven und atomisierten Gesellschaft des 20. Jahrhunderts denn für mich überhaupt ein Fremder? Welche Beziehungen bestehen zwischen der Reziprozität des gegenseitigen Gebens und Nehmens und dem modernen staatlichen Wohlfahrtssystem?

Von einem solchen Standpunkt des Individuums aus über Schenk-Beziehungen zu spekulieren, mußte uns unweigerlich in den Bereich ökonomischer Theorie führen. Insbesondere sahen wir uns gezwungen, vom Standpunkt des homo oeconomicus aus nach den Einrichtungen zu fragen, die eine ausgleichende Funktion haben oder haben könnten und die im Verlauf dieses Jahrhunderts als «soziale Dienstleistungen» oder «soziale Wohlfahrt» bekannt geworden sind. Die Untersuchung von einem Beispiel solcher Sozialpolitik führte uns zu der Frage: ist die medizinische Versorgung – wenn man sie in ihren vielen einzelnen Komponenten untersucht – wie zum Beispiel Bluttransfusionen – ein von anderen auf dem privaten Markt gehandelten Gütern und Dienstleistungen ununterscheidbares Konsumgut? Wenn Blut als ein Konsumgut, das man kaufen und verkaufen kann, behandelt wird, wie könnte man dann überhaupt noch rechtfertigen, nicht auch in anderen Bereichen der medizinischen Fürsorge bzw. in anderen sozialen Dienstleistungsinstitutionen, wie Erziehung, Wohlfahrtspflege, Sozialarbeit usw. private Märkte einzuführen? Wo wäre denn vernünftigerweise überhaupt noch eine Grenze zu ziehen, wenn Blut als Konsumgut freigegeben wird?

Es wäre ein vergebliches Unterfangen, dann noch nach einer Identität oder einem eigenen Zuständigkeitsbereich der Sozialpolitik suchen zu wollen. Alle Politik wäre letzten Endes doch nur ökonomisch ausgerichtet, und die einzigen Werte, die zählten, wären solche, die sich in Geldeinheiten ausdrücken ließen . . . Jeder würde egoistisch im Dienste aller handeln und sein Blut zu dem Preis verkaufen, den der Markt hergibt. Die moralische Entscheidung, Fremden sein Blut zu spenden, eliminieren zu wollen, könnte zu einer Ideologie des Endes aller Ideologien führen.

Eigentlich handelt dieses Buch von der Funktion des Altruismus in der modernen Gesellschaft. Es macht den Versuch, Wohlfahrtspolitik und die Moralität des individuellen Willens miteinander zu verbinden.

Die Menschen werden nicht geboren, um zu geben – aber wie können sie lernen zu geben –, und zwar an namenlose Fremde ohne Ansehen der Rasse, der Religion oder Hautfarbe – und das in Lebensverhältnissen, die nicht solche der gemeinsamen Not, sondern von ständig sich vervielfachenden neuen Bedürfnissen und syndikalistischen privaten Ansprüchen auf Besitz, Status und Macht bestimmt sind?

Diese bedeutsamen Fragen werden von uns hier nicht beantwortet. Aber wir sahen uns – Schritt für Schritt – gezwungen, sie zu stellen und zu untersuchen, in welchem Maße spezifische Instrumente der Politik den individuellen Ausdruck von Altruismus und die Rücksichtnahme auf andere ermutigen oder entmutigen, fördern oder zerstören. Anders ausgedrückt, wir wollten wissen, ob diese Instrumente oder Institutionen einen moralischen Konflikt in der Gesellschaft hervorrufen, wenn sie im Gegensatz zu dem possessiven Egoismus des Marktes Möglichkeiten des Altruismus schaffen und erweitern. Wenn die Möglichkeit zu altruistischem Handeln – eine moralische Entscheidung zu treffen und Fremden auf nichtmonetäre Weise etwas zu geben – ein grundlegendes Menschenrecht ist, dann handelt dieses Buch auch von der Definition von Freiheit. Sollten die Menschen die Freiheit besitzen, ihr Blut verkaufen zu dürfen? Oder sollte diese Freiheit so weit eingeschränkt sein, daß ihnen nur erlaubt ist, ihr Blut entweder zu spenden oder nicht zu spenden? Und wenn diese Freiheit an oberster Stelle stehen soll, müßten wir dann nicht die Einrichtungen der Sozialpolitik als Agenturen altruistischer Handlungsmöglichkeiten und so als Erzeuger moralischer Konflikte und nicht einfach als utilitaristische Instrumente der Wohlfahrt betrachten?

Da wir die Blutspende und die Bluttransfusionen für den sensitivsten allgemeinen sozialen Indikator halten, der – in Grenzen – meßbar ist und uns etwas über die Qualität der Beziehungen und der Werte, die in einer Gesellschaft herrschen, mitteilen kann, haben wir uns entschlossen, die oben aufgeworfenen Fragen an Hand dieses Bereichs zu untersuchen. Zugleich ist Blut einer der entscheidenden medizinischen Rohstoffe; die Zukunft der Chirurgie und vieler anderer Formen der heilenden und präventiven Medizin hängen von der Versorgung mit einwandfreiem menschlichem Blut und Blutprodukten ab. Doch in einem großen Teil der heutigen Welt ist Transfusionsblut knapper als irgendein anderes medizinisches Mittel.

Es gibt Leute, die von politischen und ökonomischen Konvergenztheorien herkommend behaupten, daß wir uns heute dem Ende der ideologischen Debatte nähern; diese Behauptungen sind, so glauben wir, beherrscht von Wertvorstellungen der ökonomischen und materiellen Maximierung.

Bezogen auf einen kleinen Bereich menschlicher Verhältnisse diskutiert diese Untersuchung sowohl den Tod der Ideologie und die philiströse Wiederauferstehung des homo oeconomicus in der Sozialpolitik. – Es beschäftigt sich also mit den Werten, die wir Menschen für das, was sie Fremden spenden, zugestehen wollen – nicht für das, was sie aus der Gesellschaft herausholen können.

Der ökonomische Mensch – der soziale Mensch

Die Studie von Cooper/Culyer ‹*The Price of Blood*›, die im Auftrage des Institute of Economic Affairs (dessen Forschungen durch einen Rat von 17 bekannten Wirtschaftlern unterstützt werden), ausgearbeitet wurde und die «die einfachsten Leitsätze der wirtschaftlichen Analyse» auf die Probleme von Angebot und Nachfrage beim Blutspenden anwendet, ist zu den Schlußfolgerungen gekommen:
1. daß menschliches Blut ein wirtschaftliches Gut ist;
2. daß man dem Begriff «Verschwendung» eine exakte wirtschaftliche Bedeutung geben kann;
3. daß man die Versorgung mit Blut verbessern kann, wenn die Blutspender bezahlt werden, weil dann mehr Leute einen Anreiz erhalten, sich zur Blutspende zu melden und häufiger zu kommen;
4. daß – auch wenn man zur Zeit gar nichts über die Kosten-Entwicklung weiß – bei steigendem Bedarf ein kommerzieller Blut-«Markt» die Versorgung zu einem bestimmten Kostenvorteil ermöglichen würde.

In dem Vorwort des Herausgebers heißt es: «Die Verfasser haben durch ihren Versuch, zu den freiwilligen Blutspendern noch bezahlte Abgeber hinzuzuziehen, zur Beantwortung einer offenen Frage beigetragen, so daß nunmehr die Ergebnisse praktisch beurteilt werden können und nicht durch doktrinäre Vorurteile zustande kommen.»

In der Sowjetunion herrscht ein ähnliches, krudes Nützlichkeitsdenken auf dem Blut-«Markt», obwohl es dort, anders als in den Vereinigten Staaten, Japan und anderen Ländern, keine Banken gibt, die aus Blut Profit schlagen. In der Sowjetunion wird ungefähr die Hälfte des abgegebenen Blutes gekauft und gut bezahlt. Wer Marxens Theorie gelesen und verstanden hat, sollte nicht überrascht sein. Es war ein grundsätzliches Manko in Marxens Kapitalismus-Kritik, daß er keine Ethik für eine sozialistische Gesellschaft formuliert hat. Die Alternative zur Ausbeutung war «einfach ein bloßer Utilitarismus», wie Professor MacIntyre es nannte.[1] Könnten wir den Prosastil auswechseln, die Erläuterungen abändern und jeden Bezug auf Marx weglassen, dann würde ein solches «kameralistisches» oder «konsumeristisches» Denken zweifellos die Befürworter eines privaten Blut-Markts unter den amerikanischen Ökonomen ansprechen.

Dies mag nun dahingestellt bleiben, und wir wollen hier diese Gedanken nicht weiterverfolgen oder uns mit den Schlußfolgerungen von ‹The Price of Blood› im einzelnen beschäftigen.

Wir wollen in diesem Kapitel statt dessen die Kriterien der Wirtschaftlichkeit und der Effizienz der Verwaltung, der Kosten pro Blut-Einheit und der Reinheit, der Leistungsfähigkeit und der Sicherheit zur Beurteilung der Blut-Verteilungssysteme in den Vereinigten Staaten und Großbritannien heranziehen. Wir wollen auf den nächsten Seiten versuchen, ob wir diese Systeme wie ein Ökonom unter dem Gesichtswinkel der Wirtschaftlichkeit prüfen können. Wir haben auch, wiederum in Verbindung mit «Blut», einiges über die Art und Weise zu sagen, in der Wirtschaftsfachleute einfach über die ethischen Voraussetzungen unter der fragwürdigen Annahme hinweggehen, daß die Bedürfnisse verschiedener Menschen eben praktisch vergleichbar sind.

Die durch das National Blood Resource Program und andere Behörden angestellten Schätzungen zeigen, daß auf dem amerikanischen Markt trotz Knappheit ungefähr 15 bis 30 Prozent der angesammelten Blutmenge jährlich durch Überschreitung der Haltbarkeitsgrenze verlorengehen, was einem Verlust von mehreren Millionen Dollar im Jahr gleichkommt. Einen Teil dieses weggegossenen, jedoch bezahlten Ausschusses haben die Ärzte zu verantworten, weil sie viel mehr Blut anfordern, als sie tatsächlich verwerten.[2]

Eine weitere Ursache für Verluste entsteht durch unnötige Operationen, zum Beispiel Entfernung der Gebärmutter oder des Blinddarms, und unnötige Transfusionen. Daß klinisch unnötige Operationen in großer Zahl vorkommen, ist eine in der medizinischen Literatur allgemein bekannte Tatsache.[3]

Zusätzliche Verluste sind dem Umstand zuzuschreiben, daß Ärzte und Chirurgen infolge einer «defensiven Praxis» unnötigerweise oder im Übermaß Transfusionen verabreichen. Die Furcht vor Anklagen wegen Kunstfehlern ist derart weit verbreitet und nimmt noch zu, und die Schwierigkeiten von Ärzten und Chirurgen eine kommerzielle Risikoversicherung zum Schutz gegen Ansprüche wegen Kunstfehlern zu bekommen, sind so groß, daß sie vorsichtshalber jede Menge von Tests, therapeutischen Prozeduren, Röntgenuntersuchungen und Konsultationen verordnen. «Wir sind professionelle Labormediziner geworden», klagte Dr. C. L. Hudson, der frühere Präsident der American Medical Association.[4]

Wenn man daher alle Verlust-Möglichkeiten zusammennimmt, so wurden in den Vereinigten Staaten im Jahre 1968 ungefähr zwischen einer Million und anderthalb Millionen Blut-Einheiten weggegossen. Gewisse Anhaltspunkte lassen darauf schließen, daß der Gesamtverlust Anfang der fünfziger Jahre noch bedeutend niedriger gewesen ist. Hingegen war der entsprechende Verlust in dem in England und Wales herrschenden System, das auf völliger Freiwilligkeit basiert, in demselben Jahr ganz gering.[5]

Wenn man pro Person eine Blutabgabe von durchschnittlich zwei bis zweieinhalb Einheiten annimmt, so wurde in Amerika dementsprechend die Blutspende von ungefähr einer halben Million Menschen vergeudet. Ein Ökonom, der diesen Sachverhalt betrachtet, würde wenigstens noch zwei andere merkliche Kostenfaktoren in Rechnung stellen, nämlich die aufgewendete Mühe und die aufgewendete Zeit; wenn es dafür keine genauen Daten gibt, würde er versuchen, die Kosten danach zu bemessen, ob für die Blutspenden irgendeine Vergütung gezahlt worden ist (zum Beispiel bei Arbeitszeitverlust) oder nicht.

Wir haben jedoch nicht vor, uns in eine solche Kosten-Nutzen-Analyse einzulassen. Es gibt dafür nämlich keine genauen Daten; so läßt sich zum Beispiel bei weiblichen Blutspendern der Wert der Hausarbeit kaum bestimmen (was auch ein Element der Unsicherheit bei der Abschätzung des nationalen Einkommens darstellt)[6]; auf jeden Fall wäre das eine vergebliche Mühe angesichts der Größe der Gesamtverluste; und schließlich schrumpfen diese wirtschaftlichen Verluste, so groß sie auch immer sein mögen, vollständig angesichts der Sozialkosten oder Fremdkosten des Marktsystems oder des sozialen Nutzens eines alternativen freiwilligen, auf «Geben und Nehmen» beruhenden Systems. Menschliche Fürsorge beruht nämlich auf einer ethischen Grundlage. Wie Mr. Nath und andere bemerkt haben, gibt es keine «rentable Fürsorge»[7].

Nachdem dies klargestellt ist, müssen wir nun darauf hinweisen, daß man zwar versucht hat, ein Menschenleben zu bewerten, aber daß das Vorhandensein oder Fehlen von Altruismus in einer Gesellschaft nicht mit Geld zu bewerten ist.[8] Nächstenliebe, die dem Fremden gibt, beginnt und endet allerdings nicht mit Blutspenden. Sie kann jeden Aspekt des Lebens und das gesamte Wertgefüge der Gesellschaft beeinflussen. Inwieweit sie das biologische Bedürfnis zu helfen erfüllt, ist, besonders in einer modernen Gesellschaft, ein weiteres unkalkulierbares Element. In diesem Buch haben wir menschliches Blut als Indikator benutzt; vielleicht ist es der ursprünglichste und empfindlichste Indikator für soziale Werte und menschliche Beziehungen, den man überhaupt für eine vergleichende Studie finden kann. Wenn man Blut mit Geld bezahlen könnte, dann gilt dies auch für alle anderen menschlichen Betätigungen und Beziehungen. Ökonomen mögen Systeme und Werte zerstückeln; gewöhnliche Leute tun das nicht.

Der Rückgang des freiwilligen Blutspendens in der amerikanischen Gesellschaft in den letzten Jahren ist im einzelnen nicht bekannt, und seine sozialen Kosten lassen sich nicht mit wirtschaftlichen Maßstäben messen. Die Tatsachen zeigen jedoch, in welchem Ausmaß Kommerzialisierung und Profit den freiwilligen Spender abgeschreckt haben. Darüber hinaus ist es wahrscheinlich, daß ein Niedergang der Nächstenliebe in der einen Sphäre der menschlichen Betätigungen von ähnlichen Änderungen in der Einstellung, der Beweggründe und der Beziehungen auf anderen Gebieten begleitet wird. Ein Beispiel dafür sind die moralischen Gründe, die man für die Heranziehung von Gefangenen für Blut- und Plasma-Gewinnungsprogramme angegeben hat. Das Florieren von profitablen Krankenhäusern, die auf kurze Verweildauer, schnellen Wechsel und einbringliche Patienten ausgerichtet sind und einen Gemeinsinn nicht aufkommen lassen, ist ein weiteres Beispiel.

Wenn man erst einmal anfängt festzustellen, daß man sich nicht mehr für seinen Nächsten verantwortlich fühlen muß bzw. nicht sündigt, wenn man es nicht tut, dann machen sich die Folgen davon wahrscheinlich bald überall bemerkbar, besonders wenn man sieht, daß das Geld für die Blutlieferungen für arme und oftmals farbige Blutspender weggeht. Es gibt eben nichts Dauerhaftes in den gegenseitigen menschlichen Beziehungen. Wenn die Bande des gegenseitigen Gebens und Nehmens gebrochen sind, muß die Folge nicht unbedingt ein Wertvakuum (Sachlichkeit) sein. Wahrscheinlich wird das entstehende Vakuum durch Feindschaft und sozialen Konflikt ausgefüllt, eine Folge, die in anderem Zusammenhang von Dr. Mishan in seinem Buch ‹*The Costs of Economic Growth*› diskutiert wird.[9] Der Mythos vom Wirtschaftswunder kann die Pflege der sozialen Beziehungen völlig in den Hintergrund drängen.

Wir kritisieren die Ökonomen nicht, weil sie die erwähnten sozialen Kosten und den Nutzen nicht bestimmen. Unsere Klage richtet sich gegen ihre intellektuelle Naivität, mit der sie es versäumen, sie herauszuarbeiten und die Auswahlmöglichkeiten des Wertespektrums hinsichtlich der sozialen und wirtschaftlichen Kriterien zu verdeutlichen. Hierbei erinnern wir uns, daß Keynes früher einmal die Hoffnung ausgedrückt hat, daß die Ökonomen es eines Tages über sich brächten, als bescheidene und fähige Leute, etwa wie die Zahnärzte, angesehen zu werden. Dieser Tag ist jedoch für einige dieses Standes, die sich als Missionare auf dem Gebiet der sozialen Wohlfahrt gebärden und oft so tun, als hätten sie einen heißen Draht zu Gott, auch wenn sie jeden Eid geschworen haben, ethisch neutral zu bleiben, noch nicht gekommen.

Auf einem ganz anderen Niveau gibt es weitere Arten von sozialen Kosten, die in wirtschaftlichen Analysen zur Kostenverringerung der Sozialpolitik entweder vernachlässigt oder nicht eingehend genug untersucht worden sind. Die beiden Kostenarten, die wir zur Verdeutlichung erwähnen, sind beides Beispiele für gemischte Fremdkosten oder in anderen Worten Unterschiedsbeträge zwischen den Kosten (bzw. Erträgen), die von einer Einzelorganisation oder -firma zu tragen sind (bzw. ihr zufallen) und den Kosten bzw. Lasten (bzw. Erträgen), die die Allgemeinheit zu tragen hat (bzw. ihr zufallen).

Die Größe des Serum-Hepatitis-Problems in den Vereinigten Staaten und in Japan im Vergleich zu Großbritannien – das auf den Betrieb der kommerziellen Blut-Märkte zurückgeführt wird, ist an anderer Stelle schon angedeutet worden.[10] Jede angemessene Kosten-Nutzen-Analyse müßte die dem einzelnen und der Allgemeinheit entstehenden Kosten für die medizinische Versorgung in Betracht ziehen (oder zumindest ansprechen); der Mißbrauch von knappen Ressourcen (einschließlich von menschlichem Blut); die dem einzelnen und seiner Familie in Form von vielleicht lebenslänglichen Einkommensverlusten entstehenden Kosten; die Kosten der höheren Sterblichkeit in Form der anteiligen, auf die Lebenszeit des einzelnen verteilten Geldwerte[11]; die außerhalb der amerikanischen Wirtschaft entstehenden Kosten bei Krankheits- und Todesfällen; die durch den Export von verunreinigten Plasma-Produkten hervorgerufen wurden[12] und schließlich die ebenfalls in anderen Ländern dadurch entstehenden Kosten, daß aus den Vereinigten Staaten die

Methoden und Konsequenzen des kommerziellen Blutabgabesystems eingeführt werden; sowie noch viele andere spürbare und nicht spürbare Fremdkosten.[13] Wir mögen einiges über die Verfahren wissen, mit denen man das Wirtschaftswachstum vergrößert, aber wir haben noch nicht einmal ansatzweise den Versuch gemacht, die Vorgänge zu bestimmen, durch die sich die allgemeine Belastung der Gesellschaft vergrößert.

Außerdem wäre ein Abwägen der Kosten und des Nutzens eines kommerziellen Blut-Marktes unvollständig, wollte man nicht die Wirkungen dieses Marktes auf die Rollen und Funktionen, auf den Praxis-Standard und das Verhalten der Ärzte und der medizinischen Institutionen berücksichtigen sowie würdigen, welcher Preis für die Einschränkung der Handlungsfreiheit durch die gesetzlich verordnete Unterwerfung der Medizin unter die Gesetze des Marktes bezahlt werden muß.

Ein beträchtlicher Anteil der erfaßbaren Bestandteile von einigen dieser Kosten, insbesondere die Vergeudung von Blut und die Kosten des Verwaltungschaos[14], fallen gegenwärtig in den Vereinigten Staaten dem einzelnen Bürger zur Last. Die hohen Kosten von Kunstfehler-Versicherungen und Verfahren wegen unsachgemäßer Behandlung müssen großenteils von den Kranken durch Bezahlung entsprechend höherer Arztrechnungen getragen werden. Die Kosten der defensiven Medizinalpraxis in Form von zahlenmäßig ausufernden Tests, Konsultationen, Krankenhausaufenthalten und anderen unnötigen Eingriffen muß die Allgemeinheit der Patienten in ähnlicher Weise auf sich nehmen. Dasselbe gilt für die Profite, die von gewerbsmäßigen Blutbanken, Laboratorien und Pharmafirmen bei dem Verkauf und der Aufbereitung von Blut und Blutpräparaten gemacht werden. Wer Blut braucht, hat in einigen Krankenhäusern, die es darauf anlegen, zum Ausgleich von Defiziten in anderen Abteilungen in ihrer «Blut-Abteilung» Überschüsse zu erwirtschaften, zusätzliche Kosten zu übernehmen. Meistens dürfen diese Kosten und Verdienst-Margen dort berechnet werden, wo sie anfallen, nämlich bei den Patienten und ihren Familien.

Die Kosten lasten schwer auf armen Leuten, den Kranken und den in der Gesellschaft Benachteiligten. Sie sind stark regressiv, wenn man sie als Teil eines Redistributionssystems betrachtet. Die Armen, die das Blut benötigen, tragen auf diese Weise zur Vergrößerung des Nutzens derjenigen bei, die es nicht nötig haben. Ohne großen Forschungsaufwand ist es jedoch nicht möglich, in dem weiten Feld der

Kosten und Preise für medizinische Versorgung (ungeachtet der Versicherungskosten und der legalen Kosten und Preise) die zusätzlichen Kosten abzuschätzen, die durch die Kommerzialisierung des Blut-Marktes entstehen, verglichen mit den Kosten eines freiwilligen, unbezahlten «freien» Blutspendesystems, zum Beispiel des National Health Service in England. Auf einem sehr praktischen Gebiet jedoch können wir einiges zum Vergleich der Kosten einer Blut-Einheit, wie sie gebrauchsfertig in die Operationssäle von Krankenhäusern in England und Wales und in den Vereinigten Staaten geliefert wird, sagen.

Für die mit dem 31. März endenden Geschäftsjahre 1964 und 1968 führte der National Blood Transfusion Service eine auf die reine Kapitalbelastung seiner nationalen und regionalen Tätigkeit bezogene Kostenuntersuchung durch.[15] Die Kosten wurden unter fünf Hauptgesichtspunkten analysiert: 1. Blut-Ansammlung; 2. Blut-Verteilung; 3. Transport; 4. Laboratorium; 5. Verwaltung. Für die unbezahlten Dienstleistungen freiwilliger Mitarbeiter (hauptsächlich Hausfrauen und Pensionäre, die bei staatlichen Blutspendeaktionen in den Gemeinden mit aushalfen) wurden keine Beträge eingesetzt. Die Kosten betrafen Löhne und Gehälter, Unterkunft, Reparaturen und Unterhaltung, Möbel und Geräte, Mieten und Zinsen, Reise- und Tageskosten, mobile Einheiten und Neufahrzeuge, Medikamente und andere Artikel sowie Werbung. Darunter war auch eine beträchtliche Summe für die vorgeburtliche Ermittlung des Rhesusfaktors, die in den Kostenaufstellungen in den USA im allgemeinen nicht enthalten ist; für die Herstellung von Plasma und anderen Blutpräparaten; für Forschung und Entwicklung (die in den USA wiederum nicht berücksichtigt sind) und für «Entschädigungszahlungen an Spender». Dieser letzte Posten bezog sich auf Barentschädigung für Reinigung, Ersatz und Reparatur von Kleidung und persönlichem Besitz (zum Beispiel Entfernung von Blutflecken, Reparatur oder Ersatz von zerbrochenen Brillen), für Erstattung bei Lohnausfall und Schadensersatz bei Fahrlässigkeit (die den Blutspendern ersetzten Kosten bei Schadensersatz – in den USA ein sehr beträchtlicher Posten – können, aber müssen nicht in amerikanischen Kostenschätzungen enthalten sein, weil dies auch davon abhängt, ob in den kommerziellen Blutbanken Pleiten auftreten). Der im Jahre 1967/68 an alle Blutspender in England und Wales gezahlte Gesamtbetrag für Schadensersatz belief sich auf ganze 808 £. Dabei betrug die Anzahl der Blutspender in dieser Zeit 1 446 551. Die Schadensersatzkosten beliefen sich somit auf einen Penny für je sieben Einheiten gespendeten Blutes.

Die Ergebnisse dieser Studie zeigen, daß die durchschnittlichen Kosten für die an ein Krankenhaus gelieferte Blutkonserve für das Land als Ganzes im Jahre 1967/68 sich ohne Laborprüfung auf 1 £ 6s belief. Mit Laborprüfung lagen die Kosten ungefähr bei 2 £ für die Blutkonserve. Unter Berücksichtigung des offiziellen Wechselkurses im Jahre 1969 war der entsprechende US-Preis 4,80 $. Jeder Penner mit Format holte als Blutlieferant dagegen im Jahre 1969 mindestens 5 $ für die Halb-Liter-Flasche mit möglicherweise verseuchtem Blut heraus.

Teils wegen der überörtlich-örtlichen Differenzen bei Kosten und Preisen und teils wegen der unterschiedlichen Belastungen, Kalkulationsverfahren und Verdienstspannen bei Blutbanken und Krankenhäusern können für Vergleichszwecke für die USA nur angenäherte Werte angegeben werden. Man kann vier Arten von Preisen für eine Einheit Blut miteinander vergleichen[16]:

1. Der an den Lieferanten (den bezahlten, gewerbsmäßigen Anbieter) gezahlte Preis. Die meisten Lieferanten erhielten 5 bis 20 $; einige sogar mehr als 25 $. Für seltene Blutgruppen war der Preis bedeutend höher.[17] Im Jahre 1956 wurden in New York für Rhesusnegatives Blut 41 bis 50 $ bezahlt.[18] Plasmapherese-Spender erhielten sogar so etwas wie ein Gehalt.

2. Die Blutersetzungsgebühr, die den Patienten berechnet wurde, die nicht freiwillig selbst das verbrauchte Blut wieder ersetzten oder einen anderen Spender fanden. Die Gebühr bewegte sich im allgemeinen in der Größenordnung von 15 bis 50 $.[19]

3. Der von den Krankenhäusern an die kommerziellen Blutbanken bezahlte Preis.[20] Er betrug rund 35 $ oder mehr.[21]

4. Der dem Patienten vom Krankenhaus berechnete Preis (ohne vom Patienten eventuell geforderte Ersetzungsgebühr). Forderungen für das Blut und seine Aufbereitung lagen zwischen 30 und 100 $.[22]

Krankenhäuser, die das Blut nicht bei den kommerziellen Blutbanken kauften, berechneten die niedrigeren, die anderen die höheren Beträge.[23] Die meisten Krankenhäuser und Blutbanken arbeiten jedoch nach einem 2 : 1-Ersetzungsplan (in einigen Fällen höher)[24], wodurch die Transfusionsrechnung des Patienten noch höher wurde. Es ist nicht festzustellen, was diese Preise und Kosten tatsächlich im Durchschnitt umfassen. Die Berechnungsverfahren sind sehr verschieden; einige der Zahlen können sich einschließlich der Kosten für die Blutgruppenbestimmung und Kreuzproben, der Kosten für die Aufbewahrung, der Unterrichts- und Forschungskosten, der Infusionskosten usw. verstehen und einige nicht. Ferner wird behauptet, daß das Kalkulations- und das Informationswesen des ganzen Blutbankensystems noch sehr im argen läge: «Die großen Unterschiede, die zwischen den verschiedenen Städten und Staaten bei den Berechnungs- und Ersetzungsverfahren vorherrschen, machen es dem Patienten und dem Laien sehr schwer, sich durch das Krankenhaus nicht ausgebeutet zu fühlen», schrieb Dr. R. F. Norris.[25]

Die vier Preisarten sind natürlich, wirtschaftlich gesehen, keine «Kosten» im eigentlichen Sinne. Jedoch vom Standpunkt des Konsumenten oder Patienten ist im Krankenhaus allein die Größe der Blutrechnung von Bedeutung. Wie wir zeigten, kann sich diese zwischen 30 und 100 $ für die Einheit Blut bewegen. Wenn der Patient das verbrauchte Blut nicht ersetzt oder ersetzen kann, bezahlt er vielleicht bis zu 50 $ oder mehr für die Einheit. Dazu können noch die Kosten für die Bestimmung der Blutgruppe, der Kreuzprobe, der Infusion oder andere Kosten kommen, was 10 bis 20 $ ausmachen kann. Aber für viele Patienten, die eine Blut- oder Plasmainfusion brauchen, sind mehr als nur eine Einheit erforderlich.[26] Ältere Patienten, die durch das Medicare-Programm (Heilfürsorge-Programm) durchschnittlich $3\frac{1}{4}$ l Blut erhielten, mußten dafür 156 Dollar bezahlen. Privatpatienten bezahlten vermutlich noch mehr. Im Gegensatz dazu brauchten Privatpatienten in Großbritannien (Patienten in National Health Service-Krankenhäusern) für das unter der Aufsicht des Health Service Blood Transfusion-System freiwillig gespendete Blut nichts zu bezahlen.[27]

Viele Amerikaner, die eine schwere Operation durchmachen und eine große Bluttransfusion benötigen, werden durch die ihnen vorgelegten Rechnungen einfach «erschlagen». An anderer Stelle wurde beschrieben, welche großen Mengen an Blut und Blutpräparaten heutzutage bei schweren Verkehrsunfällen, schwierigen Geburten, «künstliche Nieren»-Patienten, bei Operationen am offenen Herzen, anderen Herz-Gefäß-Operationen oder bei «Ersatzteil»-Operationen gebraucht werden. Zehn Liter Blut sind bei einer einzelnen Operation nichts Ungewöhnliches. An Hand der Preise, die in einigen Fällen für das eigentliche Blut und für die Labor- und Transfusionskosten berechnet wurden, kann man ersehen, daß in den Jahren 1968/69 ein Patient, der 10 Liter Blut erhalten hatte, eine Rechnung von ungefähr 1200 Dollar zu erwarten hatte. Beim Wechselkurs von 1969 waren das 500 Pfund in britischem Geld. Bei einer Herztransplantation in Kalifornien im Jahre 1968 war der entsprechende britische Preis für Blut (300 Einheiten zu je 25 $), Laborarbeit und Transfusionskosten 8361 £.[28]

In solchen Fällen wird die den Markt anreizende Ersatzgebühr zu einem belanglosen Mythos. Nur wenige Patienten und dann nur mit Hilfe ihrer Familie oder von Freunden können hoffen, 10 oder mehr Liter Blut innerhalb von zwei bis drei Jahren zu ersetzen. Daher kommt es in solchen Fällen oft vor, daß der Patient (und seine Familie) nicht nur «blutarm», sondern auch «geldarm» werden.

Wir wenden zum Vergleich des kommerziellen amerikanischen Blutmarktsystems mit einem System auf freiwilliger Basis, wie es als integraler Teil des National Health Service in Großbritannien funktioniert, vier Arten von Kriterien an. Es sind grundlegende Kriterien, die auch die Ökonomen bei der Abschätzung von Vor- und Nachteilen verschiedener Systeme anlegen. Dabei sind die weiterführenden und unquantifizierbaren, sozialen, ethischen und philosophischen Aspekte ausgeschlossen, die, wie diese Studie gezeigt hat, weit über die engen Grenzen eines bloß nach wirtschaftlichen und finanziellen Gesichtspunkten beurteilten Blutverteilungssystems hinausreichen. Kurz gefaßt sind diese vier Kriterien, die sich teilweise überschneiden, die folgenden: 1. Wirtschaftlichkeit, 2. Effizienz der Verwaltung, 3. Preis – die Kosten der Bluteinheit für den Patienten, 4. Reinheit, Sicherheit und Leistungsfähigkeit oder die Qualität des abgegebenen Blutes.

Der kommerzielle Blutmarkt versagt hinsichtlich aller vier Kriterien. Was seine Wirtschaftlichkeit anbetrifft, so ist er mit dem Blut sehr verschwenderisch; ständige oder augenblickliche Knappheit kennzeichnen die Marktlage bei Angebot und Nachfrage und machen alle Bemühungen um ein Gleichgewicht illusorisch, außerdem leidet der Markt unter den hohen Fremdkosten. Er ist auch in verwaltungsmäßiger Hinsicht unzulänglich; der sogenannte gemischte Pluralismus führt bei dem amerikanischen Blutmarkt zu mehr Bürokratie, zu einer Flut von Papier und Rechnungen und zu mehr Verwaltungs-, Buchhaltungs- und Computerunkosten. Verschwendung, Unfähigkeit und Ungleichgewicht schlagen sich in dem vom Patienten zu bezahlenden Preis nieder; die Kosten pro Einheit Blut sind in den USA 4- bis 15-mal höher in USA. Um schließlich auf die Qualität zu kommen, ist es bei kommerziellen Blutmärkten wahrscheinlicher, daß verseuchtes Blut vertrieben wird. Mit anderen Worten: Die Gefahr einer Serum-Hepatitis für den Patienten mit Krankheits- oder sogar Todesfolge ist sehr viel größer.

Es mag paradox erscheinen, aber je geschäftsmäßiger sich ein Blut- verteilungssystem entwickelt (womit, wie gezeigt wurde, Verschwen- dung, Unwirtschaftlichkeit und Gefährdung zunehmen), je stärker wird das Bruttosozialprodukt aufgebläht. Dies ist die mindestens teilweise leicht einzusehende Folge davon, daß freiwillige, unbezahl- te Dienstleistungen (von freiwilligen Blutspendern, freiwilligen Hel- fern im Einsatz, unbezahlte Zeit), also sehr niedrige Fremdkosten, rein rechnerisch in Geld und bezahlte Tätigkeiten übertragen wer- den, die höhere Fremdkosten verursachen. Ähnliche Effekte würden sich beim Bruttosozialprodukt ergeben, wenn Hausfrauen für ihre Tätigkeit entlohnt oder kinderlose Ehepaare für die Adoption von Kindern finanziell entschädigt würden oder Krankenhauspatienten, die sich am Unterricht von Studenten beteiligen, von diesen dafür Bezahlung verlangten. So wird auch das Bruttosozialprodukt aufge- bläht, wenn auf dem kommerziellen Blutmarkt dem Veralten von Blutkonserven nachgeholfen wird oder wenn sie vernichtet werden; der Abfall wird allemal gezählt, weil jemand dafür bezahlt hat.

Was der *Economist* in seiner 1969er-Übersicht über die US-Wirtschaft als die große «Effizienz-Kluft» (das Wirtschaftlichkeitsmanko) zwi- schen Amerika und Großbritannien bezeichnete[29], bezieht sich sicher- lich nicht auf das Gebiet der Versorgung mit menschlichem Blut. Unter den in dieser Studie auf Blutverteilungssysteme angewendeten, ökono- mischen und technischen Kriterien müssen die dort gezogenen Schluß- folgerungen umgekehrt werden; das freiwillige, sozialisierte System in Großbritannien ist in wirtschaftlicher, geschäftsmäßiger, verwaltungs- mäßiger und quantitativer Hinsicht tüchtiger als das gemischtwirt- schaftliche, kommerzielle und individualistische amerikanische System. Ein weiteres Märchen, der Paretosche Mythos vom König Kunden, muß ebenfalls bezweifelt werden. Im kommerziellen Blutmarkt ist der Kun- de keineswegs König. Er hat nur einen geringen Freiraum und wenig Auswahl unter den Preisen; er muß mehr unter Versorgungsschwierig- keiten leiden und ist weniger frei von Bürokratisierung; er hat wenig Gelegenheit, Nächstenliebe zu üben und Verbrauch, Qualität und Fremdkosten nachzuprüfen. Weit entfernt davon, König zu sein, wird er im Gegenteil oft noch ausgebeutet.

Bluter haben unter einem solchen System am meisten zu leiden und die höchsten Rechnungen zu bezahlen. Ihre Zahl in den USA wird auf 1 von 10 000 der männlichen Bevölkerung geschätzt (für Großbritannien liegen die Schätzungen darunter). Die Tatsache, daß das Leiden nicht nur erblich ist, sondern auch infolge einer der in der Medizin häufigsten Mutationen auftreten kann, bedeutet, daß das Leiden in Zukunft in der Welt vermehrt auftreten statt abnehmen wird.

Für eine moderne Behandlung dieser Krankheit wird Blutplasma und eine Vielzahl von Blutprodukt-Konzentraten benötigt. Eine zehntägige Behandlung mit diesen Präparaten – sagen wir: für einmal Zahnziehen – kann die Blutspenden von 60 Personen erfordern, wobei das Blut jedes Spenders für den Patienten die Gefahr einer Hepatitis-Infektion einschließt. In Großbritannien werden diese Präparate unter Aufsicht des National Blood Transfusion Service hergestellt und an die Patienten des National Health Service unentgeltlich abgegeben. Sie werden nicht verhandelt; es wird auch kein Preis kommerziell ermittelt. Das Blut stammt von freiwilligen Spendern.[30] In den USA, wo man einige dieser Präparate als klinisch weniger befriedigend ansieht, werden sie nichtsdestoweniger hergestellt und vermarktet. Bei den im Jahre 1966 geltenden Wiederverkaufspreisen lagen die Kosten für eine zehntägige Behandlung mit menschlichen Plasma-Präparaten für einen Erwachsenen durchschnittlicher Größe bei ungefähr 2250 £. Im Jahre 1969 wurde berichtet: «Viele Patienten brauchen dreimal im Monat oder öfter eine Plasma- oder Plasmakonzentratbehandlung. Wenn sie am Ende des Jahres die Rechnung erhalten, sind sie ‹erschlagen›. Familien, in denen zwei oder mehr Söhne Bluter sind, haben sogar noch schwerere finanzielle Belastungen zu tragen. Die schwierige finanzielle Lage kann Familienprobleme und -zerwürfnisse zur Folge haben. Oft entwickeln die Patienten Schuldgefühle, weil sie für ihre Familien zu einer finanziellen Bürde werden.»[31] Sie werden auch durch die erwähnten Marktmechanismen ständig daran erinnert, daß sie für ihr Überleben von einer Bluter-Episode zur nächsten von der Blutversorgung durch Fremde abhängig sind. Für den privaten Versicherungsmarkt in den USA sind sie unversicherbare «schlechte Risiken» und für die auf Verdienst eingestellten Krankenhäuser nicht akzeptabel.

Man hat geschätzt, daß ein Achtel des jährlich in den USA angesammelten Blutes – oder ungefähr 500 000 Liter – benötigt würden, um alle Bedürfnisse der Bluter-Patienten im Lande zu befriedigen.[32] In England, wo man die Anzahl der Patienten mit ernsten hämorrhagischen Störungen auf mehr als 2000 schätzt, sind die Probleme, vor denen diese stehen, keineswegs vergleichbar mit den Bedrängnissen, denen ähnliche Patienten in den USA gegenüberstehen. Britische Patienten würden daher wohl nicht auswandern wollen. Es gibt zwar Schwierigkeiten bei der Herstellung von entsprechenden Mengen der verlangten Blutpräparate (bei denen nur einige der wertvollen Bestandteile des Plasmas verwendet werden), aber das Blut ist nicht knapp und der Patient hat keine Sorge, wie er für das Blut und die Behandlung bezahlen soll.

(Übersetzung aus dem Englischen von Herbert Holländer)

Anmerkungen

1 MacIntyre, A., A Short History of Ethics, 1967, S. 214.
2 Stengle, J. M., a. a. O., S. 3.
3 Über die Anzahl der Transfusionen bei den verschiedenen medizinischen Eingriffen und bei Gebärenden und über Entwicklungen bei chirurgischen Verfahrensweisen siehe ganz allgemein alle Berichte, die als Ergebnisse des Medical Audit Program und der von der Commission on Professional and Hospital Activities, Ann Arbor, Mich., durchgeführten Professional Activity Study von 1961–1967 veröffentlicht wurden. Eine Studie über den Blutverbrauch bei fünf üblichen Operationen ergab, daß bei der Behandlung von 2 000 000 Patienten in den USA in den Jahren 1959–62 80 000 Liter Blut «vertan» wurden (Vol. 1, No. 13, 15. Aug. 1963).
   In einer anderen Studie stellten nachprüfende Ärzte fest, daß bei 1035 üblichen chirurgischen Eingriffen in 21 allgemeinen Krankenhäusern «entweder der Verbrauch von Blut nicht gerechtfertigt oder das klinische Bild in dieser Hinsicht fragwürdig war» (Report 16, One- and Two-Pint Transfusions in Surgery, 28. Febr. 1961). Erläuterungen und Bezugnahmen zu Studien über unnötige Operationen und Transfusionen siehe Tunley, R., The American Health Scandal, New York 1966 und Gross, M. L., a. a. O., 1966, S. 176/177.
4 A. M. A. News, Special Report on Malpractice Insurance, 18. Nov. 1968, S. 14.
5 Eine unabhängige Untersuchung über den Blutverbrauch in Süd-London im Jahre 1960 ergab, daß durch Schuld der Verwaltung immerhin beinahe 1 Prozent des angesammelten Blutes verlorenging (im Jahre 1961 war diese Zahl für das Land sogar 2 Prozent). Diese Studie gab

Anweisungen zum Abschätzen der Notwendigkeit von Bluttransfusionen. Bei Zugrundelegung von sieben Kriterien zeigte sich, daß in 6,5 Prozent aller Fälle die Zufuhr von Blut unnötig gewesen wäre. Darunter waren Fälle, bei denen nur 1/2 Liter Blut übertragen wurde, von sterbenden Patienten und weiteren ähnlichen Fällen (Graham-Stewart, C. W., A Clinical Survey of Blood Transfusion, Lancet, II, 421, 1960).

6 Robinson, J., Economic Philosophy, 1962, S. 130.

7 Nath, S. K., A Reappraisal of Welfare Economics, 1968, S. 235.

8 Siehe zum Beispiel Schultz, T. W., Investment in Human Capital, Am. Econ. Rev., 51, 1. März 1961.

9 Siehe insbesondere Kapitel 9, Mishan, E. J., The Corsts of Econonic Growth, 1967.

10 Dr. A. J. Zuckerman vom Dept. of Bact. and Immun. an der London School of Hyg. and Trop. Med. kritisierte die Studie des Inst. of Econ. Aff., The Price of Blood, weil «das außerordentliche Risiko bei der kommerziellen Blutversorgung – nämlich die Gefahr einer Posttransfusions-Hepatitis »– völlig ignoriert würde (Brit. Med. J., I, 174, 20. April 1968). Im Jahre 1966 hatte er schon darauf hingewiesen: «Noch bedeutender ist die Tatsache, daß infektiöse Hepatitis zwar nicht zu den Haupttodesursachen gezählt werden kann, sie liegt nichtsdestoweniger in den USA 1959 bereits an zweiter Stelle hinter Grippe auf der Liste der durch akute Virus-Infektionen herbeigeführten Todesfälle» (Brit. Med. J., II, 1136, 5. November 1966).

11 Und die jährlich davon abzuleitenden Nettobezüge anderer Familienmitglieder (siehe Hayzelden, J. E., The Value of Human Life, Publ. Admin., Vol. 46, Winter 1968, S. 427).

12 Im Jahre 1961 gab es in Israel zwei Todesfälle durch infiziertes Plasma, das von einer kommerziellen Blut-Firma in New York hergestellt und exportiert worden war (Perlis, L., Blood Banks or Blood Business, Ansprache anläßlich des 16. Jahrestreffens der Am. Ass. of Blood Banks, Detroit, November 1963, S. 6).

13 Wegen einer Aufzählung der hauptsächlichen Probleme, die sich aus den allgemeinen Prinzipien einer Kosten-Nutzen-Analyse ableiten lassen, siehe Prest, A. R. und Turvey, R., Surveys of Economic Theory: Vol. III-Resource Allocation, Macmillan, London 1966, und Feldstein, M. S., Cost-Benefit Analysis and Investment in the Public Sector, Publ. Admin., Vol. 42, Winter 1964 S. 351.

14 Über Kosten der Verwaltung, Buchführung und Büroarbeit, siehe Jennings, J. B., An Introduction to Blood Banking Systems, MIT Juli 1966, insbesondere S. 66–90.

15 Sonderdrucke der Berichte wurden freundlicherweise durch das Ministry of Health beschafft. Die Kapital-Auslage für neue Transfusionszentren wurde 1969 auf einen Betrag von 10 Prozent der gesamten laufenden Kosten des National Blood Transfusion Service geschätzt.

16 Die angegebenen Zahlen beziehen sich meistens auf die Jahre 1966–68. In den sechziger Jahren war ein ständiger Anstieg von Preisen und Kosten zu verzeichnen.

17 Hearings on S. 1945, a. a. O., 1967, S. 60 und 81–83, und Jennings, J. B., a. a. O., S. 16 und 701.

18 The New York Acad. of Med., Human Blood in New York City, a. a. O., S. 27.

19 Hearings on S. 1945, a. a. O., 1967, S. 97. Im Jahre 1960 betrug die national ausgeglichene, mittlere Gebühr, wie sie von allen in der AABB survey berichtenden Blutbanken berechnet wurde, 22 £ 46 (Am. Ass. of Blood Banks, a. a. O., 1964, Tabelle 3).

20 Die Krankenhäuser bezahlen dem Roten Kreuz eine «Anteils-Gebühr» pro Einheit. Sie liegt, von Ort zu Ort verschieden, zwischen 6 und 13 £ und deckt keineswegs die wahren Kosten für die Ansammlung des Blutes, für die das Rote Kreuz Zuschüsse erhält (Blood Center Operations, a. a. O., 1967).

21 Bericht des New York Council for Civic Affairs, a. a. O., 1967 und Hearings on S. 2560, a. a. O., 1964, S. 3.

22 Im Jahre 1960 betrug die national ausgeglichene, mittlere Aufbereitungs-Gebühr, wie sie von allen in der AABB survey berichtenden Mitgliedern berechnet wurde, 9 £ 17 (Am. Ass. of Blood Banks, a. a. O., 1964, Tabelle 2). Mr. F. Honigsbaum, ein in London lebender amerikanischer Stipendiat mußte sich auf einem Besuch in den USA im Jahre 1968 operieren lassen. Dabei wurden ihm für 5½ Liter Blut über 150 £ berechnet (Pulse, London, 17. Mai 1969, S. 9).

23 Hearings on S. 2560, a. a. O., 1964, S. 43 und 159; Joint Blood Council, a. a. O., 1960, S. 37; A. M. A. Guide for Med. Society Committees on Blood (Flugschrift), 1967.

24 Hearings on S. 2560, a. a. O., 1964, S. 162.

25 Norris, R. F., Hospital Programs of Blood Banking. J. A. M. A., Vol. 193, No. 1, 5. Juli 1965, S. 46.

26 Von 333 156 älteren Patienten, die mit Hilfe des Medicare Program in der Zeit vom 1. Juli 1966 bis zum 1. September 1967 mit 1 028 273 pints (1 pint = 0,57 ltr (GB) = 0,47 ltr (US) Blut versorgt wurden, erhielten 27 Prozent 4 pints oder mehr. Sie empfingen alles in allem mehr als die Hälfte des Blutes, nämlich 582 946 pints oder durchschnittlich jeder 61½ pints. Die Rechnung nur für das Blut für jene Patienten, die 6 ½ pints erhielten und keinen Blutersatz leisteten (nur ungefähr 25 Prozent des ganzen Blutes wurde ersetzt), war 156 $. Bei Betreuung durch Medicare brauchen die drei ersten Pints Blut nicht bezahlt zu werden. Patienten, die nur 3 pints Blut, aber keine Erstattung erhielten, zahlten durchschnittlich ungefähr 70 $. (Der Autor erhielt diese Angaben von der Div. of Policy and Standards, Bureau of Health, Insurance, Social Security Administration, Baltimore, Oktober 1968.)

27 Siehe das Ministry of Health circular H. M. (69)28, März 1969. Privatpatienten, ob sie nun eine Operation, eine Abtreibung oder einen anderen Eingriff durchmachen, die oft eine besondere Steuerermäßigung verlangen, weil sie den National Health Service nicht in Anspruch nehmen, erkennen nur selten, daß sie auch als Privatpatienten vom Transfusionsdienst oder anderen Abteilungen des National Health Service etwas umsonst bekommen.

28 Die *Times* vom 31. Juli 1968. Bei einem anderen Fall von Herzplantation betrug die an die Frau des Patienten, der 14 Tage nach der Operation starb, gesandte Blut-Rechnung 7265 $ oder ein Viertel der Krankenhausgesamtkosten von 28 845 $ 83c (*International Herald Tribune* vom 6. April 1968).

29 *The Economist*, USA Report, vom 10. Mai 1969.

30 Biggs, R. und Macfarlane, R. G., Treatment of Haemophilia and other Coagulation Disorders, Blackwell, Oxford 1966.

31 Taylor, C., Haemophilic Center at Work, Rehabilitation Record, Rehabilitation Services Administration, Dept. of Health, Education und Welfare, Washington, Vol. 10, No. 2, März/April 1969, S. 1–6. Eine Studie von 177 Bluter-Patienten durch die Universität Sheffield, Dept. of Psych., konnte die amerikanischen Untersuchungsergebnisse allerdings nicht bestätigen, daß Hämophilie für die Verursachung von merklichen psychiatrischen Symptomen verantwortlich zu machen sei. Es gab auch keine Anzeichen für akute finanzielle und Beschäftigungsschwierigkeiten (Bronks, I. G. und Blackburn. E. K., A Socio-Medical Study of Haemophilia and Related States, Brit. J. prev. soc. Med., 1968, 22, 68–72).

32 Persönliche Mitteilung, Dr. J. M. Stengle, a. a. O., 16. Okt. 1968.

Kritik

Klaus Traube: Radikale Technik –
angelsächsische Literatur zur alternativen Technik

Die Auseinandersetzung mit der Technik als politischem Phänomen ist in Nordamerika und England seit einem Jahrzehnt wesentlicher Teil der Diskussion um die soziale, ökologische und ökonomische Krise der Industriegesellschaft. Obwohl in der bundesdeutschen ökologischen Bewegung eine spezielle Technik, die Atomenergie, eine weit zentralere Rolle gespielt hat und spielt als im angelsächsischen Raum, ist hierzulande die grundlegende Technik-Kritik und die damit einhergehende Bewegung für alternative Technik mit eher noch größerer Verzögerung aufgenommen worden als schon die übrigen ökologisch-politischen Impulse zuvor.

An Hand dreier bemerkenswerter, hierzulande wenig bekannter Bücher will ich versuchen, den erreichten Reifegrad der angelsächsischen Technik-Diskussion und die Grundgedanken der «alternativen Technik» zu verdeutlichen. ‹Radical Technology›[1], herausgegeben von Godfrey Boyle und Peter Harper (1976), ist eine Art Handbuch alternativer Technik und der ihr zugrunde liegenden sozio-kulturellen Ansichten. David Dicksons ‹Alternative Technology and the Politics of Technical Change›[2], erschienen 1974 (dt.: ‹Alternative Technologie›, 1978), analysiert die politische Rolle der Technik und der um sie entstandenen Mythen. Amory B. Lovins' ‹Soft energy paths›[3], erschienen 1977 (dt.: ‹Sanfte Energie›, 1978), ist ein auf den sozial-politischen Kriterien alternativer Technik aufbauendes, auch ingenieurwissenschaftlich brillantes Plädoyer für alternative Energien, präsentiert als konsistenter Vorschlag eines langfristigen Energie-Konzepts für die Vereinigten Staaten.

Von Anbeginn war die Zahl der Naturwissenschaftler und Techniker – wie überhaupt der Intellektuellen –, die ökologisch motivierte Bürgerinitiativen unterstützten oder sie gar initiierten, in den USA, in England und Kanada ungleich größer als in der Bundesrepublik. Eine der Ursachen dafür ist die lange Tradition liberaler Wissenschaftler, Wissenschaft auch als öffentliche, politische Angelegenheit zu verstehen, eine weitere die ebenfalls lange angelsächsische Tradition demokratisch organisierten Bürger-Widerstands gegen die Auswüchse wirtschaftlicher und politischer Macht, dem weitgehende Sympathien gewiß sind und in politischer Theorie und Praxis auch Verantwortung zugebilligt wird.

In Kontrast dazu steht das übliche Bemühen deutscher Akademiker, ihre Kastenzugehörigkeit nicht in Frage zu stellen, sich bereits durch eine weitgehend sinnwidrig esoterische Sprache vor Berührung mit dem Gemeinen zu schützen; Unterstützung des nicht nur gemeinen, sondern traditionell ehrenrührigen Widerstands gegen die Macht birgt für den deutschen Wissenschaftler in ganz anderem Maß als für den angelsächsischen die Gefahr, das Heimatrecht in der wissenschaftlichen Gemeinde zu verlieren.

Nicht nur die Unterstützung vieler etablierter Wissenschaftler verschaffte der angelsächsischen ökologischen Bewegung ein vergleichsweise solides Fundament; auch ein großer Teil der studentischen *young Radicals* schloß sich sehr früh dieser Bewegung an, als den kritischen unter den deutschen Studenten die Umweltschützer noch eine Ansammlung bornierter Kleinbürger zu sein schienen.[4] Die aus der angelsächsischen ökologischen Bewegung nicht wegzudenkende Bewegung für alternative Technik ist wesentlich geprägt worden von «radikalen» jungen Naturwissenschaftlern und Technikern, die häufig Arbeitskreise an Universitäten oder Forschungsinstituten bildeten. In der Bundesrepublik sind ähnliche Ansätze noch weit weniger entwickelt.

In dem Titel ‹Radical Technology› wird diese Wurzel deutlich. Die englischen Herausgeber Godfrey Boyle und Peter Harper haben das gängige Schild «alternative Technik» verworfen, weil es sie zu sehr erinnert an «technische Umweltschützerei, die als Spielzeug das schlechte Gewissen der Wohlhabenden beruhigt». Der Ersatz von «alternativ» durch «radikal» soll anzeigen, daß es um eine Technik geht, die «Teil einer umfassenden Bewegung in Richtung auf eine neue Gesellschaftsform ist». David Dickson versteht seine ‹Alternative Technologie›, und Armory B. Lovins seine ‹Sanfte Energie› auch in diesem Sinn. Allen diesen Autoren ist Umweltfreundlichkeit nicht der eigentliche *Zweck* alternativer Technik, sondern vielmehr *Element* und *Voraussetzung* einer humaneren Gesellschaft, deren Technik einfühlsam mit der Natur kooperiert, statt sie zu vergewaltigen oder – wie Ernst Bloch es sah – sie zu überlisten.

Die englischen Herausgeber stellen ‹Radical Technology› in einer «Zusammenfassung für den faulen Rezensenten» vor als: «großformatige, umfassend illustrierte Sammlung von Originalbeiträgen, die

die Reorganisation der Technik auf humaner, rationaler und ökologisch gesunder Basis behandeln». Den vielen Facetten solcher Reorganisation entspricht die Vielfalt der Beiträge. Sie behandeln sowohl die *hardware* – die Maschinen und technischen Methoden – als auch die *software* – die sozialen und politischen Strukturen, die Beziehungen der Menschen untereinander und zur Umwelt.

Die behandelten Themen reichen von detaillierten «Rezepten» über allgemeine Erläuterungen alternativer Techniken bis zur Kritik gegenwärtiger Praxis und Vorschlägen zur Reorganisation. Die Darstellung ist, je nach Geschmack des jeweiligen Autors, beschreibend, analytisch, technisch oder politisch. Alle Autoren sind Autoritäten auf ihrem Gebiet.

Das Buch ist in sieben Abschnitte geteilt: Nahrung, Energie, Unterkunft und Kleidung, Autonomie, Materialien, Kommunikation, Sonstiges. Unter den mehr als vierzig verschiedenen Beiträgen finden sich Themen wie Fischzucht, Wasserversorgung, biologische Energiequellen, eine endgültige «Zoologie der Windmühle», Selbsthilfe-Organisation, Baumaterial Erdreich, Schuhe aus Autoreifen, die Ökonomie autonomer Häuser, was beim Altmaterialhändler zu finden ist, alternative Radiostationen, utopische Gemeinschaften, und Technik in China . . .

Am Ende des Buches findet sich eine umfassende Dokumentation der Literatur und der aktiven Organisationen «radikaler Technik». In dieser Dokumentation wird auf die unvermeidlichen Lücken im Themenbereich des Buches hingewiesen, auf die Möglichkeiten zu weiterer Information und ein Überblick über eine kontinuierlich wachsende Bewegung gegeben.

Es ist ein ungewöhnliches Buch.

So ist es, und ein Kurzweiliges dazu. Der Ernst der Lage kann sich nicht festsetzen zwischen all den kleintechnischen oder sonst irgendwie alternativen Bastel- und Lebenshilfen; die meisten der Ideen, die seit einer Reihe von Jahren umherschwirren, sind so unbekümmert aneinandergereiht, wie es das Selbstverständnis der Graswurzelrevolutionäre gebietet.

In dem Buch finden sich aber auch viele ungewöhnlich verständlich geschriebene Einführungen in naturwissenschaftliche Grundlagen; in der Einführung zur Festigkeitslehre im Abschnitt Material etwa erfährt der Leser, warum er nicht durch den Fußboden fällt, der Abschnitt Energie beginnt mit Thermodynamik, ZEN-makrobiotische Yin-Yang-Diagramme gehören zur Nahrungslektion wie die

Theorie des Komposthaufens. Der Theorie folgt fast immer die An-
leitung zur Praxis: Alternative Technik will zum Do-it-yourself rei-
zen, Radical Technology – so heißt es im Vorwort – «is a general
turnon book».

Wer die dreihundert großformatigen, aber kleinbedruckten Seiten
von ‹*Radical Technology*› gelesen hat, der hat einen umfassenderen
Überblick über die Ideenwelt alternativer Technik gewonnen als ihm
sonst eines der seit einigen Jahren sprießenden Alternativ-Textbü-
cher bieten kann. Ihm ist darüber hinaus ein Gerüst vermittelt worden, das die verwirrende Vielfalt der Themen zu ordnen erlaubt und
der Bewegung für alternative Technik einen ideengeschichtlichen
Platz anweist. Alternative Technik erscheint als der kleinste gemeinsame Nenner für die drei großen Protestbewegungen gegen die Nach-
kriegs-Industriegesellschaft: der Studentenrebellion gegen die Entfremdung am Ende der sechziger Jahre, des Widerstands der sogenannten Dritten Welt gegen den Neokolonialismus der Industrieländer und des Aufbegehrens der besorgten Bürger gegen die Zerstörung der natürlichen und damit auch ihrer sozialen Umwelt. Die
Maximen: Kooperation und Überschaubarkeit statt Herrschaft über
Menschen und Natur, von denen alle Beiträge ausgehen, werden in
den einleitenden Sätzen deutlich: «Dieses Buch handelt von Technologien, die helfen könnten, eine weniger repressive und eine sinnvol-
lere Gesellschaft zu schaffen. Es plädiert für das Wachstum von
Kleintechnik, die dem Gebrauch durch einzelne und Gemeinschaften
im Rahmen einer humanisierten Produktion unter der Kontrolle der
Arbeiter und Konsumenten angemessen ist.»

Die Sehnsucht nach der ländlichen Idylle oder gar nach Blut und
Boden kommt bei solcher Ausgangsposition ebensowenig auf wie die
technokratischen Umweltschutzkonzepte – etwa Sonnengroßkraft-
werke in der Sahara oder im Weltraum; der Basteltrieb und Erfinder-
geist werden hochgeschätzt, dürfen aber nicht mit der Zielsetzung
einer humaneren Gesellschaft kollidieren.

Nach der Definition der Herausgeber ist ein Maßstab für «radikale»
Technik, ob sie geeignet ist für eine Gesellschaft, die «den Idealen
der politischen Linken verbunden ist». Doch nicht Marx, sondern die
frühen utopischen Sozialisten und Anarchisten werden als die eigentlichen Stammväter der Bewegung für alternative Technik angesehen;
ein Beitrag setzt sich ausführlich mit dieser Vergangenheit auseinander. Unter den Modernen gelten Autoren wie Huxley, Mumford,
Ellul, Marcuse, Roszak und Illich als die Vordenker, auch wenn sie

«kaum eine kohärente Schule bilden; aber gemeinsam war ihnen die Überzeugung, daß die moderne technisch-industrielle Gesellschaft selbst, nicht ihre spezielle Ausprägung im Kapitalismus, die meisten Probleme hervorbringt . . . Marxisten wie Sozialdemokraten teilten . . . mit dem Kapitalismus die rationalen, materialistischen Werte des Fortschritts, der Wissenschaft, der Effizienz . . . im Gegensatz zu der von Anarchisten und Utopisten repräsentierten sozialistischen Strömung, die den subtilen Formen menschlicher Zufriedenheit Vorrang vor den Anforderungen der Produktion einräumten».

Die Herausgeber verweisen auf jüngere Erfahrungen, die dem traditionellen Gedankengut der anarcho-utopischen Sozialisten einverleibt wurden. Einmal sind das «innere Technologien», östlichen Kulturen abgeschaut – ein Beitrag zeigt, wie man «seelische Aktivitäten restrukturiert», um dem eingeschliffenen Konsumstandpunkt zu entkommen, dann die der Natur abgeschauten Konzepte der «Biotechnik», geboren in der Weltuntergangsstimmung der ersten Welle ökologischer Erkenntnisse – also etwa einfache Windräder, Häuser aus Lehm –, schließlich die niederschmetternden Erfahrungen der Dritten Welt mit der Industrialisierung nach westlichem Muster, die von Schumacher propagierte Antwort der «mittleren Technologie» und deren erfolgreiche Praktizierung in China.

Obwohl hauptsächlich der praxisbezogenen Erläuterung von Technik gewidmet, ist ‹Radical Technology› wesentlich ein politisches Buch. Die Technik wird nicht vergewaltigt, um eine Gegenwelt zu entwerfen, in der alles anders ist; alternative Technik unterliegt sozialen Kriterien, die in mehreren Beiträgen behandelt werden. Denen zufolge scheint alternative Technik nur auf Teilgebieten – vornehmlich der Energieerzeugung und Landwirtschaft – geeignet, die heutige Produktionsweise in den Industriestaaten zu revolutionieren. Ansonsten geht es um technische Ergänzungen, hauptsächlich um ein Zurückdrängen – nicht Abschaffen – heutiger Technik, um die Verhinderung unnützer und schädlicher Produkte, um politische Kontrolle; alles Fragen, die zwar die Praxis technisch-industrieller Produktion betreffen, nicht aber durch technische Gegenentwürfe gelöst werden können. Alternative Technik ist mehr als eine nur technische Alternative.

Besonders deutlich wird das im Abschnitt über Kommunikationssysteme – Drucktechnik, Telefon, Radio, Fernsehen. Hier finden sich zwar technische Beschreibungen, aber keine Darstellung von Gegentechniken etwa in dem Sinn wie der Kollektor auf dem Dach und das

Windrad eine dezentralisierte Gegentechnik zu gigantischen zentralen Kohle- oder Kernkraftwerken ist. Vielmehr dienen die Beschreibungen der Kommunikationstechnik der Darstellung, wie die bestehenden Techniken *anders gebraucht* werden könnten – etwa die Videokamera als «Community Television» statt des zentralisierten, manipulierenden Fernsehens. Am Beispiel Telefon werden auch die Grenzen der Dezentralisierung klargestellt – nur reine Toren werden das Telefon, das eine hochzentralisierte Technik und Organisation verlangt, abschaffen wollen.

Die Autoren wollen auch nicht die zentralisierte Massenfabrikation abschaffen:

«Einige Güter *müssen* in Massenproduktion hergestellt werden. Es ist möglich, wenn auch unwahrscheinlich, daß alternative Technik in Fabriken eingeführt wird. Tatsächlich notwendig ist ein Wechsel der Eigentumsverhältnisse, der Verfahren der Kontrolle, der Arbeitsorganisation, der Produkte, und zwar im Kontext *reduzierter* Fabrik-Produktion . . . Das Ziel ist ein optimales Gleichgewicht zwischen Produktion auf zentraler, lokaler und privater Ebene.»

Mir scheint die Abstinenz davon, Alternativen für Produktionstechnik in Fabriken anzugehen, damit zusammenzuhängen, daß bei weitem die meisten der alternativen Ingenieure und Wissenschaftler in Universitäten und Forschungszentren arbeiten und nur wenige die industrielle Produktion intim kennen. Die «Humanisierung der Arbeitswelt» auch in der zentralisierten Produktion bleibt eine vordringliche Aufgabe. Bliebe sie denen überlassen, die sich gegenwärtig mit ihr beschäftigen, so stünde die «Humanisierung der Arbeitswelt» weiterhin unter der Prämisse, den Fortschritt der Produktivität nicht zu behindern. Techniker, die diese Prämisse nicht akzeptieren, könnten in dieser Frage Grundlegendes leisten.

Die Darlegung der Ratio der alternativen Technik ist in ‹Radical Technology› beschreibender Art. Dem englischen Mathematiker und Wissenschaftsjournalisten David Dickson geht es in ‹Alternative Technologie› um eine methodisch strenge Untersuchung der gesellschaftspolitischen Funktion der Technik und damit um eine Fundierung der Rolle, die alternative Technik für sozialen Wandel spielen kann.

Dickson nennt als den Zweck des Buches «die Diskussion sowohl der gesellschaftlichen Funktion der Technik, wie der gängigen Interpretationen oder Legitimationen dieser Funktion». Seine Hauptthese ist die, daß «Technik materiell wie ideologisch eine politische Funktion hat, die eng mit der Verteilung der Macht und der Ausübung sozialer Kontrolle verknüpft ist. Technische Entwicklung ist wesentlich ein politischer Prozeß.»

Es geht also im wesentlichen um die Auseinandersetzung mit dem Mythos von der Neutralität der Technik, der immer noch fest verwurzelt ist, nicht nur als Volksweisheit, sondern in der etablierten, bürgerlichen wie marxistischen Wissenschaft – trotz der seit Mitte der sechziger Jahre vor allem von Marcuses und Mumford eingeleiteten Welle der Gegenargumentation. In der um diese Frage entstandenen wissenschaftlich-literarischen Diskussion gebührt Dicksons Studie ein wichtiger Platz: Dickson argumentiert einerseits methodisch strenger als viele der bekannteren Technikkritiker wie etwa Huxley, Mumford, Illich; andererseits bezeugt er mehr technisch-naturwissenschaftliche Sachkenntnis als etablierte Gesellschaftskritiker wie Bloch, Marcuse oder Habermas und Schelsky, die sich zu dem Thema geäußert haben. Zudem bezieht er die Frage nach der Funktion und Möglichkeit alternativer Technik an Hand konkreter Beispiele ein. Schließlich ist das Buch auch für den weder technisch noch soziologisch Vorgebildeten lesbar, ein Beispiel für das unter angelsächsischen Wissenschaftlern verbreitete Vermögen, komplexe Sachverhalte anschaulich darzulegen.

Einleitend trägt Dickson das Anklagematerial gegen die heutige technisch-industrielle Gesellschaft zusammen: ökologische Zerrüttung, die Rolle der Technik innerhalb des Wirtschaftswachstums-Prozesses, die Rolle der militärischen Technik, die zerstörerische Industrialisierung in den Entwicklungsländern, Arbeitslosigkeit, Entfremdung, Hierarchisierung, Entpolitisierung. Er zeigt, daß die Bewegung für alternative Technik sich aus der Kritik an der industriellen Gesellschaft entwickelt hat – abseits der Hauptströmungen sowohl linker als auch rechter politischer Kritik – und daß alternative Technik nicht zu fassen ist als «ein spezielles System von Maschinen und Werkzeugen, sondern als ein anderer Ansatz für den Entwurf und Gebrauch von Maschinen und Werkzeugen».

Sodann untersucht Dickson die konventionellen Interpretationen der Geschichte der Technik als einer «linearen Entwicklung». Die simpelste Auffassung unterstellt eine autonome, nur immanenten Gesetzen gehorchende technische Entwicklung, die die gesellschaftliche Entwicklung bestimme. Diese Auffassung manifestiert sich in der Einteilung in Stein-, Bronze-, Eisenzeitalter und in der Interpretation der industriellen Revolution als des direkten Resultats von Erfindungen, etwa der Dampfmaschine und des mechanischen Web-stuhls. Dickson belegt an Beispielen, etwa an Marshall McLuhan, daß diese Auffassung auch heute noch verbreitet ist, obwohl bekannt ist, daß zahlreiche Erfindungen, die erst in der europäischen industriel-len Revolution wirtschaftlich genutzt wurden, lange vorher gemacht worden waren: den Griechen war die Dampfmaschine bekannt, sie wurde aber angesichts reichlich vorhandener Arbeitssklaven nicht praktisch genutzt.

Einer aufgeklärteren Version des Modells von der linearen Entwick-lung der Technik zufolge, der auch Marx anhing, beeinflussen sich zwar technische und ökonomische Entwicklung gegenseitig, paßt sich die Technik den vorherrschenden ökonomischen Bedingungen an. Aber auch in diesem Modell geht die technische Entwicklung einen unvermeidbaren Weg, der als sozialer Fortschritt legitimiert wird.

Diese Auffassung geht implizite von der gesellschaftlichen Neutrali-tät der Technik aus. Auf dieser Grundlage übernahm Sowjetrußland kritiklos die im Kapitalismus entwickelten Produktionsmethoden, auch die aus humaner Sicht verwerfliche Taylorsche Theorie der Arbeitsteilung, die «die Menschen behandelt als wären sie Maschi-nen ohne Gefühl und Intelligenz».

Ob nun in der simplen oder der aufgeklärten Version, die Auffassung von der Linearität und mithin Neutralität technischer Entwicklung läßt Skepsis gegenüber dem technisch-wissenschaftlichen Fortschritt nicht zu. So erscheinen die überdeutlich zutage getretenen Probleme der industriellen Technik nicht etwa als Fehlschlag des Versuchs, alle sozialen Probleme «technisch» zu lösen; vielmehr glaubt man, die «wirklich geeignete» Technik für jede spezielle soziale und ökonomi-sche Situation finden zu müssen. Das führt zu wachsendem Interesse an Planungstechniken aller Art, Sozialtechnik, Technology Assess-ment, Human Engineering, Kosten-Nutzen-Analyse, ein Interesse, das den ungebrochenen Glauben an die Rationalität wissenschaft-lich-technischen Fortschritts ausdrückt, der zu immer absurderen Resultaten führt. Dieser Glaube ist zum Bezugssystem des Denkens geworden, außerhalb dessen man nicht mehr denken kann.

Dicksons wesentlichster Beitrag zur Literatur ist das Kapitel «Mach-barkeit technischer Veränderung», in dem er den oben beschriebe-nen Auffassungen eine eingehendere Betrachtung des Prozesses technischer Entwicklung entgegensetzt. Sie verrät sorgfältiges Quel-

lenstudium und gelangt zu den Thesen, daß «Technik und gesellschaftliche Strukturen sich stets gegenseitig gestützt haben . . . herrschende Formen sozialer Organisation und Kontrolle, maskiert
durch eine geeignete Ideologie, in die Technik der jeweiligen Zeit
eingebaut wurden . . . Technische Entwicklung keineswegs nur vom
Gesichtspunkt der Effizienz der Produktionstechnik bestimmt wurde, sondern auch um autoritäre Disziplin zu fördern und hierarchische Organisation zu stützen . . . An Hand der Geschichte der Technik kann man den Weg von der Beherrschung des Menschen durch
die Natur zur Beherrschung des Menschen und der Natur durch
Menschen verfolgen.»[5]
Zur Herleitung dieser Thesen skizziert Dickson zunächst das Verhältnis von Stammesgesellschaften zur Technik, die mit Hilfe von
Riten den «Umgang mit der Natur durch den Gebrauch von Technik
zu einem symbolischen Akt machen» und in denen gesellschaftliche
Produktion vermittels Mythen «die Unversehrtheit der Umwelt als
Teil der Integrität der Gesellschaft bewahrte». In Anlehnung an
Levi-Strauss, macht Dickson schon in Gesellschaften mit primitiver
Technik eine «authentische wissenschaftliche Geisteshaltung» aus,
die sich aber grundlegend von der heutigen unterscheidet, da sie der
Wahrnehmung und Einbildungskraft angepaßt war, von der sich
unsere Wissenschaft gelöst hat. Diese «Wissenschaft vom Konkreten» machte den frühen Techniker zum Bastler, zum «Do-it-your-
self-Mann», der mit allem arbeitet, was zur Hand ist, während der
heutige Ingenieur stets bemüht ist, die Begrenzung vorhandener
Mittel und Methoden zu durchbrechen. So blieb die technische Innovation früher Gesellschaftsformen «innerhalb der Grenzen existie-
render sozialer und kultureller Traditionen . . . Technik war ein Teil
des Sozialisationsprozesses.»
In den Klöstern des europäischen Mittelalters sieht Dickson in Anlehnung vor allem an Mumford den Ursprung der Loslösung von
dieser Tradition. Die abstrakte, auf griechischen philosophischen
Traditionen basierende Wissenschaft, die dort entwickelt wurde, fa-
vorisierte die Entwicklung von Maschinen, die relative Isolierung des
klösterlichen Lebens von der umgebenden Gesellschaft schützte vor
Widerständen gegen neue Formen der Technik. Viele der von früheren Zivilisationen – Griechen, Römern, Arabern, Indern, Chinesen –
entwickelten Techniken wurden in den Klöstern aufgegriffen und
angewendet. Insbesondere förderte die klösterliche Disziplin, die
Einhaltung kanonischer Stunden, die Entwicklung und Verbreitung

der Uhr – ein wesentliches Element der organisierten, technisierten Produktion.

Mit diesem von den Klöstern ausgehenden, sich von der «konkreten» Wissenschaft lösenden Zug zur mechanisierten Produktion geht die Tendenz einher, Wissenschaft und Technik zum Herrschaftsinstrument über Natur wie Menschen zu machen. «Die kirchlichen Autoritäten, die bereits nahezu ein Monopol scholastischen Wissens hatten, versuchten auch die Kontrolle über die technischen Künste zu gewinnen», indem sie ihre Macht als Bauherrn über die Handwerksgilden nutzten und Wissen und Fähigkeiten, die sich nicht einordnen ließen, verketzerten.

Das Element der Disziplinierung der Menschen durch Technik tritt deutlich hervor, als im 17. und 18. Jahrhundert in den Manufakturen der Handelswelt die «in der strengen Disziplin der Klöster entwickelten Maschinen» in größerem Maß eingesetzt wurden. An Hand der frühkapitalistischen Entwicklung der Textilverarbeitung und Töpferei zeigt Dickson, wie der «erratische Lebensstil» der zunächst in Heimarbeit eingesetzten, von Kapitalisten mit Maschinen und Rohmaterial versorgten, Kleinbauern mit der erwünschten Produktivitätseffizienz kollidierte. Die so entstehenden Konflikte und nicht etwa die maschinelle Technik führten zur zentralen Organisation der Produktion in Fabriken. «Die Fabrik war eine arbeitsdisziplinarische, keine technische Notwendigkeit.»

Aus solchen Betrachtungen folgert Dickson, daß die industrielle Revolution nicht allein durch technische und ökonomische Faktoren bedingt war, sondern gleichermaßen durch die Klassenstruktur, die lange vor größeren Fortschritten der Produktionstechnik durch die aufsteigende Klasse der Händler etabliert worden war. «Es ist deshalb unmöglich zu sagen, daß die Produktionsweise eine unvermeidliche Konsequenz der Entwicklung der Produktionstechnik war.»

Dickson belegt weiter, daß vor allem im 19. Jahrhundert technische Erfindungen explizit mit dem Ziel der Disziplinierung einer immer wieder aufsässigen Arbeiterschaft gemacht wurden. «Innovationen waren nicht neutral, sondern Teil eines politischen Prozesses . . . die Maschinen selbst wurden ein Mittel zur Kontrolle, sie reflektierten und stützten die Fragmentierung und hierarchische Organisation von Arbeitsaufgaben, wie sie die kapitalistische Teilung gesellschaftlicher Arbeit impliziert.» Auch heute noch besteht dieser Trend fort – die Drohung mit «technologischer Arbeitslosigkeit» gehört dazu.

Die soziale Kontrolle durch Maschinen kann man nicht isoliert sehen von der durch Organisationstechniken; Taylor beispielsweise erklärte es unumwunden als Ziel seiner «wissenschaftlichen Arbeitsteilung», einerseits die Produktivität zu steigern, andererseits «die Disziplinlosigkeit der Arbeiterschaft zu reduzieren» und vertrat die These, daß «Fügsamkeit zu höheren Löhnen führt».

Dickson sieht die politische Rolle der Technik nicht nur in der Produktionstechnik, sondern auch in einer «Konsumententechnik», die bestimmte soziale Erwartungen erzeugt und in die Produkte selbst einbaut – etwa indem Konsumenten systematisch an homogene Produkte gewöhnt werden mußten oder indem sie durch letztlich belanglose wechselnde modische Äußerlichkeiten ständig zum Kauf scheinbar neuer Produkte angereizt werden.

Die politische Natur der Technik erstreckt sich nicht nur auf die soziale, sondern auch auf die natürliche Umwelt. Die Umweltzerstörung war eine voraussehbare Konsequenz der gegenwärtigen ökonomischen und technischen Strukturen, ermöglicht letzten Endes durch eine in der christlichen Tradition der Trennung von Gott und Natur wurzelnden Objektivierung der Natur, die so zur Ausbeutung freigegeben war.

Dickson hat schier erdrückende Beweise gegen die These von der Neutralität der Technik zusammengetragen, dagegen, daß ihre Entwicklung nur immanenten Gesetzen folge, ihre sozialen Konsequenzen nur von dem Gebrauch abhängen, der von ihr gemacht wird. Er konstatiert zusammenfassend: «Eine Technik, die im autoritären Kapitalismus entwickelt wurde, reflektiert und wird Bestandteil einer Ideologie, die die Ausbeutung von Menschen und die Zerstörung der Natur gestaltet im ‹Interesse› der Gesellschaft.» Die Frage nach der «Vorstellbarkeit einer Technik, die mit nicht autoritärer, nicht hierarchischer Ordnung korrespondiert» leitet über zur Untersuchung der Praktikabilität und politischen Relevanz der Konzepte alternativer Technik.

So wie die im Kapitalismus entwickelte Technik dessen Wertesystem reflektiert, so müßten die kulturellen Werte einer alternativen Gesellschaft in alternative Technik einfließen: Kooperation – statt Wettbewerb und Herrschaft – sowohl zwischen Menschen als auch mit der Natur. Auch Dickson bezieht sich auf die Reihe utopischer Sozialisten als Vordenker solcher Alternative: Thomas Moore und Francis Bacon massen der Wissenschaft und Technik große Bedeutung bei der Gestaltung idealer Gesellschaften zu, Charles Fourier und William Morris erkannten bereits, daß eine *andere* Technik notwendig ist. Die heutigen «utopischen Techniker» betonen stärker als ihre Vorväter die Praktikabilität ihrer Entwürfe. Die entwickelte Kenntnis der Naturgesetze und die historischen Erfahrungen der Technik haben auch den Blick für die Möglichkeiten gesellschaftlicher Entwicklung geschärft.

Dickson untersucht die zahlreichen Definitionen und Kriteriensammlungen für alternative Technik im Hinblick auf die Vorstellungen über die Beziehung zwischen der Technik und dem einzelnen, der Gemeinschaft und der Umwelt und findet folgende Übereinstimmungen: Vom Standpunkt des einzelnen aus müßte die Technik die Entwicklung individueller Fähigkeiten ermöglichen, also an das traditionelle Handwerk anknüpfen und ihn nicht der Ausbeutung und Kontrolle durch andere aussetzen. Im Verhältnis von Technik und Gemeinschaft offenbaren sich Widersprüche. Der Anspruch auf Kontrolle der Produktion durch die Produzenten und Konsumenten verlangt eine dezentralisierte Produktion, etwa in nachbarschaftlichen Werkstätten oder in Mehrzweckfabriken auf kommunaler Ebene, die auch die Ansprüche des einzelnen erfüllen würden. Die meisten Vertreter alternativer Technik verwerfen aber nicht die Notwendigkeit zentraler Massenproduktion – sei es aus Gründen der Produktivität, sei es, weil gewisse erwünschte Techniken, etwa im Kommunikationswesen, Zentralisierung erfordern. Viele sehen sogar in einer möglichst hochgezüchteten Automation zentraler Fabrikation die Lösung der Widersprüche zwischen den Ansprüchen des einzelnen Arbeiters und der gesellschaftlichen Notwendigkeit. Das erwünschte Verhältnis von Technik und Umwelt ist dagegen einfacher zu formulieren. Es gibt objektivierbare Erkenntnisse, deren Anwendung in der kapitalistischen Produktion durch das Gebot der Einzelwirtschaftlichkeit verhindert oder erschwert wird.

Dickson gibt dann einen kursorischen Überblick über konkrete technische Alternativen und stellt einschränkend fest, daß es «schwierig ist, die Natur der Werkzeuge und Maschinen alternativer Technik exakt zu spezifizieren», weil weniger die Maschinen selbst als «die Beziehungen, in die sie durch den Gebrauch treten, relevant sind». Deswegen könne «alternative Technik erfolgreich in großem Stil nur in einer alternativen Gesellschaftsform verwirklicht werden». Daran schließt er «Spekulationen darüber, wie diese Einzeltechniken in ein gesellschaftliches System integriert werden könnten».

Die in der Literatur diskutierten Utopien reden sämtlich dezentralisierten, großenteils auf Selbstversorgung aufbauenden Gemeinden das Wort; kontrovers bleiben die Methoden unvermeidlicher zentraler Steuerung. Viele vertrauen auf die Möglichkeiten des Computers – Dickson kommentiert skeptisch –, andere versuchen die von den russischen Anarchisten, etwa von Kropotkin, propagierten Gedanken zu Formen demokratischer Koordination weiterzuspinnen. Jedenfalls spielen hochgezüchtete Kommunikationstechniken eine große Rolle in der Diskussion, sei es auch nur, um ländlicher Isolierung und einhergehender Engstirnigkeit entgegenzuwirken. Auch über das Geldproblem beim Warenaustausch, beispielsweise über die auf Robert Owen zurückgehenden Gutscheine für verrichtete Arbeit wird diskutiert und über die Natur einer mit alternativer Technik korrespondierenden «alternativen Wissenschaft», die sich abzuzeichnen beginnt in der Arbeit einer Reihe alternativer Forschungsgemeinschaften. Dickson wertet diese Integrationsvorschläge, denen «oftmals sehr eigenwillige Wertvorstellungen» zugrunde liegen, als nützlich zur Herstellung eines «Bewußtseins für mögliche Alternativen, das oft schon genügt, um Kritik an den bestehenden Verhältnissen zu fördern». Er warnt vor einer deterministischen Überschätzung der Dezentralisierung, da «in der Vergangenheit viele dezentralisierte Gesellschaften hochgradig autoritär organisiert» waren; gerade die Integrationsdebatte mache deutlich, «daß wir nicht über erstrebenswerte Veränderungen der Technik reden können, wenn wir nicht bereit sind, damit verbundene Aufgaben gesellschaftlicher und politischer Veränderung zu diskutieren».

Eine ebenfalls kursorische Abhandlung über «mittlere Technologie und die Dritte Welt» verleiht der «allgemeinen politischen und ideologischen Kritik der Technik Substanz». Dickson schätzt einerseits die mittlere Technologie als im Prinzip «bewundernswert geeignet für die im traditionellen Sektor der Wirtschaft vieler unterentwickelter Länder herrschenden Verhältnisse ein, bescheinigt auch Schumacher als dem Promotor der mittleren Technologie eine Ausgangsposition, die verwandt ist mit derjenigen der Bewegung für ‹alternative Technik›, die insbesondere auf einem ‹nichtmaterialistischen Konzept der Bedeutung der Arbeit für den einzelnen und die Gemeinschaft beruht›». Andererseits warnt er wiederum vor technischem Determinismus, der an die Lösung der Probleme der Dritten Welt allein durch Einführung der «richtigen Technik» glaubt, die Augen verschließt vor der gesellschaftlichen Wirklichkeit vieler Entwicklungsländer und so einem Klein-Kapitalismus den Weg bereitet oder auch neuen Abhängigkeiten von multinationalen Konzernen, die sich anschicken, das Thema mittlere Technologie zu usurpieren.

In seiner abschließenden Untersuchung der Wirkung von Mythen führt Dickson zunächst an Hand vieler Beispiele vor, wie Technik in der heutigen Industriegesellschaft nahezu alle menschlichen Handlungen bestimmt und solche Handlungen ausschließt, zu denen sie keine Mittel bereitstellt. Auch diese Betrachtung stützt die These, daß Technik nicht politisch neutral ist, belegt, daß unter prinzipiell möglicher Technik vorwiegend diejenige zur Anwendung kommt, die im – nicht nur ökonomischen – Interesse der Privilegierten liegt. Technik hat aber nicht nur eine objektive gesellschaftliche Funktion, auch die ihr unterlegte Bedeutung wirkt auf die gesellschaftliche Wirklichkeit ein.

Der Mythos von der Neutralität der Technik dient dem Politiker wie dem Techniker dazu, die Verantwortlichkeit für die Auswirkungen von Technik abzuwälzen. Zutage tretende Mißstände gelten als Resultat inadäquater Anwendung oder behebbarer Mängel einer speziellen Technik: Die Auswahl einer Aufgabe mag von politischen Faktoren bestimmt werden, doch die Auswahl der Technik zur Erfüllung dieser Aufgabe gilt als politisch neutraler Art.

«Der Mythos von der Neutralität der Technik ist wesentliches Element einer generelleren mechanistischen und funktionalistischen Ideologie der heutigen Industriegesellschaft», die Industrialisierung, Modernisierung, technische und soziale Entwicklung als Äquivalente ansieht und die technische Entwicklung interpretiert als objektive, «logische» Antwort auf bestimmte Umstände, sie legitimiert durch Begriffe wie «Erhöhung der Effizienz», «technische Antwort auf soziale Situationen» oder «Notwendigkeit, auf dem Weltmarkt wettbewerbsfähig zu bleiben». Diese Legitimationen beruhen auf der Ideologie des «Szientismus», der «positivistischen Interpretation wissenschaftlicher Praxis als Streben nach empirisch entdeckter Wahrheit . . . Szientismus ist die Transformation des Positivismus in eine Gesellschaftsphilosophie . . . und ist so wesentliches Element der Ideologie der Industrialisierung . . . Die Botschaft des Szientismus ist es, daß Wissenschaft für jedes Problem oder jede Situation eine objektive, politisch neutrale Lösung anbieten kann.»

Dickson zeigt dieses legitimierende Wirken der szientistischen Ideologie an Beispielen wie der wissenschaftlichen Arbeitsteilung, der Verwissenschaftlichung ärztlicher Kunst, der Entwicklungsplanung für unterentwickelte Länder. Er geht dann den Ursprüngen dieser Auffassung von Wissenschaft nach, die bei Descartes' strikter Einteilung der Realität in Kategorien von Subjekt und Objekt ansetzt, damit subjektive Werte und objektive Fakten trennt, was wiederum die Trennung von Gefühl und Gedanken legitimierte und zum Aufkommen des Begriffs «Reinheit» und seiner Anwendung auf verschiedenste Formen kultureller Aktivität führte. So entstand das Konzept «reine Arbeit» etwa gleichzeitig mit dem Lohnsystem; der Szientismus hatte die Funktion, Arbeit zu einer ökonomischen Kategorie zu machen. Er predigt die «natürliche Ordnung» des Bestehenden ... qualifiziert jede Herausforderung zu grundlegender gesellschaftlicher Veränderung ab als irrational oder unwissenschaftlich ... Wissenschaftliche Wahrheit substituiert religiöse Wahrheit.

Eine Konsequenz dieser szientistischen Interpretation der Rolle der Technik ist die, daß politische Opposition gegen Technik neutralisiert werden kann, indem man ihr nicht politisch, sondern «technisch» begegnet, also soziale Probleme, die durch Technik hervorgerufen werden, durch Anwendung weiterer Technik löst. So wird weitgehend beim «Technology Assessment» oder im Umweltschutz verfahren. Schließlich geht mit der Entpolitisierung der Technik ein zunehmend szientistisches und technokratisches Verständnis der Politik einher.

Gleichsam als Nachwort macht Dickson, der seine Analyse nicht als Leitfaden für politische Veränderung auffaßt, einige Bemerkungen zur Umsetzung von Technikkritik in politische Praxis. Der Tenor dieser Bemerkungen allerdings mag den engagierten Alternativler entmutigen. Entsprechend seinem Anliegen, des Pudels Kern zu zeigen, die Stützung hierarchischer Gesellschaftsstrukturen durch Technik, warnt Dickson bei allen praktizierten Ansätzen vor Verfehlung dieser eigentlichen Zielrichtung. Die um sich greifende Idee der «sozialen Verantwortung» des Wissenschaftlers, der seine Kenntnisse und Fähigkeiten in den Dienst unterprivilegierter gesellschaftlicher Gruppen stellt oder an alternativer Technik arbeitet, kann zur persönlichen statt zur politischen Alternative werden. Die Versuche von Wissenschaftlergruppen, im Forschungszentrum über die Zielrichtung der Forschung Kontrolle zu gewinnen, könnten nicht die Rolle der Institute selbst in Frage stellen. «Mittlere Technologie» – Konzepte für Entwicklungsländer und die Konzentration von Bürgerinitiativen auf Einzelziele können zur Ablenkung von den Zentren politischer Macht führen. Mir scheint; Dickson verstrickt sich bei diesem Ausblick in die Rolle des Hüters der reinen Lehre, ein wenig linkes Sektierertum klingt an. Doch die eigentliche Leistung des Buches ist der Beitrag zur politischen Analyse der Technik; sie ist unabhängig von diesem Ausblick.

Im Verhältnis zu Dickson ist Lovins ein Pragmatiker. Ihm kommt es offensichtlich darauf an, hier und heute oder morgen, jedenfalls nicht erst irgendwann einmal, Alternativen in einem Schlüsselbereich der Technik, in der Energietechnik, durchzusetzen, und jeder denkbare Verbündete ist ihm recht.

Im zentralen zweiten Kapitel seines Buches ‹Sanfte Energie› das in der englischen Ausgabe unter dem Titel: ‹Energy Strategy: The Road not Taken› erschien, stellt Lovins der offiziellen amerikanischen Energiepolitik eine langfristige Alternative gegenüber. Die offizielle «harte» Politik sieht die gigantische Expansion dreier Sektoren vor: Steigerung der einheimischen Kohleförderung zum Zwecke der Verstromung und Gewinnung synthetischer Treibstoffe, Erschließung von Öl- und Gasvorkommen in der Arktis und küstennahem Meer, Ausbau der Kernenergie. Lovins' Konzept verzichtet auf die arktischen und Küstenprojekte sowie auf Kernenergie, stabilisiert langfristig durch technisch verbesserte Energienutzung den Energieverbrauch etwa auf heutigem Niveau und ersetzt den heutigen Öl- und Gasverbrauch im Verlauf von etwa 30 Jahren durch «sanfte», im wesentlichen regenerierbare, dezentralisierte Energiequellen, vor allem Sonnenenergie für Heizung und Brauchwasser, Biogas als Treibstoff, das großenteils aus Abfällen der Land- und Forstwirtschaft gewonnen wird, Wind- und Wasserkraft vorwiegend zur Elektrizitätserzeugung.

Die Veröffentlichung dieses Kapitels als Vorabdruck in der Zeitschrift *Foreign Affairs*, Oktober 1976, löste eine heftige Kontroverse in den USA aus, die auf Fachkreise anderer Länder übergriff. Im Frühjahr dieses Jahres, bevor ‹Sanfte Energie› auf deutsch erschien, gab Siemens ein Anti-Lovins-Buch des Siemens-Mitarbeiters Peter Penczynski unter dem Titel: ‹Welche Energiestrategie können wir wählen?› heraus.[9] Penczynski beginnt: «Die weltweit ausgetragene Energiedebatte hat durch die Veröffentlichung von Armory B. Lovins ‹Energy Strategy: The Road not Taken?› in der renommierten Zeitschrift *Foreign Affairs* eine neue Dimension erhalten, obwohl nichts grundsätzlich Neues gesagt wird . . . Dieser Artikel hat zumindest in den Vereinigten Staaten eine Resonanz gefunden, die kaum von einem Aufsatz über Energiestrategien, einem eher akademischen

Thema, zu erwarten gewesen wäre. Das Edison Electric Institute zum Beispiel hat mit elf Kritiken eine vollständige Ausgabe seiner zweimonatlich erscheinenden Zeitschrift *Electric Perspectives* diesem Thema gewidmet. Mr. Lovins erschien mehrmals vor verschiedenen Ausschüssen beider Häuser des amerikanischen Kongresses, und er hatte eine Unterredung mit dem amerikanischen Präsidenten.»

Die heftige Kritik des Energie-Establishments und die ungewöhnliche Beachtung durch Politiker zeigen an, daß Lovins einen empfindlichen Nerv getroffen hat. Er argumentiert mit gleichem Geschick politisch, technisch und ökonomisch und zudem für Laien verständlich.

Politisch argumentiert er im Sinne des oben von mir vorgestellten Repertoires der alternativen Technik; ohne eine Grundsatzdebatte über die politische Natur der Technik, stellt er die politischen, sozialen, kulturellen Wirkungen des «harten» und «sanften» Weges einander konkret gegenüber und macht die dahinter verborgenen Wertesysteme deutlich. Es geht ihm auch um die Umwelt, aber der Schwerpunkt liegt bei Zentralismus, Technokratie, Repression, Entfremdung.

Eine systematische Untersuchung der Gefahren nuklearer Proliferation liefert die speziellen Argumente gegen Kernenergie – ansonsten macht Lovins keinen Unterschied zwischen ihr und anderen Formen «harter» zentraler Energie, zu denen er auch die von manchen Umweltschützern als ökologische Alternative angesehenen Sonnenkraftwerke zählt.

Die klare Darstellung der sozialen Aspekte der Energieerzeugung hätte aber wohl kaum besonderes Aufsehen erregt; die technisch-wirtschaftliche Argumentation ist das eigentliche Politikum. Lovins macht zwar klar, daß für sein Engagement, die «antithetischen sozialen Implikationen» der beiden Energiewege den Ausschlag geben; aber er entzieht zusätzlich auch der gängigen wirtschaftlichen Argumentation für den Ausbau der «harten» Energieversorgung den Boden. Er analysiert einerseits das Energie-Einsparungs-Potential, andererseits vergleicht er die *langfristige* Wirtschaftlichkeit harter und weicher Energiesysteme. Beide Analysen bewegen sich durchaus im Rahmen der konventionellen Energiewissenschaft und -wirtschaft, sind aber wesentlich sorgfältiger, umfassender und methodischer als üblich. Lovins hat mit Akribie das verstreute Material der Energiediskussion zusammengetragen und übersichtlich geordnet.

Methodisch unterscheidet sich Lovins' Vorgehen von üblichen Analysen im wesentlichen dadurch, daß er zwei Energiesysteme der Zukunft vergleicht, die *beide* neu geschaffen werden müßten: das harte Energiesystem beruht heute hauptsächlich auf billigen Öl- und Erdgasquellen, die in der langfristigen Zukunft substituiert werden müssen, was ohne Zweifel zu einer Vervielfachung der Energiekosten führt. Das wirtschaftliche Potential sanfter Energiequellen wird dagegen in volkswirtschaftlich widersinniger Weise zumeist an heutigen Ölpreisen gemessen. Ebenso werden an Hand extrem billiger Energiepreise der Vergangenheit – vor 1973 – zustande gekommene strukturelle Trends üblicherweise in die Zukunft fortgeschrieben, beispielsweise, wenn ein ständig ansteigender Anteil der Elektrizität am Energieverbrauch prognostiziert wird.

Das Einsparungspotential sieht Lovins nicht nur wie üblich auf der Verbraucherseite, also etwa bei Hausisolierung, sondern vor allem in einer der Verbrauchsstruktur angepaßten Energiedarbietung, wobei er vor allem gegen den energieverschwendenden Trend zur Elektrifizierung argumentiert. Lovins' Konklusion ist, daß ein thermodynamisch sinnvoller Zuschnitt dezentraler, also auch nicht mit Transportverlusten behafteter Energien, im Verein mit einer derart abgestimmten Verbraucherstruktur gestatten würde, bei gleicher Energiedarbietung wie heute ein Mehrfaches an Funktionen zu erfüllen. Damit nimmt er zunächst den Wachstumsideologen den Wind aus den Segeln; er stellt dahin, ob also bei konstantem Energieverbrauch die Anzahl der zu leistenden Funktionen wesentlich wachsen oder – er läßt keinen Zweifel, daß das seine persönliche Wahl wäre – der Energieverbrauch ohne Einbuße von Erfüllung von Funktionen wesentlich gesenkt werden könnte.

Weiter zeigt er an Hand einer umfangreichen Sammlung von Kostenarten für die Installierung zukünftiger «harter» und «sanfter» Energietechniken, daß letztere sogar billiger sein werden – billig im konventionellen einzelwirtschaftlichen Sinn, also ohne Zurechnung der für harte Technologien zweifellos höheren sozialen und ökologischen Folgekosten.

Lovins ist sich des abschätzenden Charakters seiner Analysen voll bewußt und unterstreicht ihn gebührend. Gerade das unterscheidet ihn von konventionellen Energiewissenschaftlern und -wirtschaftlern, die häufig, mit schmalem Spezialwissen ausgestattet, pseudopräzise Kostenvergleiche anbieten, ohne das Gesamtsystem und die Variabilität seiner Parameter zu überblicken. Das wird auf eklatante Weise von Lovins' Kritikern deutlich gemacht. So wies der weltweit als Kernenergieexperte angesehene Hans Bethe, Physik-Nobelpreisträger und Energieberater der US-Regierung, Lovins in einer öffentlichen Kontroverse nach, er habe die Kosten der Kernenergie um einen Faktor drei zu hoch angesetzt; Lovins konnte mit wenigen Strichen Bethes Fehler aufzeigen, der eine Reihe von Kostenarten schlicht vergessen hatte, vor allem den gesamten Aufwand für Transport und Verteilung der erzeugten Elektrizität.[7]

Die Nervosität der etablierten Energiewelt rührt also daher, daß ihr jemand mit fundiertem Wissen auf ihrem ureigenen Gebiet, dem der harten Technologie, mit ihren eigenen Waffen, der einzelwirtschaftlichen Analyse, entgegentritt. Indem er schon so die langfristige Überlegenheit alternativer Energien postuliert, kann Lovins gelassen die soziokulturellen und geopolitischen Konsequenzen der beiden Alternativen deutlich machen, gleichsam als Dreingabe präsentieren, auch wenn er für sich selbst klarstellt, daß ihm diese Konsequenzen wichtiger als die wirtschaftlichen Aspekte sind. Und schließlich bietet Lovins den Großtechnik-Wachstumsideologen nicht das gewohnte Ziel:

Er kann nicht als Feind technischen Fortschritts abqualifiziert werden – er propagiert ihn, allerdings einen anderen. Er verschreibt kein spartanisches Leben –, er zeigt, wie man mit weniger Energie und volkswirtschaftlichen Kosten mehr technische Funktionen erfüllen kann, wenn's denn sein muß. Und man kann ihn nicht zum Systemveränderer stempeln – er zeigt, daß nicht mehr, nur eine andere staatliche Steuerung als bisher, statt quasi-monopolitischer Großtechnik einer pluralistischeren kleintechnischen Wirtschaft die Wege ebnen würde.

Zu guter Letzt schreibt Lovins für den Nichtfachmann verständlich, sogar amüsant und erweist sich auch so als «Volksfront»-Politiker; Gründe genug für heftige Bewegung im Energie-Establisment.

Schon die unterschiedliche Tonart der drei Bücher zeigt die Spannweite der Bewegung für alternative Technik. Stil und Aufmachung von ‹*Radical Technology*› können den «Bürger» schrecken. Dicksons unerbittliche Analyse ist zwar «seriös», aber kaum Grundlage für eine große Koalition. Lovins spektakuläre Verunsicherung der Energie-Ideologen ist jedoch ohne die Vorarbeit der alternativen Freaks wie der strengen Theoretiker nicht denkbar. Die drei Bücher repräsentieren gemeinsam einen Stand der angelsächsischen Bewegung für alternative Technik, den nachzuarbeiten hierzulande gewiß eine vordingliche Aufgabe der ökologischen Bewegung ist. Das von Lovins erzeugte Aufsehen dokumentiert die Potenz des Gedankengutes: einige Hände voll fast mittelloser alternativer Techniker konnten nach nur einem Jahrzehnt Arbeit die zigtausender Wissenschaftler und Ingenieure des mit Milliarden-Budgets ausgestatteten staatlichen und privatwirtschaftlichen Energie-Establishments der Industriestaaten in Frage stellen, und man kann sie nicht mehr als Spinner abqualifizieren.

Anmerkungen

1 Godfrey Boyle und Peter Harper: Radical Technology. New York 1976.
2 David Dickson: Alternative Technologie, Strategien der technischen Veränderung. München 1978.
3 Amory B. Lovins: Sanfte Energie, Das Programm für die energie- und industriepolitische Umrüstung unserer Gesellschaft. Reinbek 1978.
4 Den Gründen für diese unterschiedliche Haltung kritischer Studenten bin ich nachgegangen in «Müssen wir umschalten? Von den politischen Grenzen der Technik», Reinbek 1978.
5 Otto Ullrich behandelt dieses Thema in «Technik und Herrschaft», Frankfurt/Main 1977, bezieht sich aber nicht auf die drei Jahre zuvor erschienene Arbeit von Dickson.
6 Peter Penczynski: Welche Energiestrategie können wir wählen? (Siemens Aktiengesellschaft), München 1978.
7 Foreign Affairs, Vol. 55, S. 636ff. (April 1977).

Bibliographie zur internationalen Alternativbewegung (Teil II)

Wir veröffentlichen hier den zweiten Teil der Bibliographie der internationalen Alternativbewegung. In Heft 11 von *Technologie und Politik* wurden Zeitschriften und internationale Bibliographien vorgestellt; in diesem Heft nun finden sich Literaturangaben und Adressen zu den Themenbereichen:

II Kontakte; Forschungs- und Informationszentren
III Kritik der Industriegesellschaft
IV Überleben – anders leben
V Radikale Technologie

Die Bibliographie wird in den Heften 13 und 14 fortgesetzt mit Angaben zu den Themenbereichen: Energie, Architektur, Landwirtschaft, Gesundheit, Ernährung, Wasser, Abfall, Pflanzen und Umwelt, Fahrrad und Verschiedenes.

II Kontakte, Forschungs- und Informationszentren

Alternative America
zu beziehen von:
Richard Gardner
Box 134
Harvard Square
Cambridge, MA 02138 USA
Richard Gardner hat mehrere Jahre lang versucht, Non-Profit-Organisationen, Alternativ-Gruppen und gesellschaftlich engagierte Gruppen zu erfassen. Dieses Buch enthält die von ihm zusammengestellte Adressenliste von ungefähr 5000 Gruppen in den USA.
Die für die USA wahrscheinlich vollständigste Liste ist zu erhalten von:
Integrative Design Associates
1740 N Street, N. W.
Washingston, DC 20036 USA
(Eugene Eccli, Cecil Cook and Ann Becker)

Die hier verzeichneten Kontakte sind nach 25 Kategorien gegliedert, entsprechend den Aktivitäten der Gruppen/Personen.
Listen von internationalen Gruppen sind zu erhalten von:
TRANET: Transnational Network for
Appropriate/Alternative Technologies
c/o William Ellis
7410 Vernon Square Drive
Alexandria, VA 22306 USA

Center for Science in the Public Interest
1757 S Street, N. W.
Washington, DC 20009 USA
CSPI ist ein gutes Beispiel für eine Gruppe, die Forschung betreibt und die Öffentlichkeit mit Informationen versorgt, um die politisch und gesellschaftlich Mächtigen unter Druck zu setzen. Sie beschäftigen sich zur Hauptsache mit Ernährung und Energie. Sie haben Publikationen zusammengestellt über den Energie- und Nährwertgehalt von Nahrungsmitteln, persönliche Energie-Buchführung, Asbest und Spraydosen. Das Center publiziert die Zeitschrift *People and Energy* (s. o.).

Brace Research Institute
MacDonald College of McGill University
St. Anne de Bellevue 800
Quebec, Canada HOX 3MI
Eines der ältesten und erfahrensten Forschungszentren für Alternativtechnologie, das das Akademische mit praktischer Entwicklungsarbeit und Tests von Prototypen verbindet. Das Schwergewicht liegt auf einfach herzustellenden und zu unterhaltenden Kleintechnologien für wasserarme Länder: Wasserentsalzung, Bewässerung, Anlagen zur Getreidetrocknung, Gewächshäuser, Windmühlen und solare Wärmeerzeugung. Hier sind viele gute Publikationen zu erhalten – in Englisch, Französisch, einige auch in Spanisch und Arabisch.

Intermediate Technology Development Group (ITDG)
9 King Street
Covent Garden
London WC2E 8HN
Eine kleine, aber effektive Organisation, die von E. F. Schumacher gegründet wurde, um die Entwicklung und Einführung von angepaßten Technologien in Ländern der Dritten Welt in Gang zu bringen. Viele nützliche Publikationen und selbst entwickelte Produkte.

Energy Information Center, Inc.
Energy Reference Dept.
124 East 39th Street
New York, N. Y. 10016 USA
Das Center gibt seit 1970 einen Energy Index heraus.

Alternative Media Center (AMC)
144 Bleecker Street
New York, NY 10012 USA
George Stoney, Red Burns
AMC richtete in den USA das erste öffentliche Kabelfernsehprogramm ein und veröffentlichte das Buch: ‹*The Access Workbook*› (1973, 300 S., $ 35), das zentrale Werk über den Aufbau eines Kabelfernsehnetzes. Die Anfänge der ersten Kabelfernsehstationen werden dargestellt in ‹*The Public Access Experience: Profiles of Six Centers*› (1973, 48 S., $ 3), das ebenfalls über die oben genannte Adresse zu beziehen ist.

International Video Exchange Directory
erscheint jährlich bei:
Video Inn
261 Powell Street
Vancouver, BC Canada
Ein Hilfsmittel für den direkten Austausch von Bändern und Informationen unter Produzenten und nichtkommerziellen Benutzern von Videofilmen. Hier ist nicht jeder verzeichnet, der mit Video arbeitet, sondern nur diejenigen, die an Austausch interessiert sind.

National Federation of Community Broadcasters (NFCB)
1716 21st Street N.W.
Washington, DC 20009 USA
NFCB ist eine Beteiligungs-Organisation, die etwa 35 öffentliche Radiostationen repräsentiert, die auf Gemeindebasis arbeiten. Sie führt unter ihren Mitgliedern einen kooperativen Programmaustausch durch, gewährt den einzelnen Stationen Hilfe in vielfältiger Hinsicht und vertritt ihre Belange bei nationalen Institutionen. NFCB hilft auch neuen Gruppen bei ihren Anfangsproblemen und hält nationale und regionale Konferenzen ab. Monatlich erscheint der *NFCB Newsletter*, den man gegen einen Beitrag von $ 15 erhält.

The Directory of Nuclear Activists
plus Adressenliste; Preis für Privatleute: $ 7 + $ 5;
zu beziehen von:
Environmental Action of Colorado
1100 14th St.
Denver, CO 80202

Transportation Alternatives
20 Exchange Place, Rm 5500
New York, NY 10005 USA

III. Kritik der Industriegesellschaft

Fred Hirsch
Social Limits to Growth
Harvard University Press, Cambridge, Mass. 1976;
Preis: $ 10

Richard Barnet/Ronald Müller
*Die Krisenmacher. Die Multinationalen und
die Verwandlung des Kapitalismus*
Reinbek 1977 (Rowohlt); Preis: DM 8,80
(Original: Global Reach, Simon and Schuster, New York
1974)
Die Wirklichkeit der multinationalen Konzerne und ihre
destruktiven Effekte auf die USA und die unterentwickel-
ten Länder. Während die Multis hier wie dort zu einer
Verschlechterung der Verhältnisse beitragen, nehmen ihr
privater Reichtum und ihre Macht ständig zu. Dieses Buch
enthält detaillierte Informationen über diesen Prozeß.

Peter Berger/Brigitte Berger/Hansfried Kellner
Das Unbehagen in der Modernität
Frankfurt a. M. 1977 (Campus); Preis: DM 22,–
(Original: The Homeless Mind. Modernization and Con-
sciousness, Random House, New York 1973)
Die Autoren stimmen der Ansicht zu, daß die modernen
Gesellschaften ziemlich unwirtlich sind. Allerdings befürch-
ten sie, daß die einzigen vorstellbaren Alternativen noch viel
schlimmer sein würden.

Martin Pawley
The Private Future
Thames and Hudson, London 1973; Random House, New
York 1974
Pawley argumentiert ähnlich wie Berger/Berger/Kellner,
nur boshafter. Er beschreibt den Prozeß der Privatisierung
und das Anwachsen der Entfremdung mit solch einem gifti-
gen Vergnügen, daß man das Gefühl hat, er müßte uns am
Ende einen goldenen Ausweg zeigen, um den Druck von uns
zu nehmen und uns aus unserem Elend zu erlösen. Aber

nein, er sagt, dies ist genau das, wofür die Leute sich frei entschieden haben, und das unvermeidbare Schicksal moderner Gesellschaften. Der Autor bringt eine ganze Menge plausibler Belege für seine These vor, und es bedarf schon eines scharfen Verstandes, um sie zurückzuweisen.

Theodore Roszak
The Making of a Counter Culture. Reflections on the Technocratic Society and Its Youthful Opposition
Doubleday Anchor, New York 1968, Preis: $ 1,95
Theodore Roszak (Herausgeber)
Sourves An Anthology of Contemporary Materials Useful for Preserving Personal Sanity While Braving the Great Technological Wilderness
Harper Colophon Books, New York 1972; Preis: $ 2.95
Eine Sammlung berühmter Aufsätze zum Thema Alternativen zu der industriellen, großtechnologischen Gesellschaft, u. a. von Schumacher, Bookchin, Goodman, Marcuse, Castaneda und vielen anderen. Besitzt einen Anhang mit einer Liste von Gruppen und Zeitschriften. Die Beiträge gehen überwiegend in die Richtung «Transformation des Bewußtseins». Repräsentiert aber nicht den neuesten Stand.

Theodore Roszak
Where The Wasteland Ends. Politics and Transcendence in Postindustrial Society
Doubleday Anchor, New York 1973; Faber and Faber, London 1974; Preis: $ 2,95
Ein Manifest eines transzendenten Radikalismus; Alternativen zur materialistischen Dürre in der radikalen Politik. Steckt ziemlich viel von dem englischen Dichter William Blake drin. Könnte kürzer sein.

Barrington Moore
Reflections on the Causes of Human Misery
Harvard University Press 1972
Eine sehr niederdrückende Abhandlung. Aber Moore will keinen Pessimismus verbreiten; er selbst kann sich mit den schmerzlichen Ergebnissen seines Buches nicht abfinden. Dennoch hat man am Ende das Gefühl, daß es für Hoffnung

kein einziges Schlupfloch mehr gibt. Eine gelehrte Vivisektion unseres gegenwärtigen Zustands.

Ayn Rand
The New Left: The Anti-Industrial Revolution
New American Library, New York 1971
Zur Erholung von der Moore-Lektüre.

1. Technik-Kritik

Ivan Illich
Selbstbegrenzung. Eine politische Kritik der Technik
Reinbek 1975 (Rowohlt)
(Original: Tools for Conviality, Harper and Row, New York 1973, Calder and Boyars, London 1973)
Ein brillantes Buch. Illich versucht die Gründe dafür aufzudecken, warum die Verbesserung der Befriedigung der Bedürfnisse nicht mit dem Fortschreiten der technologischen Entwicklung Hand in Hand geht. Seine Anstrengungen, alternative praktische Kriterien für Technologien zu finden (statt Effizienz, Stärke, Bequemlichkeit), sind von außerordentlichem Wert.

E. F. Schumacher
Die Rückkehr zum menschlichen Maß. Alternativen für Wirtschaft und Technik
Reinbek 1977 (Rowohlt)
(Original: Small is Beautiful. A Study of Economics as if People Mattered, Blond & Briggs, London 1973)
Wenn Sie nur ein einziges Buch aus dieser ganzen Liste lesen wollen oder können, dann dieses. Ein Klassiker. Es entwickelt das Programm einer Ökonomie, das der gegenwärtigen Ressourcensituation angemessen ist. Die hier niedergelegten Einsichten stützen sich auf die Erfahrung der Notwendigkeit einer Neugestaltung unserer Grundsätze, Handlungsweisen und Träume auf einer gerechteren und befriedigenderen Basis. Schumacher ist der Gründer der Intermediate Technology Development Group in England.

Lewis Mumford
Mythos der Maschine. Kultur, Technik und Macht
Frankfurt a. M. 1977 (Fischer)
(Original: The Myth of the Machine, Secker & Warburg,
London 1967 u. 1970, 2 Bd.)

Lewis Mumford
The Pentagon of Power
Harcourt Brace and Jovanich, New York 1971

Murray Bookchin
Post-Scarcity Anarchism
Ramparts Press, San Francisco 1971; Wildwood House,
London 1973

Raymond Williams
Politics and Technology
Macmillan, London 1971

Hilary and Steven Rose
Science and Society
Penguin, Harmondsworth 1971; Peter Smith, New York

Siegfried Giedion
Mechanization Takes Command
Oxford University Press, London 1974; Norton, New York
1969

2. Politische Traditionen für eine konviviale Gesellschaft

**Workers' Councils and the Economics
of a Self-Managed Society**
Solidarity Pamphlet No. 40, zu beziehen von:
123 Lathom Road
London E6
Ausführliche Vorschläge für eine libertär-sozialistische Ge-
sellschaftsorganisation, die von 1957, aus der Zeit des Un-
garn-Aufstands, stammen. Die Übersetzung aus dem Französischen wurde mit aktuellen Anmerkungen versehen. Auf
einer ähnlichen Linie liegt:

Anton Pannekoek
The Workers' Councils
Freedom
84b Whitechapel High Street
London E1

Sam Dolgoff
**The Anarchist Collectives: Workers' Self-Management in
the Spanish Revolution 1936–1939**
Free Life Editions, New York 1974

George Benello/Dimitrios Roussopoulos (Hg.)
The Case for Participatory Democracy
Grossman, New York

IV Überleben – anders leben

E. Goldsmith u. a.
Planspiel zum Überleben,
München 1974 (dtv) Preis: 4,80 DM
(Original: A Blueprint for Survival Penguin, Harmondsworth 1972; Houghton Mifflin, New York 1972)
Ein Versuch, eine dezentralisierte Gesellschaftsform zu entwerfen; doch nicht in erster Linie, weil sie wünschenswert ist, sondern aus der schieren Notwendigkeit, vor die die Umweltgefährdung und der Ressourcenmangel uns stellen. Eine Dimension, die in fast allen anderen Abhandlungen fehlt. Politisch könnte man sich über manches streiten, aber im Ganzen ein wertvoller Beitrag. Eine überarbeitete Fassung befindet sich in Vorbereitung.

Stefan Szczelkun
Survival Scrapbooks
Unicorn Books, Nat Gwilw, Llanfynnydd, Carmathen, Wales, Preis £ 1,50; Schocken, New York
Es handelt sich bei den Scrapbooks um sechs Bände, die folgende Themen umfassen: Wohnen, Ernährung, Energie, Werkzeuge, Spielen u. a. Schön aufgemacht, aber zu wenig detailliert, was die praktischen Hinweise anbelangt. Die wirkliche Stärke dieser Bücher liegt in ihren gegliederten und zum Teil mit Anmerkungen versehenen Bibliographien. Lohnt sich zu haben.

David Taylor (Hg.)
99 Ways to a Simple Lifestyle
1976, Preis: $ 5,50, zu beziehen von:
Center for Science in the Public Interest
1757 S Street, N. W.
Washington, DC 20009 USA
Enthält eine wahre Flut von praktischen Anregungen, und jedem Abschnitt folgt eine gute Bibliographie. Obwohl hier nicht viel Neues oder Ausgefallenes geboten wird, ist dieses Buch doch von Nutzen, weil es alle Bereiche abdeckt.

Colin Moorcraft (Hg.)
Designing for Survival
Sondernummer der Zeitschrift *Architectural Design* (s. o.),
Juli 1972
Eine Mischung sehr verschiedenartigen Materials, das von
Öko-Architektur, Dritter Welt und China bis zu Alternati-
ven der ländlichen Entwicklung reicht. Enthält eine nach
Sachgebieten gegliederte Bibliographie, die z. B. folgende
Themen umfaßt: Energie allgemein; Sonnenenergie; Wind-
energie; Wasserenergie; geothermische Energie; biologi-
sche Energie; Bausteine; Fasern; Weben, Spinnen und Fär-
ben; Stein; Gräser; Holz usw. Fast so etwas wie ein Stan-
dardwerk.

Walter Szykitka (Hg.)
Public Works. A Handbook for Self-Reliant Living
Links, New York und London 1974; Preis: $ 10
Ein unentbehrliches Hilfsmittel, von der Größe eines Tele-
fonbuches. Etwa 1000 Seiten sind angefüllt mit einer Un-
zahl von Anleitungs- und Beratungsartikeln, die aus öffent-
lich zugänglichen Quellen zusammengesucht wurden. Geordnet nach zum Beispiel folgenden allgemeinen Kategorien: Erste Hilfe und Überleben; Kinderpflege; Gesundheit; Ernährung; Haus und Farm; Werkzeuge und Bauen;
Transport und Kommunikation; Regierung; Geld usw.

Somewhere Else: A Living Learning Catalog
1973; Preis: $ 3,25; erhältlich von:
Swallow Press
1139 S. Wabash
Chicago, IL 60605 USA
Dieser Katalog ist inzwischen ein paar Jahre alt, ist aber in
seiner Spannweite und Reichhaltigkeit noch immer unüber-
troffen.

Nicholas Saunders
Alternative London
Nicholas Saunders and Wildwood House, London 1973;
Preis: 85 p
Bis zum Rand voll mit fundierter Information und nützli-

chen Kontakthinweisen zu vielen verschiedenen Bereichen
wie Wohnen, Essen, Geld, Kommunikation, Drogen, Sex.
Gut zu gebrauchen nicht nur in London. Ähnlich aufgebaut
sind:

Alternative England and Wales
Preis: £ 2.50, zu erhalten von:
Nicholas Saunders
65 Edith Grove
London SW 10

Alternative Scotland
Wildwood House, London 1975
Beide geben Hinweise auf viele Alternativtechnologie-Pro-
jekte und verwandte Dinge.

1. Leben auf dem Lande und Bilder von Arkadien

John Seymour
**Das große Buch vom Leben auf dem Lande. Ein praktisches
Handbuch für Realisten und Träumer**
Ravensburg 1978 (Maier)
(Original: The Complete Book of Self-Sufficiency, Faber
and Faber, London 1976)
Dieses Buch ist eines der besten seiner Art. Ausgestattet mit
anschaulichen Illustrationen behandelt es bis ins Detail eine
sonst kaum erreichte Spanne von Fertigkeiten – zum Beispiel Stein- und Schieferbearbeitung, Korbflechten, Herstellung von Holzkohle, von Fässern, Dachdecken mit Stroh
und vieles mehr. Das Buch beruht auf den praktischen Erfahrungen, die Seymour im Laufe seines Lebens sammeln
konnte in den verschiedensten Berufen und Tätigkeiten.
Das Buch ist in seiner Anlage breiter, in der Darstellung
detaillierter und stärker auf Erfahrung gestützt als die meisten amerikanischen Bücher der Gegenkultur.

Raymond Williams
The Country and the City
Paladin, London 1974; D. U. P., New York 1973
Dieses Buch geht dem Ideal der Rückkehr zu einer einfacheren, idealeren und natürlicheren Lebensweise historisch nach. Es zeigt, daß jede Generation ihr Goldenes Zeitalter einige Jahrhunderte zurück in der Vergangenheit angesiedelt hat; wenn man allerdings in die Zeit dieses «Goldenen Zeitalters» zurückgeht, stößt man auf die Tatsache, daß auch diese Zeit ihrer eigenen Gegenwart das Bild einer besseren früheren Zeit entgegengesetzt hat. Williams spricht in diesem Zusammenhang von dem «arkadischen Trugschluß». Auch die Vertreter der radikalen Technologie müssen sich der Gefahr eines solchen Trugschlusses bewußt sein, um leere Phantasien über ein Zurückgehen zu vermeiden.

William Morris
Kunde von Nirgendwo. Eine Utopie der vollendeten kommunistischen Gesellschaft und Kultur
Köln 1974 (DuMont Schauberg)
(Original: News from Nowhere, (1890) Routledge, London/New York 1970)
Ein berühmter Klassiker des utopisch-arkadischen Denkens. Ein arkadisches Gegenbild zur technologisch-urbanen Utopie liefert ebenfalls der sozialistische Roman von Edward Bellamy: ‹*Looking Backward*›.

George Ewart Evans
The Farm and the Village,
The Pattern under the Plough,
Ask the Fellows Who Cut the Hay,
The Horse in the Furrow,
Acky,
The Leaping Hare
alle bei Faber and Faber, London, verschiedene Erscheinungsdaten.
Gutmütige, aber präzise Darstellungen des Lebens auf dem Lande und der landwirtschaftlichen Tätigkeiten und bäuerlichen Fertigkeiten.

Raymond Mungo
Total Loss Farm
Dutton, New York 1970
Berichtet nicht ohne Hohn vom Scheitern des Versuchs von
ein paar radikalen Stadthippies, es mal als Bauern zu versu-
chen.

Helen und Scott Nearing
Living the Good Life
Schocken, New York 1960
Das Gegenstück zu dem eben erwähnten Buch. Zeigt, daß
man nicht unbedingt auf einem Bauernhof aufgewachsen
sein muß, solange man eine gute Portion der alten bürgerli-
chen Disziplin mitbringt. Eine Chronik eines ansehnlichen
Erfolgs aus dem Nichts, nur durch harte Arbeit.

Stephen and The Farm
Hey Beatnik! This is the Farm Book
The Book Publishing Company
The Farm
Summertown
Tennessee 38483, USA
Es handelt von einer großen Farm in Tennessee, auf der
mehr als 600 Leute total vegetarisch (und offenbar glück-
lich) leben. Ein wichtiges Studienobjekt für alle, die an
utopischen Entwürfen arbeiten.

2. Dezentralisierung

Paul und Percival Goodman
Communitas: Means of Livelihood and Ways of Life
Vintage, New York 1960
Obwohl schon 1947 verfaßt, bleibt dieses Werk eine zeitlose
Darlegung alternativer Wege, die Produktion und das Zu-
sammenleben in der Gemeinde zu organisieren.
Mehr Einzelheiten über ein Dezentralisierungsmodell sind
zu finden in einem weiteren Buch von Paul Goodman:

Paul Goodman
People or Personnel: Decentralising and the Mixed System
Vintage, New York 1968

Peter van Dresser
A Landscape For Humans
Biotechnic Press, El Rito, New Mexico 1971
Eine Diskussion der Prinzipien, wirtschaftlichen Strukturen und der Technologie der Dezentralisierung – angewendet auf die Verhältnisse des Hochlands von Mexiko, wo der Autor lebt.

V Radikale Technologie

Godfrey Boyle und Peter Harper (Hg.)
Radical Technology
Wildwood House, London 1976; Pantheon Books, New York 1976. Eine eindrucksvolle Zusammenstellung von Essays, Berichten, Einführungsinformationen und Gegenkultur-Philosophie, die einen breitangelegten Überblick gibt über «Technologie». Interessante Aufsätze zum Beispiel über die Herstellung von Textilien und Papier, Metallbearbeitung und biologische Chemikalien und vieles mehr. Eine Einführung in den Bereich Alternativ-Technologie aus einer Gegenkultur-Perspektive. Die Herausgeber geben die Zeitschrift *Undercurrents* heraus.

David Dickson
Alternative Technologie. Strategien der technischen Veränderung
München 1978 (Trikont)
(Original: Alternative Technology and the Politics of Technological Change, Fontana, London 1974)
Das Buch verbindet eine grundlegende politische Einschätzung mit einer Diskussion der Techniken selbst. Eine gute theoretische Einführung.

A Handbook on Appropriate Technology
1976; Preis: $ 7,50; zu erhalten bei:
Canadian Hunger Foundation
75 Sparks Street
Ottawa, Ontario, Canada K1P 5A5
Ein gutes Arbeitsmittel für Leute, die an Alternativ-Technologie interessiert sind. Zusammengestellt in Zusammenarbeit mit dem Brace Research Institute. Enthält erklärende Aufsätze über Alternativ-Technologie, Fallstudien aus vielen Ländern, einen Katalog von Werkzeugen und Ausrüstungen, eine Bibliographie und eine internationale Liste von Gruppen und Einzelpersonen, die mit der Entwicklung alternativer Technologien zu tun haben.

Bruce McCallum
Environmentally Appropriate Technologies
einzelne Exemplare kostenlos zu erhalten von:
Information Services
Environment Canada
10th Floor, Fontaine Bldg.
Ottawa, Ontario, Canada K1A OH3
Auf 162 Seiten eine ausgezeichnete Einführung in Bio-Technologie, erneuerbare Energiequellen, schonenden Umgang mit Rohstoffen und Energie bei der Stadtplanung, beim Transport, in Industrie, Landwirtschaft und beim Wohnungsbau. Deckt entscheidende Bereiche ab, die oft aus mangelndem Verständnis der in ihnen steckenden Möglichkeiten vernachlässigt werden: Energiespeicherung; dezentralisierte Vor-Ort-Energie-Erzeugung, Umwandlung und Nutzung; Wärmeerzeugung mit Holz. Vorzügliche Hinweise auf weiterführende Lektüre.

In the Making
Preis: 60p für zwei vollständige Verzeichnisse und Ergänzungen im Jahr oder 15p für jährliche Ausgaben; zu beziehen von:
221 Albert Road
Sheffield S8
Yorks
England
Ein Verzeichnis von beabsichtigten Self-Management- oder Radikale-Technologie-Projekten und von Leuten, die daran mitarbeiten wollen. Dieser ständig aktualisierte Führer über Projekte enthält auch kurze Artikel und Briefe, die den Stand der Self-Management-Bewegung kommentieren, Hinweise auf Veröffentlichungen über radikale Technologie und alle möglichen Spezialnachrichten und -informationen, die man nirgends sonst bekommen kann.

Whole Earth Epilog
Point/Penguin 1974
Der Epilog ist relevanter für Alternativ-Technologie als der alte Whole Earth Catalog; eine unentbehrliche Hilfe, um an Quellen und Kontakte heranzukommen. Der Epilog ist

nach folgenden Sachgebieten aufgegliedert: Gesamtsysteme, Nutzung von Land, Wohnen, sanfte Technologie, handwerkliche Fertigkeiten, Gemeinschaft, Kommunikation, Lernen.
Das Buch ist mit einem sehr guten Schlagwortregister ausgestattet, aber natürlich ziemlich stark USA-orientiert.

(Übersetzung von Ullrich Schwarz)

Autoren- und Quellenhinweise

Christian Leipert ist wissenschaftlicher Assistent am Institut für Volkswirtschaftslehre der Universität Augsburg.

E. J. Mishan hält Vorlesungen an der London School of Economics; sein Beitrag wurde einem 1973 in den Vereinigten Staaten erschienenen Sammelband mit dem Titel ‹*The Economic Growth Debate*›, hg. v. Weintraub u. a.) entnommen und für die deutsche Fassung leicht gekürzt.

Jean-Pierre Dupuy ist Mitarbeiter am Forschungsinstitut Centre de Recherche sur le Bien-être (CEREBE); Jean Robert lebt als freier Architekt in Cuernavaca, Mexiko; ihr Beitrag wurde ihrem 1976 in Frankreich erschienenen Buch ‹*La trahison de l'opulence*› entnommen.

Der 1964 verstorbene Wirtschaftshistoriker und -journalist *Karl Polanyi* hat seinen Beitrag ursprünglich in der amerikanischen Zeitschrift Commentary 3, 1947 veröffentlicht.

William Leiss ist Professor an der Faculty of Environmental Studies der York University in Ontario, Kanada.

Marshall Sahlins ist Professor für Anthropologie an der Universität Chicago; sein Beitrag ist das erste Kapitel seines 1972 erschienenen Buches *Stone Age Economics*.

Richard Titmuss war Professor für Social Administration an der University of London; der Beitrag stellt die Einleitung und Kapitel 12 seines 1970 erschienenen Buches *The Gift Relationship* dar. Er wurde leicht gekürzt.

Klaus Traube, ehemaliger Atommanager

Die Beiträge von Leipert, Leiss und Traube wurden eigens für diesen Band geschrieben.

Technologie und Politik

Das Magazin zur Wachstumskrise
Herausgegeben von Freimut Duve

Aus dem Inhalt der Hefte 1–11

Technologie und Politik 1 (roak 1873)

Ivan Illich: Ansatz zu einer radikalen Kritik am Industriesystem / Michael Maccoby: Wer schafft neue Technologien und warum? / Joachim Steffen: Für eine Politik der Technikkontrolle / Heinz Brandt: Nostalgie als Schwellenangst / Freimut Duve: Was kostet das Industriesystem? / Ulrich Albrecht: Technologie und Gesellschaftsform / Gerd E. Hoffmann: Der Bürger auf der Datenbank / Robert Jungk: Ethik und technische Berufe / Michael Regnier: Alternative Stadtpolitik: Bologna / Surendra J. Patel: Der Preis der Abhängigkeit von der Technologie / Kurt Egger/Bernhard Glaeser: Ideologiekritik der Grünen Revolution / Jean Pierre Dupuy/François Gerin: Produktveraltung – Auto und Medikament

Technologie und Politik 2 (roak 1880)

André Gorz: Der Wissenschaftler als Arbeiter / Karl W. Deutsch: Warnung vor einer «Revolution der sinkenden Erwartungen» / Saul Bellow: Literatur im Zeitalter der Technologie / Ivan Illich: Über die Grenzen der Medizin / Jean Pierre Dupuy: Illichs Begriff der «Kontraproduktivität» / Vicente Navarro: Industrialismus als Ideologie. Eine Kritik an «Medical Nemesis» / Wolfgang Harich: Der «Club of Rome» wird ernst genommen / «Grenzen des Wachstums» im Kommunismus? Protokoll eines Gesprächs sowjetischer Naturwissenschaftler / Michael Maccoby: Vorschlag zu einer neuen Definition der Produktivität

Technologie und Politik 3 (roak 1942)

Johano Strasser: Grenzen des Wachstums – Grenzen der Freiheit? / Charles Levinson: Was heißt hier Krise? / Edith Brown-Weiss: Wettermanipulation als Waffe / Transnational Institute: Bericht über den Hunger in der Welt / Urs Heierli: Energiekrise und Dezentralisierung / Joachim Israel: Landwirtschaft und Energieverbrauch / Kurt Mirow: Die Düngemittelkartelle – Brasilien ist nur ein Beispiel / Klaus Humann: Selbstversorgungs-Technologie in der Großstadt / Herbert Wendelmuth: Arbeitsleben und technischer Wandel

Technologie und Politik 4 (roak 1945)

Michael Krepon/Lee Kimball: Napalm z. B. Flächenwaffen in Vietnam – Spielzeug der Generale? / Milton Leitenberg: Warum sind die SALT-II-Grenzen so hoch oder Wie stark sind die Sowjets wirklich? / Steven J. Baker: Export atomarer Energie / Michael T. Klare: Rent-a-Cop. Private Polizei-Industrie in den USA / Ulrich Albrecht/Asbjörn Eide/Mary Kaldor/Milton Leitenberg/Julian Robinson: Forschungsführer Militär und Rüstungsindustrie

Technologie und Politik 5 (roak 4007)

Roslyn Lindheim: Die Lebenswelt der Alten / Helmut Ostermeyer: Produktion als Aggression / Jürgen v. Czarnowski/Helmut Gutzler/Volker Hoffmann/Volkmar Strauch: Kartelle in der Bauindustrie / Kurt Rudolf Mirow: Nach dem Gesetz der Wölfe. Das Welt-Elektro-Kartell / Gerhard Bodenstein/Hans Leuer: Gibt es geplanten Verschleiß?

Technologie und Politik 6 (roak 4066)

Wolf-Dieter Narr/Claus Offe: Was heißt hier Strukturpolitik? / Carl Amery: Für eine neue Kirchturmpolitik / Bettina Conner: Welthandel mit Blut / Hermann Schwember: Technologiepolitik im Chile Allendes / Edmundo F. Faivovich: Technologische Innovation in Lateinamerika / Es gab nicht nur Seveso. Nachrichten unserer täglichen Vergiftung

Technologie und Politik 7 (roak 4121)

Günter Altner/Helmut Baitsch/Dieter von Ehrenstein/Ernst von Weizsäcker: Kernenergie und Zukunftsverantwortung der Wissenschaft. Gesprächsleitung Gerhard Rein / Gemeinde Dammfleth u. a.: ein Antrag gemäß § 80 VwGO / «Das ist ja wie im Krieg ...» Augenzeugenberichte aus Brokdorf (Oktober/November 1976) / Wolfgang Schluchter: Bürgerdialog und Partizipation. Zur Untersuchung des Battelle-Instituts in Frankfurt / Freimut Duve: Energielücke? Wir haben eine Phantasielücke / Ludwig Rosenberg: Die Stellung der Arbeitnehmer zur friedlichen Verwendung der Kernenergie / Paul Blau: Umweltpolitik und Gewerkschaften / Wehrhart Otto: Die Kapazitäten prüfen / Lutz Mez: Die Atomindustrie in Westeuropa / Reinmar Grimm/Nicolaus Peters/Otto Rohweder: Vorstudie zu einem ökologischen Gesamtlastplan für die Niederelberegion

Technologie und Politik 8 (roak 4184)

Joachim Steffen: Vollbeschäftigung und Freiheit / Folker Fröbel/Jürgen Heinrichs/Otto Kreye: Weltmarkt für Arbeitskraft und Weltmarkt für Produktionsorte / Hanns W. Heibey/Bernd Lutterbeck/Michael Töpel: Computer und Rationalisierung / Willy Bierter/Ernst v. Weizsäcker: Strategien zur Überwindung der Arbeitslosigkeit / Bernhard Teriet: Die Wiedergewinnung der Zeitsouveränität / Otto Ulrich: Wenn Arbeit knapper wird – was tun? / André Gorz: Kritik der Arbeitsteilung / Stephen A. Marglin: Was tun die Vorgesetzten? Ursprünge und Funktionen der Hierarchie in der kapitalistischen Produktion / SPD Schleswig-Holstein: Grundwert der Arbeit / SPD Rhein-Neckar: Recht auf Arbeit

Technologie und Politik 9 (roak 4189)

Ivan Illich: Die Modernisierung der Armut / Reinhard Guldager: Habitat-Konferenz Vancouver – Chance oder Illusion? / J. S. Grafstein: Recht und Technologie / Yona Friedman: Das Babel-Syndrom / Philipp Sonntag: Energiebedarf oder Sicherheit? / Schweizerische Energie-Stiftung: Energie-Stabilisierung und Arbeitsplätze / Katalyse-Technikergruppe: Energieversorgung contra Arbeitsplatzsicherung / Milton Leitenberg: Unfälle mit Atomwaffensystemen / Jorma K. Mietinen: Die Neutronenbombe – Die neuen Atomwaffensysteme / Andreas Lindner: Schrecken ohne Ende? Ein DDR-Autor zu den Thesen von Wolfgang Harich

Technologie und Politik 10 (roak 4265)

Günter Friedrichs: Technischer Wandel und Beschäftigung / Otto Ulrich: Technischer Fortschritt und die Gesellschaft der Arbeitslosen / Ulrich Beck/Michael Brater: Kritik der Beruflichkeit des Arbeitens / Hannah Arendt: Vom Sinn der Arbeit / Carl-Friedrich von Weizsäcker: Freiwerdende Arbeitskapazitäten als produktive Chance / Rolf Breitenstein: Arbeitslosigkeit – ein Makel, der auch eine Tugend sein könnte / Ivan Illich: Nützliche Arbeitslosigkeit – eine gesellschaftliche Alternative / Christine und Ernst v. Weizsäcker: Für ein Recht auf Eigenarbeit

Technologie und Politik 11 (roak 4273)

Norbert R. Müllert: Veränderungschancen in der Industriegesellschaft. Die Botschaft von einer sanften Lebens- und Technikform / Wolfgang Martin/Norbert R. Müllert: Was können wir tun – was können wir lesen? Brief an einen ratsuchenden Alternativler / Robert Jungk: Vom notwendigen Wachsen alternativer Medien / Ernst Bonda: Recycling. Ein Bericht aus der Praxis / Karl Werner Kieffer: Die Stiftungen «Mittlere Technologie» und «Ökologischer Landbau» / Michael Lohmann: Alternativen zur industriellen Landwirtschaft / Wolf-Rüdiger Lutz: Bausteine einer Gegen-Architektur / Michael Bosquet (André Gorz): Die größte Windmühle der Welt / Günter Brandt: Dezentrale Wärme-Kraft-Kopplung (WKK) statt Kernkraftwerke (KKW) / Windpumpen für die Dritte Welt. Ein Praxis-Bericht der IPAT, Berlin / Wolfgang Martin: «Laßt hundert Blumen blühen» / «Bloß eine Masche der Mittelklassekinder». Briefe aus der Alternativ-Szene / Jürgen Frey: Für eine «Altonative» – in Hamburg und anderswo / Prüft die Technologie selbst! Ein Text für Mitglieder amerikanischer Bürgerinitiativen / Gerhard Kunze: Eigenarbeit, und was daraus folgt / Valentina Borremans: Bibliographie zur internationalen Alternativbewegung

«Small is beautiful»
– das klassische Plädoyer für neue Lebens- und Wirtschaftsformen

E. F. Schumacher
Die Rückkehr zum menschlichen Maß

Small is beautiful. Der britische Ökonom und ehemalige Wirtschafts-
manager E. F. Schumacher gilt schon heute als einer der Klassiker
für eine alternative wirtschaftliche Denkweise.
In seinem Buch geht es ihm nicht nur um die Endlichkeit der Rohstoffe und die Belastbarkeit der Umwelt, sondern auch um die Belastbarkeit des Menschen im Industriesystem. Als praktischer Berater
in vielen Entwicklungsländern gehört er neben Ivan Illich zu den wenigen, die erkannt haben, daß westliche Technologie unfähig ist, die
Arbeits- und Ernährungsprobleme der Dritten Welt zu bewältigen.
Technische Geräte sollen in der Landwirtschaft der Dritten Welt den
Menschen helfen; wo sie darauf angelegt sind, den Menschen zu
verdrängen, treiben sie ihn in die Städte. Schumacher hat Gandhis
ökonomische Vorstellungen ernst genommen, die Nehru mißachtet
hat. Die wirtschaftliche Tragödie Indiens zeigt, daß der Webstuhl
Gandhis ein nicht gar so lächerliches Symbol für eine Wirtschaft nach
menschlichem Maß gewesen ist.
288 Seiten. Brosch.

Rowohlt

922/1

rororo aktuell

Die größte politische Taschenbuchreihe der Bundesrepublik

Herausgegeben von Freimut Duve

Kritische Aufklärung

Dutschke, Rudi/Wilke, Manfred (Hg.)
Die Sowjetunion, Solschenizyn und die westliche Linke (1875)

Fuchs, Jürgen
Gedächtnisprotokolle I. Mit Liedern von Gerulf Pannach (4122)
Gedächtnisprotokolle II. (4271)

Galtung, Johan
Strukturelle Gewalt. Beiträge zur Friedens- und Konfliktforschung (1877)

Havemann, Robert
Dialektik ohne Dogma? Naturwissenschaft und Weltanschauung (683)

Kahl, Joachim
Das Elend des Christentums oder Plädoyer für eine Humanität ohne Gott
Mit einer Einführung von Gerhard Szczesny (1093)

Kühl, Reinhard
Formen bürgerlicher Herrschaft
Liberalismus – Faschismus (1342)
Formen bürgerlicher Herrschaft II
Der bürgerliche Staat der Gegenwart (1536)

Kühnl, Reinhard (Hg.)
Texte zur Faschismusdiskussion I
Positionen und Kontroversen (1824)

Geschichte und Ideologie
Kritische Analyse bundesdeutscher Geschichtsbücher (1656)

Levy, Bernard-Henri
Die Barbarei mit menschlichem Gesicht
«La barbarie à visage humain» (4276)

Menschenrechte
Ein Jahrbuch zu Osteuropa. Hg. Jiři Pelikán und Manfred Wilke
(4192 – Nov. 77)

aktueller Leitfaden

Däubler, Wolfgang
Das Arbeitsrecht I. Von der Kinderarbeit zur Betriebsverfassung. Ein Leitfaden für Arbeitnehmer (4057)

Das Arbeitsrecht II. Fortsetzung des erfolgreichen Standardwerks. Arbeitsplatz – Arbeitslosigkeit – Kündigung – Arbeitsgerichtsbarkeit (4275)

Hofmann, Werner
Grundelemente der Wirtschaftsgesellschaft. Ein Leitfaden für Lehrende (1149)

Israel, Joachim
Die sozialen Beziehungen. Grundelemente der Sozialwissenschaft. Ein Leitfaden (4063)

Raschke, Joachim (Hg.)
Die politischen Parteien Westeuropas
Geschichte – Programme – Praxis. Ein Handbuch (4269)